Examen de mi padre

Jorge Volpi

Examen de mi padre

Diez lecciones de anatomía comparada

ALFAGUARA

Examen de mi padre
Diez lecciones de anatomía comparada

Primera edición: agosto, 2016

D. R. © 2016, Jorge Volpi

D. R. © 2016, derechos de edición mundiales en lengua castellana:
Penguin Random House Grupo Editorial, S. A. de C. V.
Blvd. Miguel de Cervantes Saavedra núm. 301, 1er piso,
colonia Granada, delegación Miguel Hidalgo, C. P. 11520,
Ciudad de México

www.megustaleer.com

ISBN: 978-607-314-606-7

Printed in Mexico – Impreso en México

El papel utilizado para la impresión de este libro ha sido fabricado a partir de madera procedente
de bosques y plantaciones gestionadas con los más altos estándares ambientales, garantizando
una explotación de los recursos sostenible con el medio ambiente y beneficiosa para las personas.

Penguin
Random House
Grupo Editorial

Para mi madre

Para Rocío, Rodrigo y Diego

C'est icy un livre de bonne foy, lecteur. Il t'advertit dés l'entrée, que je ne m'y suis proposé aucune fin, que domestique et privée. Je n'y ay eu nulle consideration de ton service, ny de ma gloire. Je l'ay voué à la commodité particuliere de mes parents et amis: à ce que m'ayant perdu (ce qu'ils ont à faire bien tost) ils y puissent retrouver aucuns traits de mes conditions et humeurs, et que par ce moyen ils nourrissent plus entiere et plus vifve, la connoissance qu'ils ont eu de moy.

MICHEL DE MONTAIGNE,
Essais, «Au lecteur» (1595)

Lección 1

El cuerpo, o De las exequias

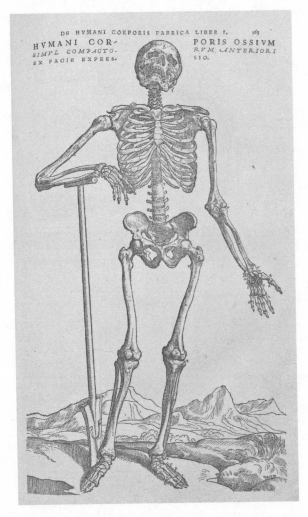

ANDREAS VESALIUS, *De humani corporis fabrica, libri septem*, I, lámina 21

Labor omnia vincit improbus.

VIRGILIO, *Geórgicas*, I

Mi padre murió el 2 de agosto de 2014, cerca de las tres de la tarde. Desconozco la hora exacta porque yo no estaba a su lado. Tampoco he querido buscarla en el acta de defunción o preguntársela a mi hermano o a mi madre, quienes por obra del azar —o de ese dios en el que él creía y yo no—, pasaron a visitarlo y lo encontraron inconsciente, sometido al masaje cardíaco de una de las cuidadoras, pero aún vivo. Había pensado escribir: "Mi padre murió el 2 de agosto de 2014, cerca de las tres de la tarde, hace justo cinco meses", pero hoy es 9 de enero de 2015 y en realidad han transcurrido cinco meses *y una semana* desde entonces. Podría argüir en mi defensa la obviedad psicoanalítica del yerro. Relaciono mi desliz, más bien, con otros dos incidentes. El primero: hasta el día de hoy no he llorado, no he podido o no he querido llorar a mi padre. Una postura racional, me digo, ante una muerte que terminó con su dolor. Pero la explicación me resulta insuficiente. El segundo episodio que relaciono con mi confusión ocurrió esa misma noche. Cuando por fin llegué a la ciudad de México proveniente de Xalapa, a cuya feria del libro había asistido, el cuerpo de mi padre ya había sido llevado por mi madre y mi hermano a la funeraria donde habrían de incinerarlo. Los tres siempre aborrecimos los velorios y en general el duelo público, de modo que prescindimos de cualquier ceremonia hasta su entierro. Al cabo de unas horas en casa de mis padres, me puse al volante y, acompañados por mi mujer y mi mejor amigo, nos dirigimos hacia el crematorio. Un cielo gris se cernía sobre nosotros mientras recorríamos la colonia de los Doctores; tomamos Avenida Central, dimos vuelta en Doctor Vértiz y, poco después del Viaducto, giramos en una callejuela que nos condujo a las inmediaciones del Centro Médico y del Hospital

General, donde mi padre trabajó de joven. La colindancia entre el lugar al que acuden a curarse los vivos y el sitio que acoge a los muertos no dejó de incomodarme. Bajo un atardecer nebuloso, tal vez producto de mi imaginación, encontramos una fila de agencias semejantes a despachos de contadores. Localizamos la que nos correspondía y mi madre, mi hermano y yo entramos a la oficina del gerente. Frente a su escritorio apenas cabían dos sillas y mi madre debió quedarse afuera. Una vez firmados los permisos, el responsable nos preguntó si queríamos despedirnos de mi padre, cuyo cadáver reposaba en un ataúd en la cámara contigua. Yo no dudé y dije que no. Mi padre, musité, no está *allí*. Mi padre, me dije en silencio, no es su cuerpo. Mi madre y mi hermano se sorprendieron no tanto por mi negativa como por la rudeza de mi tono. Horas después regresamos a recoger la urna de alabastro con sus cenizas. Hoy sigo convencido de que mi padre no era ese conjunto de órganos inertes que reposaba en el crematorio, pero reconozco que mi padre *también* era ese cuerpo. La última vez que lo vi con vida fue dos semanas atrás y mis recuerdos más vívidos o los únicos que acaso ahora me concedo son justo de su cuerpo: sus piernas cada vez más frágiles, su espalda encorvada, sus ojos luminosos. Y sus manos. Mi padre llevaba una década con una depresión clínica, quizá más. La felicidad nunca le fue sencilla. Los prolongados conflictos con mi hermano atemperaron sus energías —de niños lo veíamos como una fuerza de la naturaleza—, si bien creo identificar en su alejamiento de la cirugía la causa principal de su desánimo. La decisión de jubilarse lo describe en una nuez: cuando le pareció que sus manos ya no poseían la agilidad de ilusionista que siempre lo enorgulleció, abandonó escalpelos y bisturíes para siempre. Por unos años buscó otras fuentes de satisfacción personal sin demasiado éxito. Según una de sus antiguas alumnas, fue un estimulante profesor de secundaria —como lo fue, durante treinta y tantos años, en la Facultad de Medicina de la

Universidad Nacional—, aunque los dolores de espalda, el cansancio y la falta de estímulos lo obligaron a abandonar la escuela comercial que lo acogió tras su retiro. A partir de ese instante se deslizó en un moroso declive. Si bien nunca padeció una enfermedad terminal, un cúmulo de afecciones, de la artrosis a la gastritis, minó su salud. Los peores reveses se los propinó, empero, su carácter. Las pasiones que tanto lo arrebataron de joven —y que se esforzó por compartirnos—, la ciencia, los deportes, la ópera, la literatura, las artes, la historia, la jardinería, las manualidades, poco a poco dejaron de importarle hasta que se recluyó el día entero, indiferente y ensimismado, frente al televisor. En la avalancha de peticiones y reclamos que desde su sillón le dirigía a mi madre era posible reconocer el rigor que debió distinguirlo en el aula o los quirófanos, solo que ahora su único objeto de estudio era su propio dolor. Cada vez resultaba más difícil conversar con él: si bien permaneció lúcido hasta el final, si lucidez significa saber quién es uno y reconocer a los demás, ya no conseguía dedicarle más de unos instantes a otro asunto que sus interminables padecimientos. Muchas veces nos preguntamos si su dolor sería físico o psicológico o una mezcla de ambas cosas. Da lo mismo: el dolor es aquello que se expresa como dolor. Si su cuerpo se tornaba cada vez más frágil —llegó a pesar 45 kilos, cuando alcanzó a medir 1.75 metros—, su carácter, o lo que yo llamaría el meollo de su carácter, se mantuvo inalterable. Diré más: se reconcentró como un vino añejo. Nunca perdió su dulzura, la cortesía que dispensaba en su trato, esa bondad íntima que ordenaba sus acciones. A la vez, se tornó más obcecado y autoritario, sobre todo en compañía de mi madre. Del mismo modo que se empeñó en inculcarnos *su* verdad, al final se resistió a todo tratamiento que escapase de sus directrices, se negó a probar nuevos medicamentos y a realizar los ejercicios que le recomendaban los practicantes que se esforzaron por atenderlo. Peor: se opuso con todas sus fuerzas, que nunca fueron escasas, a cualquier cambio de rutina y a la menor intrusión en sus horarios, de por sí inmutables. Aunque mi madre siempre estuvo atada a él y a sus dictados, en los últimos tiempos se le hacía cada vez más penoso estar a su disposición día y noche. Mi padre apenas toleraba que ella se apartase de su lado, así fuese solo para incordiarla con su cantilena de peticiones y quejas, y en los días malos podía quejarse por horas. Pese a que un enfermero la relevaba dos veces por semana, llegó un punto en que mi madre ya no se sintió capaz de cuidarlo. El esfuerzo para levantarlo, obligarlo a caminar unos pasos o bañarlo —o pelear con él para que se tomase cada píldora— amenazaban con quebrantar su propia salud. Tras consultarlo con ella, mi hermano y yo concluimos que solo había dos soluciones: un equipo de enfermeros de tiempo completo o una casa de retiro. Con una rapidez que a todos nos azoró, optamos por lo segundo. Mi mujer y yo hallamos una residencia a unas cuadras del antiguo Parque Delta, a diez minutos en coche de la casa de mis padres. Además de la cercanía, indispensable para que las visitas de mi madre fuesen frecuentes, nos tranquilizó que no hubiese horario de visitas, lo cual nos permitiría verlo sin previo aviso. Estábamos conscientes de que arrancarlo del espacio en donde se había recluido por más de una década sería demoledor para él: siempre reacio a salir o viajar, mi padre solo se sentía a gusto en su propia casa, que decoró y modificó con esmero hasta que se le acabaron las fuerzas y consintió que se degradara a la par de su salud. Cuando le dimos la noticia, aceptó de inmediato: una parte de él reconocía las penurias de mi madre. Previendo un cambio de opinión, empacamos un par de mudas y su arsenal de medicamentos y nos lo llevamos esa misma tarde. La residencia ocupaba una típica casa de clase media de la zona, más o menos amplia, de dos pisos, con un patio trasero y un pequeño jardín. En su interior convivían unos cuarenta ancianos. A mi padre le asignaron una habitación en la planta baja que debía compartir con otro interno: una vejación adicional para alguien tan poco sociable como él. Una vez allí ocurrió lo que temíamos: se arrepintió y quiso marcharse de inmediato. Lo acompañamos al salón, donde se sentó junto a dos ancianas pulcras y silenciosas —ninguna de ellas hizo el menor gesto al verlo—, y desde allí nos reprochó que lo abandonáramos en ese horrendo lugar. Mientras mi hermano y yo concluíamos los trámites de ingreso, mi madre intentó tranquilizarlo sin mucho éxito. Nos marchamos cerca de la hora de la cena. De entre las reglas de la residencia hubo una que nos causó particular desazón: a fin de lograr que se integrara en su "nuevo hogar", durante dos semanas tendríamos prohibido cualquier contacto con él. Ni visitas ni llamadas telefónicas. Terminado ese interregno de quince días, que debió ser muy angustioso para él, mi madre, mi hermano, mi mujer y yo acudimos a visitarlo. Esa fue la última vez que estuve a su lado. La cuidadora nos condujo al patio trasero y nos acomodó en unas sillas de plástico junto a una olvidada cancha de basquetbol. En el salón, en la cocina y en los cuartos distinguí a numerosos ancianos, algunos más vigorosos y otros más enfermos que mi padre. Me conmovió el silencio que reinaba en la casa, como si los internos se dedicasen a la meditación o el mundo de plano hubiese dejado de importarles. Una de las cuidadoras le daba de comer a una anciana que no parecía darse cuenta de nada. En la cocina, dos muchachas lavaban platos y cazos. Por fin otra de las cuidadoras —una mujer bajita, magra, de pelo negrísimo y un maquillaje que uno no esperaría encontrar en una casa de reposo— acompañó a mi padre, apoyándolo sobre sus brazos, hasta el patio trasero donde nosotros lo esperábamos. Él nos saludó y se sentó con dificultad. Estaba más pulcro y elegante que en casa, pues otra regla impedía que los internos deambulasen en piyama. Reconocí su camisa de vestir, su suéter color vino y su pantalón gris. Solo le faltaban el saco y la corbata que solía llevar incluso los fines de semana. Le habían cortado el pelo, lo mismo que el bigote. Su cuerpo, en cambio, lucía aún más débil. Sonrió con dificultad. La cuidadora se marchó y nos dejó a su lado. En su vertiente más entrañable, se despidió de cada uno de nosotros. No era la primera vez que lo hacía —le gustaba repetir que no duraría más de unas horas—, solo que ésta en verdad fue la última. Nos dedicó frases hermosas o alentadoras a cada uno. Fue dulce y sabio. En su vertiente más turbulenta, nos reprochó haberlo encerrado en esa "antesala del infierno" y acusó a las cuidadoras de insultarlo e incluso de golpearlo. Cuando empezaron a caer las primeras gotas de lluvia supimos que había llegado la hora de irnos. Mi padre ya no se sentía capaz de caminar o, azuzado por nuestra presencia, se negó a hacerlo. Trastabilló y estuvo a punto de caer. La cuidadora se abrazó a él y lo llevó al interior de la casa. Mi madre se despidió y se adelantó rumbo a la salida; no sé dónde quedaron mi hermano y mi mujer. Yo permanecí allí un segundo más. Vi a mi padre muy ansioso, casi desesperado. Le urgía orinar. Acaso desvariaba. No sé por qué razón, quizás para conducirlo al baño lo más pronto posible, la cuidadora no lo encaminó hacia su habitación, sino que lo introdujo en otro cuarto, cerca de la puerta trasera, donde un par de ancianas cuchicheaban en voz baja sentadas en sus camastros. Entonces la cuidadora hizo algo extraño o que al menos a mí me pareció inusual: lo sentó sobre sus piernas, lo abrazó, le acarició el cabello y las mejillas. Dos cuerpos ajenos unidos, de pronto, por la compasión. Esa imagen, una suerte de *Pietà*, es la última que conservo de él. Mi padre se dedicaba a abrir y cerrar cuerpos. A arreglar o recomponer cuerpos. A corregir o enmendar cuerpos. A tratar de que algunos cuerpos sanasen y alcanzasen una larga vida. Más aún: su mayor afición y su mayor placer consistía en introducir las manos en esos cuerpos. Mil veces nos contó que su jornada ideal incluía una tarde de lluvia, un cuerpo sobre la mesa del quirófano y una casetera con música de Beethoven o Puccini. La profesión de cirujano, más

La Piedad, pintura anónima, España, ca. 1540

que la de otros médicos, nunca nos parecerá normal al resto de los mortales. Se requiere de un extraño valor para rasgar la piel, contener el sangrado, manipular los tejidos, palpar el hígado, la tiroides o el páncreas, devolver los órganos a su sitio, suturar la epidermis y volver, al cabo de unas horas, a una vida en familia. Cierta repulsión curtida en nuestros genes nos aleja de la contemplación de nuestras vísceras. Apenas extraña que por siglos los cirujanos no fuesen admitidos en las cofradías de los médicos y se les equiparase con dentistas y barberos: artesanos calificados cuya representación, aderezada con sierras, gubias y cuchillos, apenas los distinguía de bandoleros y asesinos. El propio Juramento Hipocrático, del siglo v a.C., establece en una de sus cláusulas: "No practicaré la extirpación de cálculos, sino que la dejaré a los que se dedican a ello." Esto es: a los cirujanos. Una pizca de desdén emana de aquel manifiesto que todavía entonan quienes pretenden obtener una licencia para ejercer el Arte, como lo llamaban los antiguos (de allí la expresión *ars longa, vita brevis*). Como si los cirujanos no fuesen médicos, o no del todo. O como si perteneciesen a un orden distinto, más práctico que teórico, y por ello más prosaico. Mientras en el pasado los médicos se concentraban en el estudio de sus pacientes (pensemos en los miembros de la escuela jónica a la que perteneció Hipócrates) o en clasificar sus padecimientos (como sus rivales menos conocidos de la escuela de Cnido) y a continuación prescribían remedios y curaciones, daban consejos de salud o se asumían como filósofos y peroraban sobre el equilibrio de los tres centros corporales —a saber: el cerebro, el corazón y el hígado— o los cuatro humores que nos irrigan por dentro —la bilis negra, la bilis amarilla, la flema y la sangre—, los cirujanos hundían sus manos en otros cuerpos. Una labor que, a ojos de aquellos estudiosos de la filosofía natural, era cosa de salvajes. Desprovistos de anestesia y mínimas normas de la higiene, estos carniceros amputaban miembros, limaban huesos, trepanaban el cráneo, extraían piedras de la vesícula y los riñones o de plano abrían en canal el tórax o el abdomen de los infelices que los consultaban. No sería sino hasta los siglos XVI y XVII cuando los cirujanos se volverían respetables gracias a figuras como Ambroise Paré. Por varios años mi padre se dedicó a estudiar la vida y la obra del padre de la cirugía (Hipócrates y Galeno lo son de la medicina), uno de los protagonistas de ese siglo de genios, pero cuya celebridad, a diferencia de Magallanes, Rembrandt, Shakespeare o Cervantes, apenas ha eludido el círculo de sus colegas. Paré vivió en una Francia turbulenta y fascinante: fue cirujano de Enrique II, Francisco II, Carlos IX y Enrique III, a cuyos ejércitos acompañó en decenas de batallas, y aún alcanzó a contemplar el ascenso al trono del buen rey Enrique IV antes de fallecer ungido como un sabio. Paré no solo desarrolló intrépidas técnicas quirúrgicas sino que amplió los márgenes del conocimiento anatómico y contribuyó a transformar su profesión, ajustándola tanto a los albores del método científico como a una visión humanista a la hora de tratar a sus

LUCAS VAN LEYDEN,
El cirujano y el campesino (1524)

pacientes. Como escribió Sherwin B. Nuland en *Doctors: The Biography of Medicine*, Paré se distinguió por "su humanidad en una era de crueldad, su humildad en una era de arrogancia, su objetividad en una época de superstición, su originalidad en una era de conservadurismo, su independencia en una era de autoridad, su lógica racional en una era de teorías irracionales e ilógicas y su hondo sentido moral en una era en la que reinaba la hipocresía pragmática y las masacres eran perpetradas en nombre de la religión sectaria". Hombre del Renacimiento, Paré tuvo la existencia aventurera del cirujano castrense a la vez que se granjeó la admiración reservada al autor de algunos de los tratados —escritos en vernáculo— más influyentes de su siglo. Justo cuando el cuerpo dejaba de ser un espacio sagrado e intocable, réplica imperfecta del Creador, Paré fue pionero en revelar, tras largas horas de práctica quirúrgica, la medida de su monstruosidad y su belleza. Poco después de conseguir su ansiado ingreso a la Academia Mexicana de Cirugía, mi padre dedicó incontables mañanas de sábados y

21

domingos a escribir una monografía sobre el autor de *De monstruos y prodigios*, ilustrada con láminas provenientes de sus libros y otras fuentes contemporáneas, a fin de presentarla ante sus nuevos colegas (algunas de esas imágenes reaparecen en estas páginas). Cada mes arribaban a nuestra casa paquetes con libros provenientes de Francia, que mi padre leía y traducía con la ayuda de mi madre. A su muerte he recuperado aquel trabajo, así como una carpeta con aquellas "transparencias": esas diapositivas que se han vuelto tan obsoletas como los carruseles en que se insertaban en contrasentido y de cabeza. Titulada *A propósito de Ambrosio Paré* para emular la retórica académica francesa que tanto le impresionaba, le mereció un premio especial de la Academia. Para contribuir a su esfuerzo, le ayudé a grabar la música con que acompañaba sus conferencias —me vienen a la mente el primer movimiento del concierto *Emperador* de Beethoven, con Emil Gilels y George Szell, y un conjunto de danzas renacentistas publicado por Archiv— y, para celebrar su exitosa presentación en la Academia, le regalé la copia que hice a tinta china de un grabado del cirujano real a los setenta y tres años, la cual se mantuvo colgada en su casa hasta su muerte y la subsecuente mudanza de mi madre. (Por años barajé la idea de escribir una novela sobre Paré, un poco al modo del *Opus Nigrum* de Marguerite Yourcenar, pero ahora me doy cuenta de que su destino natural se halla en este libro.) Cito los primeros párrafos del artículo de mi padre (publicado en *Cirugía y cirujanos*, vol. 51, 5, 1993):

Con frecuencia poco se sabe de la vida de algunos grandes hombres. Tal es el caso de Ambrosio Paré, quien, sin lugar a dudas, gracias a sus escritos en francés, durante el curso de su vida hizo avanzar la cirugía más de lo que la humanidad entera había hecho en 1,500 años de nuestra era. Victor Hugo sentenció: "El patrimonio de la humanidad es la ingratitud". Esta

A PROPOSITO DE
AMBROSIO PARE

Labor improbus
omnia vincit.
A. Paré

+ Acad. Dr. Jorge Volpi Solís

Con frecuencia poco se sabe de la vida de algunos –
grandes hombres. Tal es el caso de Ambrosio Paré, quien,
sin lugar a dudas, gracias a sus escritos _____, durante el curso de su vida hizo avanzar la cirugía más de
lo que la humanidad entera había hecho en 1500 años de –
nuestra era.

Con su disciplina, dedicación, estudio y gran humanismo, este ilustre cirujano logró que al enfermo se le
tratara con gentileza y piedad y no como solía acontecer,
con crueldad propia de fanáticos inquisidores. Paré supo elevar a la más noble y difícil rama de la medicina,
la cirugía, a la categoría que le corresponde. Las bases
para su práctica científica se compendian en cinco precep
tos fundamentales:

Primera página del manuscrito de *A propósito de Ambrosio Paré* (1983)

cita, triste aunque verídica, prueba su validez porque el hombre de nuestro tiempo, conocedor de las vidas y obras de pintores, escultores y filósofos famosos, ha olvidado a Ambrosio Paré. Con su disciplina, dedicación, estudio y gran humanismo, este ilustre cirujano logró que al enfermo se le tratara con gentileza y piedad y no, como solía acontecer, con crueldad propia de fanáticos inquisidores. Paré supo elevar a la más noble y difícil rama de la medicina, la cirugía, a la categoría que le corresponde. Las bases para su práctica científica se compendian en cinco preceptos fundamentales:

1. Colocar los órganos en su posición normal.
2. Unir lo separado.
3. Separar lo unido.
4. Quitar lo superfluo.
5. Tratar de modificar lo que la naturaleza ha deformado.

23

No me cuesta trabajo comprender la fascinación de mi padre por este personaje. Del arsenal de citas de Paré que solía repetirnos, recuerdo la que más le emocionaba: *Je le pensay et Dieu le guarit*. "Yo lo vendé [lo traté] y Dios lo curó". Una muestra de humildad, no muy común entre los médicos de entonces —y de ahora— que, más allá de su connotación piadosa, guió tanto la práctica quirúrgica de Paré como la de mi padre. El médico ha de dedicar toda su experiencia, todos sus esfuerzos y toda su compasión a su paciente, aunque en última instancia sean Dios o Natura quienes decidan si éste sana, empeora o muere. Tampoco descarto una identificación íntima: igual que el cirujano-barbero, mi padre provenía de una familia sin vínculos con su profesión o con la oligarquía de su época —siempre se enorgulleció de ser el único "profesionista" entre sus hermanos— y durante mucho tiempo confió en que sus esfuerzos, esa "labor tenaz que todo lo vence" que recomendaba sin cesar y aparece como íncipit de su artículo, lo conducirían, si no a una posición de gloria y poder como la alcanzada por Paré, al menos sí al reconocimiento y al bienestar merecidos por un cirujano de primera. Aunque jamás se interesó por el dinero —toda su vida trabajó para la seguridad social y jamás quiso atender un consultorio privado—, esperaba una justa retribución tras consagrar su vida al Arte. Compartía una aspiración común a sus contemporáneos, una generación que, nacida a la sombra de la revolución institucionalizada, no solo confiaba en integrarse a la nueva meritocracia del país, sino que en verdad creía en un México que se enfilaba hacia una era de progreso. Que sus esperanzas se viesen frustradas —su vida adulta se extendió entre la matanza de Tlatelolco, que vio de cerca, y los desastres de la guerra contra el narco que atestiguó en su vejez, pasando por un sinfín de crisis políticas y económicas—, debió ser una razón adicional para su pesimismo y acaso su depresión. Aquella frase de Victor Hugo, su escritor de cabecera, "el patrimonio de la

Mi versión de Ambrosio Paré (1984), inspirada en el grabado de Stéphane Delalaune para *Le discours de la mumie, de la licorne, des vénins, et de la peste* (1582)

humanidad es la ingratitud", le venía como anillo al dedo. Un resumen de su itinerario sería el de un cuerpo que se dedicó hasta sus últimas fuerzas a atender otros cuerpos. A contemplar y manipular otros cuerpos. Y, conforme a las consignas de Paré, a colocar sus órganos en posición normal, a unir lo separado, a separar lo unido, a quitar lo superfluo y a tratar de modificar lo que la naturaleza ha deformado. La cirugía tardó siglos en entrever estas simples reglas: baste pensar que el conocimiento de nuestro cuerpo es casi tan reciente como ese Renacimiento que compartieron Paré y Vesalio. Antes de ellos —salvo la anomalía representada por Leonardo da Vinci, a quien me referiré más adelante—, pocos habían tenido la osadía de mirar en nuestro interior. Si bien es posible que Hipócrates y sus discípulos realizasen disecciones, apenas hay dudas de que Galeno, la mayor autoridad médica hasta finales de la Edad Media, jamás presenció una *anatomía* humana. El médico griego del siglo II d.C. basó todas sus observaciones en animales, en particular monos y perros: notable tarea para su tiempo, pero que acabó por frenar cualquier progreso una vez que el cristianismo, con su fervor por dogmas y revelaciones, prohibiese contradecir sus dichos y tachase de pecado la disección de cadáveres. Durante trece siglos Occidente se conformó con recitar de memoria el *corpus galenicum* —su autor fue tan prolífico que la mitad de los escritos de la Antigüedad que han llegado hasta nosotros provienen de su pluma—, sin deseos de constatar o corregir sus argumentos so pena de excomunión o de la hoguera. Si bien Guido de Vigevano se jactaba en 1345 de haber emprendido varias disecciones en humanos, sería hasta 1405, cuando la Universidad de Bolonia autorizó las demostraciones anatómicas, cuando los fallos de Galeno salieron a la luz y la observación directa de nuestro cuerpo se convirtió en una práctica requerida para cualquier aspirante a cirujano. Es natural que las primeras anatomías —en el doble sentido de "disecciones" y "atlas con descripciones ilustradas del cuerpo humano"— aparecieran en el Renacimiento, ese parpadeo de racionalismo que, inspirado por el redescubrimiento de los clásicos, reubicó al ser humano en el centro del cosmos. Sus artífices fueron artistas y no médicos. En su afán por reproducir el cuerpo hasta en sus detalles más sutiles, los pintores y escultores italianos de las postrimerías del siglo xv estudiaron músculos y huesos con precisión científica. Leonardo da Vinci fue más allá: animado por una curiosidad sin límites, participó en numerosas disecciones y llenó decenas de páginas con dibujos de huesos, músculos y tendones, así como del corazón, los pulmones, el hígado, los nervios, el cerebro, los riñones, la vejiga, el estómago, los intestinos, los órganos sexuales e incluso del feto en distintos estados de desarrollo (aunque, en su dibujo más conocido, el embrión aparezca enclaustrado en la placenta de una vaca). Sin contar con métodos de refrigeración, Leonardo debía esperar los meses invernales para evitar la putrefacción de los tejidos (provenientes, por regla general, de criminales ajusticiados: de allí que tan

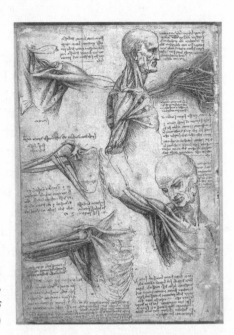

LEONARDO DA VINCI,
Cuadernos anatómicos
(*ca.* 1510)

pocos cuerpos de mujeres estuviesen disponibles) y por ello
sus trazos debían ser veloces y exactos. Su mirada de artista devino quirúrgica: sin valerse de las posturas retóricas o
dramáticas empleadas por artistas posteriores (como Jan
von Kalkar, uno de los dibujantes de Vesalio), Da Vinci
optó por un enfoque objetivo y, sin embellecer o corregir
cuanto observaba, analizó ángulos y posiciones de huesos,
músculos y órganos en distintas partes del mismo folio.
Aderezaba cada imagen con una profusión de notas en
la llamada "escritura en espejo" que trazaba de derecha a
izquierda para eludir las miradas indiscretas. En su libro
Vidas de los mejores arquitectos, pintores y escultores italianos,
Vasari afirmó que "quien logre leer esas notas de Leonardo
descubrirá asombrado cuán bien ese divino espíritu razonó
sobre las artes, los músculos, los nervios y venas, con la
mayor diligencia en todas las cosas". Según Leonardo, el
cuerpo es una máquina desprovista de cualquier atributo
sobrenatural y por ello lo analiza con la misma acuciosidad
—y distancia— presente en sus dibujos botánicos o sus

proyectos aeronáuticos o militares. Uno de sus sueños fue publicar una ambiciosa *Anatomía* en colaboración con el médico Marcantonio della Torre, pero el temprano deceso de su coautor pospuso el proyecto para siempre. A su muerte en Amboise, en 1519, mientras se hallaba al servicio de Francisco I —quien le había encomendado un león mecánico que pudiese caminar hacia atrás y abrir el pecho para mostrar su abdomen cubierto con flores de lis—, los cuadernos anatómicos de Leonardo se perdieron en los sótanos de la Biblioteca Ambrosiana de Milán y luego en la Biblioteca Real de Windsor hasta ser recuperados en el siglo XIX. Su influencia resultó perdurable gracias a Vesalio, cuya obra magna, los siete libros de la *Humanis corporis fabrica,* no podría ser entendida sin el precedente del artista toscano. Otros libros notables antecedieron a la *Fabrica*: el *Fasciculus medicinae* de los hermanos Gregorii (atribuido a uno de sus dueños, el médico alemán Johannes de Ketham), publicado en Venecia en 1492, o los *Commentaria super anatomia Mundini*, de Jacopo Berengario da Capri, de 1522, a los que siguieron sus *Isagogae breves*, de 1523, si bien sus dibujos esquemáticos y ceñidos a la retórica visual de la época no rivalizan con los de Da Vinci. Nacido el 31 de diciembre de 1514 en Bruselas, capital de Flandes bajo soberanía del Sacro Imperio Romano Germánico, Andries van Wesel (el nombre latinizado es Andreas Vesalius) pertenecía a una familia vinculada con la nobleza y la medicina —su padre fue apotecario de María de Habsburgo y luego de Carlos V— y se dice que desde pequeño estudiaba los restos de delincuentes ajusticiados en una horca localizada en los linderos de la propiedad familiar, al tiempo que desarrollaba su afición por disecar animalillos. A los quince años se matriculó en la Universidad de Lovaina y en 1533 ingresó a la de París, donde no solo se educó en las obras de Hipócrates, Galeno o Avicena, sino que atestiguó el sistema empleado por sus profesores, como el afamado Jacobus Sylvius —quien luego se

convertiría en uno de sus críticos—, a la hora de practicar una anatomía. Sentado en su cátedra, el maestro se contentaba con recitar a Galeno mientras un equipo de cirujanos-barberos, desprovistos de cualquier bagaje teórico, realizaba las disecciones frente a los alumnos sin otro objetivo que ilustrar las palabras del Maestro, como muestra una de las láminas del *Fasciculus medicinae* atribuido a De Ketham. Tras el reinicio de las hostilidades entre Carlos v y Francisco i, Vesalio regresó a Lovaina en 1536, donde se graduó —todavía bajo la influencia del viejo sistema magisterial— con una *Paráfrasis sobre los nueve libros de Rhazes*, basada en la obra del médico y filósofo persa Abu-Bakr Muhammad ibn Zakariya-al Razi (865-925). Su sumisión a los antiguos paradigmas comenzó a deslavarse gracias a su subsecuente viaje a la muy libre ciudad de Basilea y sobre todo al inscribirse en la Universidad de Padua, una de las pocas que prescribían la anatomía de cadáveres con fines educativos. (Entre los profesores de esta institución figuraban otros revolucionarios, como Copérnico y Galileo, aunque no hay

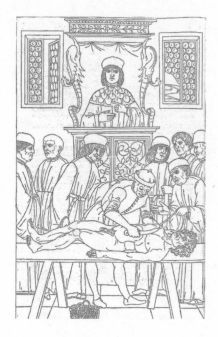

DE GREGORII, *Fasciculus medicinae* (1495)

testimonios de que el flamenco los frecuentase.) En sus aulas, Vesalio diseccionó numerosos cuerpos y, para pasmo de sus colegas y regocijo de sus alumnos, no dudó en contradecir a Galeno cada vez que descubría sus yerros. El 5 de diciembre de 1537 se le concedió el título de doctor en Medicina *cum ultima diminutione* (lo que hoy llamaríamos *summa cum laude*) y el senado de Venecia, a cuya jurisdicción pertenecía la universidad, lo nombró profesor de Cirugía. Al año siguiente publicó sus *Tabulae anatomicae sex*, una novedosa colección de textos médicos acompañados con ilustraciones, la cual no tardó en circular de un confín a otro de Europa. Le sucedieron otros textos breves, pero sería con la publicación de la *Fabrica* —y su pequeño acompañante, el *Epitome*—, en 1543, que Vesalio conocería una fama imperecedera. Al lado de los *Principia mathematica*, *El origen de las especies* y los artículos de Einstein del *annus mirabilis* de 1905, la Anatomía de Vesalio es uno de los pocos textos que han propiciado un avance radical para la ciencia. Con la arrogancia y la desfachatez de sus vein-

Aula Magna de la Universidad de Padua (foto del autor)

tiocho años, el flamenco concibió una obra definitiva que habría de mostrar el cuerpo humano en su conjunto sin olvidar ninguna de sus partes. Su voluntad de incluir justo aquello que observaba desestimando los dogmas de Galeno encarna una nueva forma de enfrentar la realidad y sus misterios. La *Fabrica* es, además, uno de los libros más hermosos jamás impresos. Fraguado a lo largo de cuatro años, su autor se preocupó por cada detalle de su composición, que puso en manos de un editor de Basilea, Johannes Oporinius, responsable asimismo de la primera edición latina del Corán (atrevimiento que le valió la cárcel) y persuadió a Tiziano y sus discípulos para que transformasen sus esbozos en obras maestras. Su método de trabajo, diligente y obsesivo, lo llevó a escribir los siete libros de la *Fabrica* en el orden en que fueron publicados hasta su conclusión el 1º de agosto de 1542, día en que el futuro médico imperial fechó la dedicatoria que habría de enviarle a Carlos v. Texto e imagen debían formar una amalgama y el libro posee un ingenioso sistema de referencias cruzadas que

31

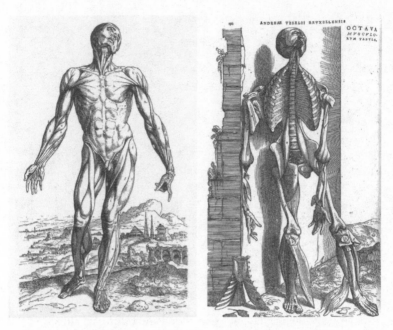

VESALIO, *De humani corporis fabrica libri septem*, II, láminas 24 y 31

sería copiado por los anatomistas posteriores. Mucho se ha especulado sobre la autoría de sus láminas: atribuidas por comentaristas contemporáneos a Tiziano (en sus *Dicerie*, de 1543, Annibale Caro hace mención a la "anatomía de Vecellio"), luego la opinión predominante, guiada por Vasari, se decantó por un discípulo del veneciano, el alemán Johann Stefan van Kalkar (también conocido como Giovanni da Calcar), autor de los esqueletos de las *Tabulae sex*, aunque hoy los expertos han regresado a la primera hipótesis, que supone una estrecha colaboración entre Vesalio y el círculo de Tiziano con la participación del Maestro. Una prueba suplementaria: si se colocan una tras otra las láminas del libro II de la *Fabrica* referidas a los músculos, se aprecia un paisaje continuo, identificado con la región de Albano Terme, en las vecindades de Padua: una zona dibujada con idénticos trazos por Domenico Campagnola, otro alumno de Tiziano. Cada lámina constituye un ejemplo de las cimas alcanzadas por el arte del grabado en el siglo XVI. Yo debía tener trece años cuando me aventuré por primera vez en uno de los libros de anatomía de mi padre, al cual él se refería como el *Testut*, es decir, el *Tratado de anatomía humana* de Léo Testut y André Latarjet, con dibujos de G. Devy y S. Dupret, Premio Santour de la Academia de Medicina de París en 1902. Se trataba del manual prescrito por la mayor parte de las escuelas de medicina de Francia y América Latina durante los años juveniles de mi padre y él lo consideraba uno de sus tesoros. Confieso que mi interés por esta obra no derivaba de una curiosidad científica sino adolescente: alérgico a las revistas y películas pornográficas que circulaban en mi escuela católica, prefería dilucidar los secretos del sexo mediante el estudio de aquellas láminas. Para desazón de mi padre, jamás tuve la menor inclinación hacia la medicina y menos aún hacia la cirugía, pero adoro perderme en esos dibujos de cuerpos y fragmentos de cuerpos como si en ellos entreviese la resolución de un misterio. Al igual que la *Anatomía* de Henry Gray (1918), el otro tratado canónico del siglo XX, utilizado sobre todo en el mundo anglosajón y popularizado por la sitcom homónima, el *Testut* no es más que una derivación postrera de la *Fabrica*. Cuando por fin descubrí la obra de Vesalio comprendí que había en ella algo en verdad inédito: una nueva manera de observar el cuerpo que derivaba de una nueva manera de concebir el cuerpo. Si durante la Antigüedad y la Edad Media los seres humanos no tuvieron empacho en lacerar, despedazar y torturar los cuerpos de otros seres humanos, en especial si pertenecían a pueblos enemigos o a criminales y traidores, el Renacimiento nos legó la capacidad de estudiarlo como a cualquier otro fenómeno. El cambio de paradigma supuso una elevación y una caída. Desprovisto de su carácter sobrenatural —la imagen y semejanza con los dioses—, nuestro cuerpo se volvió el centro de la Naturaleza y una máquina cuyos componentes pueden ser desmontados y

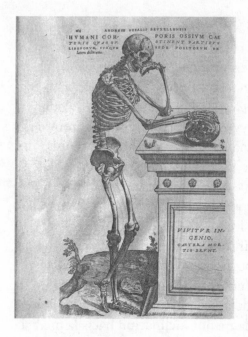

VESALIO, *De humani corporis fabrica libri septem*, I, lámina 22

escrutados como los pernos y engranajes de un reloj. De allí, quizás, la melancolía de ese cráneo de Vesalio que mira, resignado, otro cráneo. La materia que admira la materia. La materia que piensa la materia. Algo semejante ocurre en el libro II de la *Fabrica*, dedicado al estudio de los músculos. La secuencia posee un dramatismo que oscila entre lo sublime y lo siniestro: conforme admiramos cómo la envoltura muscular desaparece para exhibir huesos y tendones nos invade un vago desasosiego. La *Fabrica* es un espejo y el lector no puede sentirse ajeno a ese ensamblaje de órganos y tejidos, esos hatos de carne que el anatomista desgaja hasta desnudarnos. El libro se revela así como el más certero *memento mori* de nuestra cultura científica: la prueba de que todos terminaremos como esos cadáveres que posan —y piden clemencia a un dios ausente— en las páginas de Vesalio. Habrían de transcurrir casi cinco siglos para que una experiencia anatómica más acabada y perturbadora se popularizase entre nosotros. En 1995 se presentó por primera vez en Tokio la exposición *Body Worlds*, que desde entonces ha recorrido medio mundo: un conjunto de cadáveres dispuestos en cajas de plástico mediante un proceso llamado *plastinación*, desarrollado por el médico alemán Günther von Hagens en la Universidad de Heidelberg, gracias al cual es posible conservar y exhibir tejidos humanos como si fuesen artificiales. Aunque desde hace siglos los estudiantes de medicina han dispuesto de modelos de cera o plástico, este sistema permite que todos tengamos la posibilidad de observar no solo representaciones artificiales del cuerpo, sino auténticos cuerpos humanos fragmentados y destazados. Yo tuve ocasión de ver *Body Worlds* en enero de 2015, días antes de empeñarme en la escritura de este libro, en el Discovery Times Square de Nueva York. Mientras paseaba entre esos cuerpos desollados, en posturas histriónicas cuyo origen podría rastrearse hasta Vesalio —se exhiben desde un lanzador de jabalina hasta un jinete con su caballo igualmente *plastinado*—, pensé que quienes se adentraron por primera vez en las páginas de la *Fabrica* en 1543 debieron experimentar un vértigo semejante. Más allá de los reparos éticos al trabajo de Von Hagens, *Body Worlds* no es sino la culminación del largo proceso que nos permitió, desde la época de Paré y Vesalio, contemplar de frente nuestras vísceras. Para mediados del siglo XVI, las anatomías o disecciones se habían convertido ya en eventos sociales. Conducidas por algún cirujano famoso y sus discípulos, se celebraban en anfiteatros —el nombre aún se emplea entre nosotros—, amplias salas con galerías donde se congregaba el público como si asistiese a una representación teatral; al prolongarse por días, se podían adquirir boletos para una o varias sesiones. Una primera imagen de estos actos aparece en el frontispicio de la *Fabrica*, una escena tumultuosa en la cual el propio Vesalio realiza una disección rodeado por un grupo de personajes modernos y antiguos, doctos y legos, custodiados desde lo alto por una calavera con guadaña, símbolo de nuestro carácter mortal y guiño al esqueleto que el flamenco conservaba en su estudio y que

VESALIO, *De humani corporis fabrica libri septem*,
detalle del frontispicio

fue una de las pocas pertenencias que se llevó de Padua cuando abandonó la cátedra para asumir el cargo de médico personal de Carlos V. La más célebre entre las obras de arte que retratan una disección es la *Lección de anatomía del doctor Tulp* de Rembrandt van Rijn, pintada casi un siglo después de la *Fabrica*. Se trata de una comisión de la Cofradía de Cirujanos de Ámsterdam al artista de veinticinco años y recupera una jornada precisa: el 16 de enero de 1632, fecha en la que el doctor Nicolaes Tulp realizó la disección pública de Adriaan Adriaanzoon, alias Aris Kindt —Aris *El Niño*—, un ladrón ejecutado en la horca horas antes. Según la regulación holandesa, las anatomías solo podían llevarse a cabo una vez al año y convocaban a los sectores más prominentes de la sociedad. Los cirujanos que aparecen en la pintura, todos ellos identificados por sus nombres, pagaron por verse retratados. Más que una toma realista de la disección —que debió haberse iniciado con las vísceras y no con la mano—, Rembrandt crea un retrato de grupo, típico de la pintura holandesa de la época, en cuyo centro destacan los dos personajes principales del drama, el cirujano y su cadáver. Mientras con la mano derecha el cirujano toma unas pinzas que jalonan los tensores de la mano de Aris, con la izquierda muestra su funcionamiento. La piel verdosa del criminal contrasta con la tez rubicunda del doctor Tulp y sus colegas, como si el artista quisiera recordarnos que quienes observan al cadáver pronto emularán su condición. Allí se establece la mayor tensión de la pintura: cuerpos que observan otro cuerpo y no pueden sino reconocerse en él. Aunque su título fue concebido mucho después de su ejecución, *La lección de anatomía* resulta adecuado: no se trata de una explicación para los cirujanos que se amontonan en torno a Tulp ni para el público morboso e ignorante que los observa —y que Rembrandt ha omitido de la escena—, sino para nosotros. Como ocurre con la célebre *mise en abîme* de *Las meninas*, aquí también los cuerpos se reflejan unos en otros, y el cadáver, los cirujanos y los espectadores quedan unidos por su carácter mortal. Como dice el poema de Barlaeus, de 1638, inspirado en la pintura:

Los brutos tejidos nos enseñan. Los cortes de carne, aunque muertos,
por esa misma razón nos prohíben morir.

Aquí, mientras con la diestra mano abre los pálidos miembros,
nos habla la elocuencia del erudito doctor Tulp:

"¡Oyente, aprende con cuidado! y mientras procedes a través de las partes
recuerda que, incluso en la más pequeña, Dios se esconde."

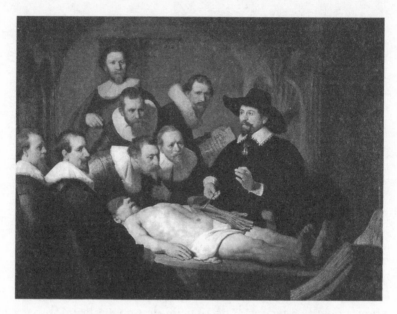

REMBRANDT, *La lección de anatomía del doctor Tulp*

En *Los anillos de Saturno*, W. G. Sebald arriesga una interpretación distinta:

Aunque el cuerpo se abre a la contemplación, se encuentra, en un sentido, excluido, y del mismo modo la muy admirada verosimilitud de la pintura de Rembrandt se torna más aparente que real. En contra de la práctica normal, el anatomista que aquí se muestra no ha iniciado la disección abriendo el abdomen y removiendo los intestinos, más inclinados a la putrefacción, sino que ha comenzado (y esto quizás también pueda implicar una dimensión punitiva del acto) disecando la mano ofensora. Pero esta mano es de lo más peculiar. No solo está grotescamente fuera de toda proporción, comparada con la mano que está cerca de nosotros, sino que también está anatómicamente invertida: los tendones expuestos, que deberían ser los de la palma izquierda, dada la posición del pulgar, son en efecto los de la parte trasera de la mano derecha. En otras palabras, nos hallamos frente a una transposición tomada de un atlas anatómico, evidentemente sin el reflejo correspondiente, que convierte esta de otro modo muy realista pintura (si se puede expresar así) en una crasa malinterpretación en el centro de su significado, donde se han hecho las incisiones. Parece inconcebible que nos enfrentemos a un error desafortunado. Más bien, creo que hubo una intención deliberada en esta debilidad de la composición. La mano deforme significa la violencia cometida contra Aris Kindt. Es con él, con la víctima, y no con la Cofradía que comisionó a Rembrandt su trabajo, con quien se identifica el pintor.

No estoy seguro de que la versión humanista de Sebald sea correcta: la mano deforme no parece un guiño de compasión hacia *el Niño*, sino un nuevo castigo, esta vez eterno, contra el ladrón. La mano pecadora se torna monstruosa, en contraposición con la levedad de la mano, de elegantes rasgos casi femeninos, del doctor Tulp. Sobre la identidad del atlas anatómico que se localiza en la parte inferior derecha de la pintura, acaso empleado por el propio Rembrandt, hay pocas dudas: se trata de un ejemplar de la *Fabrica*, cuya popularidad no había disminuido en nueve décadas. Desde entonces la tradición de que médicos y cirujanos se retraten con sus cadáveres —y en particular con el primer sujeto que se ven obligados a abrir— se ha mantenido como otro de esos juguetones y mórbidos ritos de paso de quienes se dedican al Arte. Creo recordar una vieja fotografía en la que se distinguía en primer plano un cadáver, o tal vez fuese un esqueleto, rodeado por un grupo de jóvenes residentes, todos con bata blanca, entre los que destacaba mi padre muy joven, delgado y aún con pelo, sosteniendo el tórax del occiso (aunque es probable que se trate de un falso recuerdo inspirado en Rembrandt).

Mi padre también solía contarnos que, en aquellos años juveniles, él y sus compañeros solían pedir prestadas partes de sus cadáveres; antes de tomar el autobús que lo llevaba al Hospital General, se colocaba una mano esquelética en el puño de la camisa y fingía prenderse al tubo de sostén, provocando la alarma o el desmayo de las señoras o los ancianos que lo acompañaban. Lo dicho: los médicos y más aún los cirujanos siempre tendrán una relación con el cuerpo, sus fluidos y tejidos, músculos y órganos, difícil de compartir por el resto. Pasan la vida entera entre cadáveres o cuerpos abiertos que exhiben sus órganos y vísceras hasta que se acostumbran o fingen acostumbrarse a tan inquietante compañía. Quizás esa templanza o esa aparente indiferencia sea el único escudo para quien ejerce una profesión como la suya. Me pregunto entonces, ¿qué escudo podría custodiarnos a nosotros, simples legos, de la inagotable exhibición de cadáveres en que se ha convertido el México del siglo XXI? Cuerpos decapitados. Cuerpos desollados. Cuerpos despedazados. Cuerpos torturados. Cuerpos lacerados. Cuerpos diluidos en ácido. Cuerpos calcinados. Cuerpos o fragmentos de cuerpos expuestos en calles, puentes o pasos peatonales. Cuerpos irreconocibles. Cuerpos extraviados. Menos de dos meses después de la muerte de mi padre, la prensa y las redes sociales comenzaron a dar cuenta de uno de los más dolorosos actos criminales perpetrados en México. El 26 de septiembre de 2014, un centenar de estudiantes de la Escuela Normal Rural Raúl Isidro Burgos de Ayotzinapa, en el estado de Guerrero, descendieron de la región de Tixtla rumbo a Iguala para repetir uno de esos pequeños rituales delictivos más o menos consentidos por la policía que les permiten financiarse: tomar por asalto unos cuantos autobuses y recorrer la zona en busca de "donativos" a fin de poder dirigirse a la ciudad de México para participar en la manifestación conmemorativa de la matanza del 2 de octubre de 1968. Esa misma tarde, María de los Ángeles Pineda, esposa del alcal-

Disección en la Escuela de Medicina de Yale (hacia 1910),
en JOHN HARLEY WARNER: *Dissection: Photographs of a Rite
of Passage in American Medicine: 1880-1930*

de de Iguala, ofrecía su informe de labores como responsable del DIF, el organismo público encargado de las obras sociales, con la idea de consolidar las posibilidades de suceder a su marido. A partir de aquí el relato se torna fragmentario y confuso. Al parecer, el alcalde José Luis Abarca ordenó a la policía municipal que impidiese el avance de los estudiantes, lo cual provocó un enfrentamiento que se saldó con la muerte de tres personas ajenas a los sucesos, entre ellas una mujer y un jugador del equipo de futbol de tercera división de Chilpancingo. En la refriega, a uno de los normalistas lo desollaron y le arrancaron los ojos de las cuencas y otro quedó en coma a causa de los golpes. Siempre según el relato de la PGR, los policías detuvieron al resto de los estudiantes, algunos malheridos y otros acaso ya muertos, y los hacinaron en un camión de redilas que inició un enrevesado periplo hasta el municipio colindante de Cocula. Una vez allí, la policía local se hizo cargo de los estudiantes y se los entregó al grupo de narcotraficantes conocido como Guerreros Unidos, entre cuyos cabecillas destacaban el alcalde y su mujer (dos de los hermanos de ella, asesinados por una supuesta traición, habían sido operadores de los hermanos Beltrán Leyva). Según la versión oficial, los sicarios condujeron a los jóvenes a un paraje en medio de la sierra, arrojaron sus cuerpos en el basurero de Cocula y los quemaron en una pira alimentada por llantas, desechos plásticos y gasolina que se prolongó por catorce horas. Luego las cenizas de los jóvenes habrían sido descargadas en las aguas del río San Juan en bolsas de plástico. A los pocos días del incidente, los habitantes de la zona se toparon con una fosa con veintiocho cadáveres, aunque al cabo las autoridades certificaron que no pertenecían a los normalistas. Otras tantas fosas, con un número impreciso de cuerpos, fueron halladas en Guerrero en las jornadas sucesivas sin que a la fecha conozcamos la identidad de sus ocupantes. El 6 de diciembre de 2014, un grupo de peritos de la Universidad de Innsbruck comisionado por el gobierno, así como los miembros del Equipo Argentino de Antropología Forense cercanos a las familias de los jóvenes, anunciaron que un trozo de hueso descubierto en las bolsas supuestamente halladas en el río San Juan pertenecía a Alexander Mora Venancio, uno de los estudiantes de Ayotzinapa. Una semana después, el Procurador afirmó en una conferencia de prensa que su relato conformaba la "verdad histórica" del caso y que no se abrirían otras líneas de investigación como exigían las familias de las víctimas. Muy pocos confiaron en su relato, el cual ha sido cuestionado y desacreditado desde entonces. Tras la forzada renuncia de Murillo Karam, un grupo de expertos de la Comisión Interamericana de Derechos Humanos dictaminó un sinfín de errores en la investigación y eliminó la "verdad histórica", confirmando que los normalistas no fueron incinerados en el basurero de Cocula. Al momento de escribir estas líneas seguimos sin saber cuál fue el destino de los normalistas de Ayotzinapa: Abel García, Abelardo Vázquez, Adán Abrajan de la Cruz, Alexander Mora, Antonio Santana, Benjamín Ascencio, Bernardo Flores, Carlos Iván Ramírez, Carlos Hernández, César González, Christian Rodríguez, Christian Colón, Cutberto Ortiz, Dorian González, Emiliano de la Cruz, Everardo Rodríguez, Felipe Arnulfo Rosas, Giovanni Galindes, Israel Caballero, Israel Lugardo, Jesús Jovany Rodríguez, Jonas Trujillo, Jorge Álvarez, Jorge Aníbal Cruz, Jorge Antonio Tizapa, Jorge Luis González, José Ángel Campos, José Ángel Navarrete, José Eduardo Bartolo, José Luis Luna, Jhosivani Guerrero, Julio César López, Leonel Castro, Luis Ángel Abarca, Luis Ángel Arzola, Magdaleno Lauro Villegas, Marcial Baranda, Marco Antonio Gómez, Martín Getsemany Sánchez, Mauricio Ortega, Miguel Ángel Hernández, Miguel Ángel Mendoza y Saúl García. Si los asesinatos y las desapariciones forzadas cometidos en Iguala hace un año se han convertido en una marca infamante es porque no representan una anomalía o una excepción, sino una metáfora o un resumen del México que hemos construido en estos años de pólvora. Nos hemos acostumbrado a mirar cadáveres a diario, exhibidos sin pudor por la prensa y la televisión, y a escuchar indiferentes la cifra que, a modo de siniestro cuentagotas, añade cada noche más cuerpos a la lista. En la primera escena de *Antígona*, Sófocles hace que su protagonista se queje con su hermana Ismene del decreto que Creón, tío de ambas, reservó para uno de sus hermanos: "En lo tocante al cuerpo del infortunado Polinice", se lamenta Antígona, "también se dice que ha hecho pública una orden para todos los tebanos en la que prohíbe darle sepultura y se le llore: hay que dejarlo sin lágrimas e insepulto para que sea fácil presa de las aves, siempre en busca de alimento". Para los antiguos no había peor agravio que negar las exequias a un muerto, un castigo reservado a los mayores criminales y traidores. Sin atender razones de estado, Antígona cumple los ritos funerarios a sabiendas de que su desobediencia le acarreará la muerte. El México de nuestros días apenas se aleja de la Tebas de Sófocles: así como la guerra que enfrentó a los partidarios de Etocles con los de Polinicles provocó la muerte de ambos y la prohibición de enterrar al segundo, el combate entre distintos grupos criminales, y entre éstos y los organismos de seguridad, ha provocado que en nuestro país miles de cuerpos permanezcan insepultos y sin lágrimas, "fácil presa de las aves, siempre en busca de alimento". Este es el México que mi padre alcanzó a entrever en sus últimos años con una mezcla de repulsión y angustia. Este es el México que su generación y la mía heredaremos a los más jóvenes. Aunque él no podía darse cuenta, la acelerada degradación de su cuerpo se convirtió para mí en una metáfora de la degradación sufrida por este país cuyas taras tanto deploró. Así como la enfermedad hace estragos en órganos y tejidos, otros males, la impericia y la avidez de la clase gobernante, o la corrupción generalizada, son capaces de devastar las estructuras que mantienen con vida —y en paz— a una nación. Las páginas que siguen pretenden convertirse en un examen de mi padre: una disección de sus logros y caídas, sus enseñanzas y debilidades, sus creencias y odios. También en una anatomía de mí mismo y, sobre todo, en un examen de mi patria, este México doliente de las postrimerías del siglo XX e inicios del XXI. Una autopsia de esta nación de fantasmas y cadáveres.

Lección 2

El cerebro, o De la vida interior

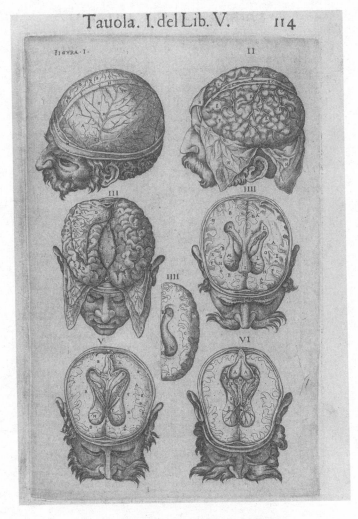

JUAN VALVERDE DE AMUSCO, *Anatomia del corpo umano* (1560)

The Brain—is wider than the Sky—
For—put them side by side—
The one the other will contain
With ease—and You—beside—

The Brain is deeper than the sea—
For—hold them—Blue to Blue—
The one the other will absorb—
As Sponges—Buckets—do—

The Brain is just the weight of God—
For—Heft them—Pound for Pound—
And they will differ—if they do—
As Syllable from Sound—

EMILY DICKINSON

Si pienso en mi padre lo primero que me viene a la mente no es su cuerpo, ni siquiera sus ojos o sus manos, sino algo más etéreo e indefinible, algo también más cercano y entrañable. Pero, ¿qué? ¿Su forma de ser? ¿Su carácter, su personalidad, su mente? ¿Su conciencia? ¿Su *yo*? Palabras dúctiles e imprecisas porque carecen de sustrato material. Si las fotografías al menos nos conceden una pálida réplica de quienes se han marchado, nada o casi nada —a excepción de las cartas o diarios, aunque conservo muy pocos escritos de mi padre— permite adentrarse en el interior de otra persona. ¿Pero qué diablos es esa vida interior que se desvanece con la muerte? Una pregunta más drástica: ¿y si nuestra vida mental solo derivase del comportamiento de nuestras neuronas y células gliales y de los átomos, iones y moléculas que las animan y construyen? Formulada en estos términos por Francis Crick —el descubridor de la estructura del ADN al lado de James Watson y la desdeñada Rosalind Franklin—, su "sorprendente hipótesis" provoca el mismo desasosiego que la teoría de la evolución y apenas se aleja de la muerte de Dios anunciada por Nietzsche. De manera más provocadora: ¿y si yo, y el mundo que me rodea, no estuviese en otro lugar que aquí —me señalo la sien—, en las cavernas de mi cráneo? ¿Y si nosotros, todos nosotros, no fuésemos sino nuestros cerebros? Sin empeñarnos en negar la realidad, esa miríada de átomos en perpetua agitación con la que jamás tendremos contacto directo, la "sorprendente hipótesis" implica que el conjunto de nuestra experiencia permanece enclaustrado en esa gelatina de neuronas. Yo, sea lo que fuere ese "yo", estoy allí, *solo* allí. Y los otros, todos los otros, mi padre, mi madre, mis amigos e incluso ustedes, mis hermanos, mis semejantes, mis lectores, no viven en el planeta que llamamos Tierra, no se mueven, sufren, aman o lloran allá afuera, en la ciudad de México, en Timor o en Etiopía, sino aquí —vuelvo a apuntarme a la sien—, en el interior de mi cabeza. No podría ser de otra manera: bien protegido por el cráneo y la barrera hematoencefálica, el cerebro solo recibe información del exterior a través de las señales químicas y eléctricas que le proporcionan los sentidos. Quizás por ello los humanos nos obstinamos durante siglos en creer que nuestro *yo* o nuestra conciencia —otros dirían: nuestra alma— se alberga en el corazón o en el hígado, órganos más cálidos y menos timoratos. Que la materia sea capaz de pensar en la materia es, en definitiva, uno de los misterios más fascinantes del universo. La obsesión por el cerebro muy pronto encontró refugio en mi propio cerebro. Tendría doce o trece años cuando me aficioné a *Cosmos*, la serie de Carl Sagan que encandiló a millones con la "ciencia de lo más grande y lo más pequeño" —de un lado, galaxias y agujeros negros; del otro, las partículas subatómicas— y sus asombrosas imágenes del universo no tardaron en conducirme a los libros del cosmólogo de la Universidad de Cornell. (En 2004 habría de pasar una temporada en Ithaca, un yermo congelado en el norte del estado de Nueva York cuyo mayor atractivo consistió en imaginarme en las cerca-

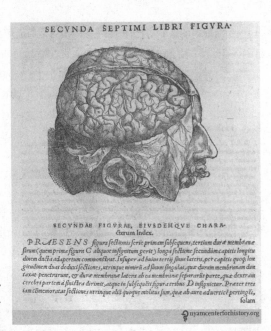

VESALIO, *De
humani corporis
fabrica libri septem,* I

nías de su despacho.) La curiosidad de Sagan lo llevó del
Big Bang y los viajes espaciales a la genética, donde contribuyó al estudio del ARN, y de allí a las neuronas: si en *Los
dragones del Edén* (1977) estudiaba la evolución de la inteligencia, en *El cerebro de Broca* (1979) se refería, entre otros
tópicos, al centro del habla descubierto por el médico francés en la tercera circunvolución frontal del hemisferio
izquierdo. Cerca de los quince años, me sumergí en las
obras completas de Freud —leídas en paralelo con las de
Nietzsche— y no solo hallé un profeta, sino un escritor
de raza. El psicoanálisis se convirtió en una de mis pasiones, si bien la fascinación pronto dio paso al desencanto.
Aunque nunca me he sometido a terapia alguna —resabio
de mi horror a la confesión católica—, su pretensión de
explicarlo todo, incluido este rechazo frontal a tenderme en
un diván, se me volvió cada vez más irritante, al grado de
que en dos de mis libros, *El fin de la locura*, donde retrato
a Lacan, y *La tejedora de sombras*, donde hago lo propio con
Jung, sus adeptos son retratados en ángulos muy poco

favorecedores. Durante años me he batido con Eloy Urroz, uno de sus más fervorosos pacientes y apologetas, en torno a su eficacia clínica: él defiende el psicoanálisis a rajatabla, convencido de la ayuda que le ha proporcionado; a mí, desde fuera, me parece que Freud renunció a la búsqueda neurológica que aventuraba en sus primeros escritos por una hipótesis deslumbrante pero nunca comprobada —el "inconsciente" que guía secretamente nuestros actos—, la cual acabó por encandilarlo a él y a sus discípulos. Más cercano a la religión que a la ciencia, con sus dogmas, escuelas, excomuniones y herejías, el psicoanálisis es un fastuoso edificio conceptual, uno de esos mundos paralelos imaginados por los grandes novelistas. Más adelante, la lectura de *El hombre que confundió a su mujer con un sombrero* (1985) de Oliver Sacks, seguida de otras obras suyas, confirmó mi interés por lo que ocurre o deja de ocurrir con nosotros a partir de lo que sucede en nuestros cerebros. Ello sin contar que, a fuerza de que mis padres y amigos no se cansaran de recordármelo, yo siempre me he asumido como alguien "cerebral". ¿Denota el adjetivo una carencia o una virtud? Si bien me jacto de lo primero —mera estrategia de supervivencia para un niño delgado y enfermizo—, lo segundo resulta más probable. El epíteto deslizaba varios reproches: podrás ser todo lo inteligente que gustes (o finjas) pero ello no te vuelve menos distante, altanero e inaprehensible. Desde niño, la inteligencia fue para mí una carga y un escudo. Mi padre la consideraba el mayor de los talentos: un poder secreto que te hacía superior al resto de los mortales. Su propia inteligencia no estaba desprovista de la arrogancia de los inseguros. Aunque los demás te parezcan más fuertes, me decía, siempre serás capaz de derrotarlos en un duelo de astucia o de palabras: un David *nerd* frente a un musculoso y bruto Goliat. Siendo el menor de cinco hermanos (o hermanastros: jamás nos aclaró por qué uno de mis tíos no compartía su apellido), mi padre se distinguía por ser el más listo y cultivado; era, ya lo dije, el único profesionista de la familia. El *doctor*. Nada me hacía admirarlo tanto como su inteligencia, su sabiduría —era capaz de responder a cualquiera de mis preguntas— y su ingenio. A mis ojos, no solo era más listo que mis tíos, sino que mis maestros, los padres de mis amigos y todos los adultos. A la vez, su inteligencia lo hacía *diferente*. Tan diferente —e inadaptado— como yo. Educado con su ejemplo, mi cerebro imitó sus excentricidades mucho antes de que yo me diese cuenta. Desde que ingresé a la primaria me descubrí distinto: más frágil, más endeble, solitario. Un severo asma infantil, diagnosticado a los tres años, me apartaba de los cambios de clima y los "chiflones", los deportes al aire libre, la rudeza escolar o las tardes de lluvia. Cualquiera de mis compañeros lucía más fuerte y saludable. En contraposición, yo era más inteligente, o eso me repetía mi padre para inspirarme confianza. Mucho antes de que el término *bullying* se popularizara como una plaga global, el abuso y el acoso eran la norma habitual en las escuelas: siempre había un grandulón o una pandilla de gamberros dispuestos a burlarse de ti y a aplastarte si no los obedecías. Durante meses me robaron el *lunch* que me confiaba mi madre por las mañanas —cajitas de cereal o unas apestosas tortas de huevo— y nunca faltó quien buscara humillarme por mi estatura, mi miopía o mi escaso talento para el futbol, la única actividad que importaba en mi colegio marista. En cada clase tenía que haber sin falta un *marica* o *mariquita*, un pobre chico que, por sus ademanes delicados o sus aficiones poco varoniles, por ser más estudioso o menos truhan, o por simple mala suerte, debía soportar la ojeriza de aquellos gandules. Si logré escapar de ellos fue gracias a los protectores o guaruras que supe procurarme desde entonces, amigos altos y fornidos que, a cambio de ayuda en las tareas de matemáticas o de que les "soplara" en los exámenes, me protegían con sus puños. Me acostumbré a utilizar la inteligencia —mi supuesta inteligencia— como un arma de combate y, siguiendo el ejemplo paterno, me

51

especialicé en manipular las voluntades de los otros. Solo que, como sabía Gorostiza, por fuerza había que pagar un precio: la inteligencia siempre estará sola (y en llamas). Quien se cree más listo que los otros nunca acabará por integrarse con los otros. Al asumirme arriba, en una especie de Olimpo académico, me mantuve en los márgenes de aquel microcosmos infantil que me observaba con tanta admiración como recelo. Así ocurrió hasta que aprendí a menospreciar la inteligencia o al menos esa inteligencia marrullera que solía presumir en público. La más dolorosa demostración de la falibilidad de la inteligencia fue comprobar cómo ésta nunca le ayudó a mi padre a ser feliz. Su lucidez, su talento analítico y sus conocimientos de todas las materias —eso que llamaríamos "su cultura"— pocas veces le permitieron dejarse arrebatar por la emoción o la euforia. Algo frenaba su entusiasmo, una prevención o una prudencia ineludibles. Yo mismo tiendo a distanciarme de los hechos y las personas que me rodean, extraviado más de la cuenta en mis propios debates imaginarios. Quizás por ello cuando escuché por primera vez la frase *carpe diem* —en *La sociedad de los poetas muertos*, no en Horacio— la convertí en mi divisa: la única forma de apartarme de una vida ahogada por la reflexión y la autoconsciencia era disfrutando de cada instante como si fuese el último. La lógica de mi padre era la inversa, acaso porque carecía de lo que los gurús de nuestra época llaman "inteligencia emocional". Consciente de que su temperamento podía volverse turbulento o expansivo, quizás no le quedaba otro remedio que contenerse y se tornaba inflexible sin dejar de ser cariñoso. Su moral se fundaba en este *deber ser*: "la obligación ha de prevalecer sobre el deseo". Algo estoico despuntaba en su filosofía, o mejor diría espartano: la fidelidad a unas normas que se le antojaban absolutas y a un único marco de referencia frente al caos. Si debía elegir entre darse un pequeño gusto o cumplir con una obligación, sin duda prefería lo segundo. Esta rigidez que mi madre, mi hermano y yo tanto le criticamos parecía más dictada por una voluntad maniaca que por las cavilaciones de un hombre racional. No quiero sugerir que mi padre tuviese personalidad doble o escindida, pero en ocasiones era como si otra voz, la despótica voz de su conciencia —su potente superego, dirían los freudianos—, guiase cada uno de sus actos. Convertida en reina, la inteligencia vuela, gira en torno a sí misma y, semejante a un tizón, se consume en el aire. Desde la adolescencia me invade una mezcla de pánico y fascinación por la demencia: así se explica que haya dedicado mi primera novela al poeta Jorge Cuesta, a quien los demás miembros del grupo de *Contemporáneos* y el propio Octavio Paz consideraban el hombre más brillante de su generación y quien terminó ahorcándose en un manicomio tras haberse emasculado. A la inteligencia y la locura las divide una frontera muy delgada y todos mis personajes se encuentran en los lindes de una y otra, desde la arpista que entrega su vida en busca de una interpretación perfecta hasta la mujer que estudia sus delirios como si fueran mensajes del inconsciente, pasando por los matemáticos y físicos que se desvinculan de la sociedad arrobados entre sus teoremas y su álgebra. Una de las consecuencias que se desprenden de la hipótesis de que solo somos nuestro cerebro es que si éste falla o se lastima, se atrofia o pierde facultades —o sufre un desbalance en las sustancias que lo activan—, el *yo* se extravía en el camino. Así le ocurrió a mi padre a causa de la arteriosclerosis y la depresión. Su curiosidad y su pasión por el conocimiento se diluyeron en la misma medida en que su cerebro se concentraba en sí mismo. En los últimos tiempos daba la impresión de ser un prisionero de sus propias obsesiones que, como dije antes, le impedían ocuparse de otro asunto que no fuese su salud. Permanecía por horas frente al televisor sin dejar de mirarlo aunque sin hacerle mucho caso, enclaustrado en su malestar. ¿Dónde se ocultaba en ese momento su inteligencia, la formidable inteligencia que siempre lo distinguió? ¿De qué le servía?

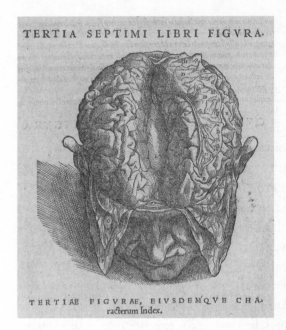

TERTIA SEPTIMI LIBRI FIGVRA·

TERTIAE FIGVRAE, EIVSDEMQVE CHA-
racterum Index.

VESALIO, *De humani corporis fabrica libri septem*, II

Fatigado o endurecido, su cerebro actuaba como un pueblo que se somete sin resistencias a los caprichos de un tirano. El menor intento por alejarlo de sus murmuraciones —esas violentas e inflexibles órdenes que se dictaba a sí mismo— se resolvía con una oposición frontal a cualquier cambio en la cual era posible reconocer los rastros de su antigua voluntad. ¿Cómo se forma la conciencia en el cerebro y cómo esa conciencia se desvanece o se apacigua, se fragmenta o se destruye con los años? Si solo somos nuestro cerebro, ¿también somos su deterioro causado por la enfermedad o el paso del tiempo? Desde que volví a México a mediados de 2013, todas los domingos fui a comer a casa de mis padres. A él lo encontraba sin falta en su destartalado sillón azul, vestido con un suéter raído y un pantalón que flotaba en sus delgadísimas caderas, mal rasurado y levemente ausente. Siempre nos preguntaba por nuestra salud, se esforzaba por conversar unos minutos e incluso deslizaba alguna broma. Pero una vez en el comedor masticaba con dificultad sus alimentos —la misma sopa de verdura, el mismo huevo revuelto y los mismos *nuggets* de pollo día tras día— y se apresuraba a levantarse, trastabillando, para su diaria ceremonia de lavarse los dientes y dormir la siesta. Yo no dejaba de preguntarme, al despedirme de él junto a su cama, en la vaga penumbra de su cuarto, adónde se había ido lo mejor de mi padre, por qué quedaba tan poco de él en ese cuerpo estragado y débil. ¿En qué meandro o abismo del cerebro se había perdido su energía, su talento, su tenacidad, su verdadero *yo*? ¿O no existe un *yo* auténtico, una personalidad destinada a acompañarnos de por vida, sino solo este espejismo que dura lo que nuestro cerebro tarda en descomponerse? He visto o sabido de casos más penosos, ancianos que pierden la memoria, se embarrancan en los laberintos del Alzheimer, no articulan una sola frase coherente o desconocen a sus familiares tanto como su pasado. No sé qué resulta más trágico, si extraviarse así o conservar la autoconciencia de mi padre, esa lucidez que le permitía verse a sí mismo —peor aún: que lo obligaba a mirarse sin cesar— y le imponía la contemplación de su propia miseria cotidiana. Desconocemos cómo surge la conciencia en el cerebro, qué provoca que en ese torbellino de millones de sinapsis surja de pronto algo, una sensación más que una certeza, la idea de que somos uno mientras una sutilísima barrera nos separa del exterior, y acaso nunca llegaremos a saberlo. Creyentes y dualistas le confieren esta facultad a un dios o una sustancia incognoscible que se incrusta en el *hardware* del cerebro y en teoría podría desprenderse de él. Monistas y ateos nos resignamos a creer que en la materia se halla el germen de nuestro *yo* inmaterial de la misma forma que de las letras de un libro emanan las historias que nos seducen o apasionan. Un grupo más escéptico de plano desestima que exista algo que podamos llamar "conciencia" o considera que su estudio es irrelevante. Más iluminadora —y desternillante— me resulta la *boutade* según la cual la conciencia no es sino la sensación que experimenta quien posee una

55

corteza cerebral de gran tamaño. Las ochenta mil millones de neuronas que la forman —una científica británica se dio a la tarea de contarlas en un experimento tan deslumbrante como obvio— se hallan en perpetuo movimiento: conectadas en paralelo, intercambian un sinfín de señales químicas y eléctricas cuyo vaivén apenas hemos empezado a desentrañar. Al hacerlo, distintos grupos de neuronas se activan en redes específicas en donde se almacena una miríada de datos —mejor: de patrones— que a su vez generan reacciones particulares frente a los estímulos externos. ¿Por qué habría de ser imposible que de esos flujos surgiesen las ideas que nos formamos sobre el mundo y luego otras ideas o conjuntos de ideas más insólitas y extrañas, capaces de verse a sí mismas? Como escribí en *Leer la mente*, el cerebro humano es una *máquina de futuro*. Mejor: de *futuros*. La evolución nos entregó con él una rotunda ventaja frente a nuestros competidores. No somos la especie más fuerte ni la más resistente de la Tierra —somos bastante enclenques y el cerebro consume la mayor parte de nuestra energía—, pero estamos mejor preparados para prever el futuro y actuar en consecuencia. En vez de confiar en las eficaces pero lentas directrices de los genes, avistamos soluciones inéditas a los desafíos del ambiente. Nuestro cerebro construye imágenes de la realidad —símbolos, representaciones, réplicas— y, cada vez que percibe una situación riesgosa, no solo encuentra un equivalente en su amplio catálogo de recuerdos, como el bibliotecario que se sumerge en su archivo, sino que ensambla uno *ad hoc*, como si el bibliotecario pudiese cambiar el final de sus libros de acuerdo a las expectativas del lector, para reaccionar frente a ella. En vez de computar como las máquinas, el cerebro imagina distintos escenarios posibles y se decanta por el que juzga más conveniente en un parpadeo. Si funciona, ese patrón —esa configuración neuronal útil— se refuerza y permanece; si no, se desecha gracias a un mecanismo tan útil como menospreciado: el olvido. El flujo de información de

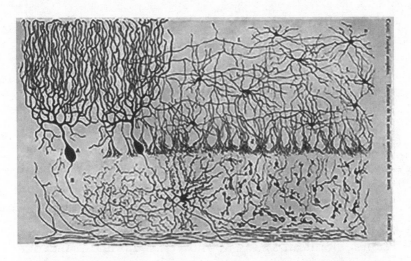

SANTIAGO RAMÓN Y CAJAL, dibujo de neuronas tomado de *Estructura de los centros nerviosos de las aves* (1905)

los sentidos al cerebro —y del cerebro a los sentidos— fragua modelos del mundo de una intrincada complejidad. Imposible adivinar cuándo esos patrones, en su reconfiguración infatigable, pudieron dar el salto lógico imaginado por Douglas Hofstadter en *I'm a Strange Loop* (2010): el instante en que una idea de pronto se vuelve autorreferencial. Ello no impide asentar sus ventajas: por más que en medio de la arquitectura en paralelo de las neuronas el *yo* lineal luzca como una anomalía —una suerte de infección o de virus informático, como ha sugerido Daniel Dennett—, se trata de una anomalía benéfica que nos permite unificar un sinfín de datos y sensaciones en una especie de *war room*. Gracias a esta ilusión —una ilusión, sí, puesto que el *yo* no se halla en ninguna parte del cerebro—, nos concentramos en cuidar y resguardar el cuerpo que nos contiene. El esfuerzo está destinado a cumplir nuestra principal meta como seres vivos: permitir que nuestros genes se repliquen. Somos máquinas empeñadas en asegurar la sobrevivencia de nuestros genes. Si en realidad éstos son tan egoístas como sostiene Richard Dawkins, dado que nos obligan a satisfacer sus ansias de inmortalidad, el *yo* resulta un invento idóneo: un piloto automático que lleva a buen puerto esta nave con sus odiosos pasajeros. La mayor parte de las dieciséis o diecisiete horas que pasamos despiertos —es decir, conscientes— nos dedicamos a alimentar y cuidar nuestro cuerpo en tanto buscamos cómo y con quién reproducirnos. Esa devoción queda en evidencia incluso en el mayor mandamiento altruista de la historia: "Ama a tu prójimo *como a ti mismo*". Solo si veo al otro como una parte de mí me arriesgaré a protegerlo y en caso extremo a dar mi vida por la suya. Salvo contadas excepciones, glorificadas en sagas y novelas, lo normal es que solo nos mostremos dispuestos a sacrificarnos por nuestros hijos. ¿El motivo? Que poseen el cincuenta por ciento de nuestros genes. Nada permitía prever, sin embargo, que las ideas que brotan en el cerebro fuesen a cobrar una vida propia. Tan voraces y egoístas como los genes, los *memes* —para usar el horrible término de Dawkins, hoy doblemente pervertido por culpa de las redes sociales— hicieron que el cerebro humano se tornase híbrido: aunque formado a nivel material por las neuronas y las glías, y los iones, átomos y moléculas asociados con ellas, también está integrado por las ideas surgidas en su interior, las cuales muy pronto se volvieron capaces de modificar la materia de la que provenían. Pero las ideas no son inmateriales o etéreas, sino el resultado de configuraciones precisas de sinapsis y redes neuronales, como propuso Robert Aunger en *The Electric Meme* (1998). Lo más interesante es que se hallan sometidas a las mismas reglas de la evolución que gobiernan a los seres vivos: las que mejor se adaptan al medio —a nuestras mentes—, sobreviven; las que no, se extinguen sin remedio. El *yo* sería, desde esta perspectiva, uno de los memes o conjuntos de memes más aptos y exitosos jamás concebidos por el cerebro. ¿Qué mayor capacidad de adaptación para una idea que incrustarse en esa parte de la conciencia que consideramos esencial para nosotros?

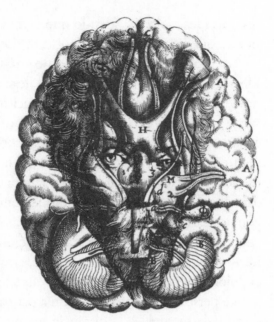

ANDRÉ DE
LAURENS, *Historia
Anatomica* (1589),
donde conjunta
una imagen del
cerebro con un
retrato de Vesalio

Cuando un meme pasa a formar parte de nuestra identidad asegura su supervivencia. Si asumo que mi fe en un
dios omnipotente y omnisciente es parte de lo que soy,
¿cómo alguien podría arrancarme esta convicción? Lo mismo ocurre con los memes que recibimos en la infancia y
poco a poco nos convierten en lo que somos. *Yo también
soy mis ideas.* La creación de ese *yo* dista de ser una tarea
apacible: la educación presupone una violencia extrema
para el cerebro. Además de vivir en el eterno conflicto
darwiniano que nos enfrenta a diario con los otros, en
nuestras cabezas se pone en marcha una guerra sin cuartel
entre distintas ideas que tienen la misión de conquistarnos.
Desde que nacemos somos bombardeados por nuestros
padres y maestros y luego por una infinidad de mensajes
provenientes de todas partes; algunas ideas se adaptan a
nuestra mente, se amoldan y permanecen con nosotros
—hasta convertirse en nuestros principios—, mientras
otras se desgastan o se agotan sin que lamentemos su pérdida. Habría que matizar, pues, la afirmación anterior: yo

soy mis ideas solo si entiendo que esas ideas no me perte-
necen, que han llegado a mí por caminos muy distintos y
yo las adopto —y adapto— como mías. Muchas de las
ideas de mi padre, o que al menos llegaron a mi cerebro
desde el cerebro de mi padre, se han vuelto parte de mí mismo y me hacen lo que soy; otras tantas he buscado des-
echarlas y combatirlas o me he batido contra ellas sin estar
seguro de haberlas vencido. Este libro es la prolongación de
ese combate con mi padre. Si hoy tratara de definirlo, tendría que recordar sus creencias fundamentales: su intransi-
gencia moral, su catolicismo, su conservadurismo, su
talante crítico, su altruismo y su vocación de servicio. Las
ideas que lo caracterizaron hasta que, en sus últimos años,
el dolor, entendido no solo como sensación sino como un
meme persistente e invasivo, pasó a ocupar la mayor parte
de su vida mental. A la distancia me queda claro que mi
padre sufría además de un trastorno obsesivo-compulsivo.
Durante años logró sublimarlo o apaciguarlo gracias a una
disciplina inquebrantable: así se convirtió en un hábil cirujano, un clínico brillante y un estimulante profesor. Pero
su proclividad hacia las ideas fijas, expresada en incontables
ceremonias y rituales, acabó por imponerle una vida interior cada vez menos abierta. Al final, mi padre apenas era
más que su dolor: el dolor físico que atenazaba sus músculos y sus nervios y sobre todo las ideas sobre su propio dolor
que lo obsesionaban el día entero. Si solo somos nuestro
cerebro, ese flujo eléctrico y humoral que anima nuestras
neuronas, ese presente perpetuo empeñado en adelantarse
al futuro, también somos el cúmulo de ideas que hemos
almacenado a lo largo de la vida. Esas ideas y memes que
solemos llamar, con mejor tino, memoria. En otras épocas
se llegó a creer que lo único que nos define, lo único que
nos hace ser quienes somos, es ese conjunto de recuerdos
que le da consistencia a nuestro *yo*. Numerosos casos clínicos desmienten esta tesis: pacientes que han sufrido amne-
sias radicales, capaces de borrar hasta sus últimos recuerdos

—así sea por unas horas o unos días—, confiesan la turbación que sentían al hablar de sí mismos, si bien ésta no los privaba de su conciencia o su carácter. No busco minimizar el peso de nuestros recuerdos: al lado de la conciencia, la memoria ha concitado la mayor parte de las especulaciones —e invenciones literarias— en torno a nuestra vida interior. En la Antigüedad se le comparó con una biblioteca o un archivo, una metáfora inexacta que condujo a un sinfín de equívocos. El cerebro, ya lo dije, es una máquina de futuros, no un almacén en el cual acumulamos la información que nos llega a partir de los sentidos. Si conservamos recuerdos —una vez más: patrones— no es por el afán de retenerlos y clasificarlos, como esos mendigos agobiados por el mal de Diógenes que se atrincheran entre cachivaches, sino para utilizarlos de la manera más útil y sencilla en el presente. El cerebro podría compararse, más bien, con esas sofisticadas máquinas excavadoras que construyen y desazolvan a la vez. El olvido no es un error de fábrica, una anomalía o un esperpento. Recordarlo todo, como el Funes de Borges, sería peor que una pesadilla: nos impediría cualquier otra acción mental y nos conduciría hacia la muerte, como escribió el neurocientífico argentino Rodrigo Quian Quiroga, responsable de descubrir la llamada "neurona de Jennifer Anniston". Memoria y olvido son hermanos siameses. Una vez que la información de los sentidos llega al cerebro se almacena en una neurona o un conjunto de neuronas que poco a poco la limpian de *ruido*: de datos suplementarios e inservibles. Por eso los recuerdos tiendan a borrarse o adelgazarse con el tiempo; entre menos detalles, más sencilla resultará la tarea de compararlos con el presente. Para rescatar un recuerdo nos valemos de esas peculiares estructuras en forma de herradura que conocemos con el nombre de hipocampo. La ley de la entropía, según la cual la información siempre tiende a perderse, no nos excluye: no es verdad que cuanto hemos vivido se empolve en algún recoveco del cerebro, pues hay informaciones que se pierden o degradan como sucede en cualquier otro sistema de conservación de datos (la computadora en la que escribo, por ejemplo). A fin de hacer frente a los errores de almacenamiento, la muerte neuronal o la inevitable pérdida de datos, la información a veces se guarda duplicada o triplicada en varias áreas del cerebro. Pero incluso los recuerdos más durables —de objetos, hechos o sensaciones— se ven modificados con el uso. Cuando los sentidos hacen llegar al cerebro señales de una experiencia nueva, éste la confronta con otras parecidas; al hacerlo, no solo rescata el recuerdo original, sino que lo trastoca. El pasado no es una película que rebobinemos a nuestro antojo, sino una plastilina mórbida y delicada que cambia de forma cada vez que la sacamos del desván. En nuestro interior sucede algo equivalente al principio de incertidumbre de Heisenberg: el observador modifica lo observado. ¿Cómo podríamos saber entonces quiénes somos —o quiénes hemos sido— si ni siquiera podemos confiar en nuestra memoria? Pese a nuestra obsesión por la coherencia, no somos nunca los mismos, un *yo* maduro al que arribamos tras una niñez penosa y una turbulenta adolescencia, sino un continuum de experiencias en movimiento, un flujo inabarcable que solo la ficción de la conciencia nos permite fijar y detener. "Conócete a ti mismo", recomendaban los socráticos, y desde entonces un sinfín de escuelas místicas y psicológicas se ha preocupado por ayudarnos a descubrir a través de la meditación, el análisis o la plegaria nuestro verdadero *yo*. Quizás ha llegado el tiempo de aceptar el caos que nos forma: todos deberíamos llamarnos Legión. Un dato llamativo: el hipocampo no solo es responsable de revivir el pasado, sino también de imaginar el futuro, como si para el cerebro la línea del tiempo fuese menos clara y pasado y futuro se encontrasen a la vuelta de la esquina. Bien saben los novelistas que la imaginación deriva de la hábil manipulación de los recuerdos, de serrucharlos y ensamblarlos, pervertirlos y recomponer-

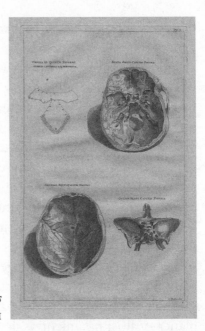

VESALIO, *De humani corporis*
fabrica libri septem, II

los. Ahora entendemos que su labor imita de forma intuitiva el proceder natural del cerebro. ¡Pocas sensaciones tan abismales como darnos cuenta de que algunos de nuestros recuerdos más entrañables —ese instante crucial de nuestra infancia o ese momento que cambió para siempre nuestras vidas— en realidad pudo no haber ocurrido como lo recordamos o no haber ocurrido del todo! Durante un encuentro sobre ciencia y literatura celebrado en Buenos Aires en 2014, le pedimos a un conocido escritor español que nos contase su primer recuerdo. Conmovido, éste se embelesó al narrar, con una poética profusión de detalles —la resolana de un mediodía invernal, la presión de la mano de su padre en su propia mano, la arenilla entre los dedos de sus pies—, un paseo por la playa ocurrido, según confesó, cuando tenía dos años. En cuanto concluyó, arruiné su evocación al explicarle que la falta de maduración de las redes neuronales impide que conservemos los recuerdos anteriores a los tres años. Nuestro amigo juró que su recuerdo era nítido y certero. Nítido y certero, pero falso. Construido tal vez a partir de los recuerdos de sus padres o hermanos, de la experiencia de otros paseos por esa y otras playas y su propia imaginación de novelista. Nada diferencia, en nuestra mente, una imagen real de una invención. Para el novelista español, aquel recuerdo era importante, lo unía con su niñez y su familia: se había vuelto más real que la realidad. Días atrás leí un artículo de Oliver Sacks donde, además de despedirse —confesaba ser víctima del cáncer terminal que lo llevaría a la muerte—, narraba una confusión semejante: si bien en su autobiografía contó cómo sobrevivió a un bombardeo nazi de Londres, acabó por descubrir que este recuerdo le pertenecía a su hermano. La primera imagen de mí mismo es igual de equívoca. Justo el día en que cumplo un año se me ocurre caminar por primera vez: las paredes de la casa me parecen blancas y altísimas mientras descubro delante de mí las jaspeadas losetas del pasillo. A continuación me alzo, me tambaleo y por fin caigo. Años después encontré una foto en el álbum familiar en la que aparezco retratado más o menos así: vestido con una playera a rayas, en el pasillo de la casa de mis padres, mirando hacia la cámara. Es obvio que mi cerebro transformó esta vieja imagen en un recuerdo. Otro ejemplo: despierto en plena noche, agobiado por el asma; mi padre llama al pediatra, en vano; me visita otro médico, al que recuerdo frío y malhumorado; mi crisis respiratoria se agudiza y éste dice que habrá que internarme en una clínica (la palabra aún me causa escalofríos); yo me echo a llorar, muerto de miedo, y empeoro mi estado. El médico me inyecta en el brazo —aún siento el piquete—, me visita mi tío César, quien arma junto con mi padre una improvisada tienda de campaña con las colchas y las sábanas; me colocan allí adentro, me acomodan un humidificador y poco a poco mi respiración se normaliza. Todo esto ocurrió, en mi memoria, cuando yo tenía seis años. Mi madre me desmiente: tenía menos de tres. De seguro confundo el episodio con otros semejantes —padecí de asma hasta los quince—, alimentado por la narración de mis padres y mi propia imaginación. He contado este suceso decenas de veces y, si bien en ningún momento ha dejado de parecerme real, siento que con cada repetición pierde algo de su fuerza y se torna menos sólido, sin que consiga confrontarlo con el original que lo inspiró. ¿Importa? Sí y no. Se trata del primer recuerdo claro de mi enfermedad y me resulta entrañable aunque me desasosiegue reconocer que se trata de una invención. ¿Dónde me encuentro yo en el inasible territorio del pasado? ¿Hay al menos algo que se conserve, un mínimo sustrato de verdad? Diversos mecanismos, estudiados con profusión por Daniel Schachter, nos llevan a adulterar nuestras memorias: la falta de atención, el bloqueo, las atribuciones erróneas, la sugestión o el sesgo. Este último me resulta particularmente interesante (a los otros "pecados de la memoria" me referí en *Leer la mente*). El sesgo —*bias* en inglés— demuestra que estamos más preocupados por el futuro que por el pasado. El *yo* no tiene empacho en modificar o manipular sus recuerdos para adecuarlos a la idea que tenemos de nosotros mismos en el presente. Más que la verdad perseguimos la coherencia, obsesionados con creer que los niños o los adolescentes que fuimos nos prefiguraban, que nuestras ideas actuales derivan de las creencias que defendimos en la juventud —sea para prolongarlas o desmentirlas— o que las personas que hoy odiamos o amamos siempre nos resultaron igual de atractivas o insufribles. Somos los mayores propagandistas de nosotros mismos, así sea para presumir nuestros defectos. ¿Cómo escribir sobre el pasado si, cuando éste no se nos escapa entre las manos, nosotros mismos lo adulteramos? ¿Cómo escribir este *Examen de mi padre* si apenas consigo aprehenderlo a él, si su imagen se me escapa entre los dedos, si yo mismo tuerzo los recuerdos que poseo para ajustarlos a mi conveniencia actual? Intento retrotraerme a los primeros años de mi infancia para recuperar una imagen suya que

DVODECIMAE FIGVRAE, EIVSDEMQVE CHA-

VESALIO, *De humani corporis fabrica libri septem*, II

continúe pareciéndome válida y certera. Son las dos en punto de la tarde y los cuatro nos sentamos ante la mesa cuadrangular del comedor —mi padre aún no ha recuperado los muebles decimonónicos que pertenecieron a su abuela—, él ocupa la cabecera, de espaldas a la ventana que da al patio, mientras mi madre se coloca a su diestra, mi hermano a su izquierda y yo justo frente a él. La resolana atenúa sus rasgos y los rodea con una suerte de aura o halo amarillento. Antes de que llegue la sopa, mi padre se levanta y desliza un casete —me vienen a la mente las franjas amarillas de la Deutsche Grammophon— en su vieja grabadora; deja que suenen los primeros compases y nos pregunta si reconocemos la pieza en cuestión. "Es la *Quinta* de Chaikovski" (o la *Sexta*, o el concierto para piano, o algo de Brahms o de Beethoven), nos aclara con una sonrisa, "a ver si mañana sí logran adivinar". Mi padre regresa a su silla y, mientras nos sirven los demás platos, prosigue el relato que nos cuenta día tras día, valiéndose sin falta de la misma introducción: "Hagamos un jirón en el telón que cubre la noche de la historia para contarles lo siguiente, hijos míos." Su repertorio incluye distintas escenas de la revolución francesa y del imperio romano, el argumento condensado de novelas de Hugo, Verne, Salgari o Dumas y sinopsis adaptadas para niños de óperas como *Rigoletto* o *Madama Butterfly*. Nosotros lo escuchamos embobados. Cuando he querido hallar el origen de mi pasión por las historias —más que por "la literatura"—, llego sin falta a este episodio. Mi padre era un lector voraz y ecléctico: durante años se tomó el tiempo de irse cada tarde a Sanborns a tomar un café acompañado por algún clásico italiano o francés —por principio no leía a ningún autor español o latinoamericano— o novelones de Wilbur Smith, Morris West o Taylor Caldwell. Desde que tengo memoria, nos recomendaba sus obras favoritas, en particular *Los miserables* y *El hombre que ríe*, pero yo siempre me resistí a hacerle caso —confieso que aún no he leído ninguna de las dos—. En cambio, su talento como narrador me sorprendió desde niño y supongo que escribo libros porque aspiro a prolongar su pasión por los relatos. No deja de admirarme, sin embargo, la naturaleza imprecisa y múltiple de este recuerdo: no se trata de un recuento preciso, de la transcripción de un día exacto, sino de un condensado de días parecidos. No consigo fijar una tarde concreta, distinta de otras tardes, en la que mi padre nos hubiese hecho reconocer justo una obra musical o nos hubiese narrado una trama específica; unas y otras se me confunden, se empalman y amontonan, como si el pasado no fuera —no pudiera ser— una suma de acontecimientos en el tiempo, sino un amasijo empaquetado sin orden ni control. Imposible saber cuántas escenas similares viví en aquellos años y en cuántas ocasiones sus historias se vieron interrumpidas por una pelea con mi madre, sus reclamos sobre la comida o temas más insulsos o más relevantes, sus problemas o sus éxitos laborales, el clima o el tránsito, esas minucias que conforman la vida cotidiana, la vida verdadera, y que nuestro cerebro apenas conserva y retiene. Quizás por esta razón nos encandilan las novelas decimonónicas: están plagadas de esos detalles que el cerebro desdeña y olvida en un instante, de esas acotaciones en apariencia irrelevantes o fútiles que tanta falta nos hacen cuando aspiramos a reconstruir el pasado. Yo mismo no sé, a la hora de transcribir aquí distintos fragmentos de mi vida o de la vida con mi padre, qué porción es auténtica y cuántos falsos detalles he añadido para volver aún más vívida —o, ay, más literaria— la evocación. Para combatir ese olvido irremediable, ligado a nuestra propia arquitectura neuronal, los seres humanos inventamos lo que Roger Bartra ha llamado *exocerebro*: formas de almacenamiento artificial que se iniciaron con el lenguaje y la transmisión oral de la poesía —con la ayuda de la métrica y la rima— y se prolongaron con la escritura, plasmada en inscripciones, manuscritos, pergaminos, libros y, a últimas fechas, con dispositivos electrónicos y computadoras. Liberados de la necesidad de recordar una miríada de datos que podemos *googlear* en un instante, habría que suponer que el cerebro podría dedicarse a tareas más complejas o gratificantes. Si bien nunca antes dispusimos de tanta información al alcance de nuestras manos —o de un clic—, hoy parecemos más obsesionados que nunca por la fugacidad del presente, de modo que nuestra memoria común se ha convertido en una carga o una distracción en vez de ser la piedra basal a partir de la cual nuestras sociedades pueden prepararse para el futuro. Arrinconada como coto de especialistas o trivializada en una avalancha de novelas, series, documentales y películas, la historia ha pasado a ser un producto suntuario, una evasión o un entretenimiento que se consume y se desecha en un suspiro. Al cerebro solo le importa el pasado en virtud del presente y del futuro; aun así, preferimos admirarlo como un objeto singular, extraño y acaso hermoso, semejante a las piezas de cerámica o de orfebrería que contemplamos en los museos —esos parques temáticos que nuestros políticos construyen sin cesar—, pero que nada tiene que ver con nosotros. Nuestra época se enfrenta al pasado como un investigador que analiza los fondos marinos o las galaxias: un territorio fascinante pero que muy poco nos cimbra o nos concierne. Esta desmemoria no obedece al olvido dictado por nuestro cerebro, sino a una apuesta consciente, claramente política. Nuestra amnesia pública es *voluntaria*: una decisión que nos enclaustra en la actualidad. Nada resulta tan conveniente para los poderosos como el olvido: la intención es que los ciudadanos se desentiendan de sus actos, se despreocupen de sus conductas previas y dejen de examinarlos bajo la lupa. Por doquier se repite el mismo fenómeno: políticos corruptos o irresponsables cuyos crímenes nadie persigue; políticos que son reelegidos o vuelven a ocupar cargos públicos pese a sus fiascos o desastres anteriores; políticos que, no obstante haber estado inmiscuidos en numerosas faltas o delitos, solo esperan a que el tiempo borre sus triquiñuelas y artimañas. En la era de la inmediatez, donde la televisión y las nuevas tecnologías no nos dan respiro con datos siempre novedosos, nada dura más de unas horas o unos días. En esta lógica, los medios se embarcan en una carrera por conseguir noticias cada vez más alarmantes o pavorosas. ¿Cómo preservar, en este frenético remolino, la memoria pública? ¿Cómo eludir las trampas que esta rapidez nos impone? En México a diario sale a la luz alguien que ha pisoteado las instituciones, se ha valido de su cargo para enriquecerse o ha ordenado un acto de represión o de censura; durante horas las redes sociales se inflaman con comentarios indignados —y memes irrisorios— hasta que otro escándalo los sepulta; al cabo nada ocurre y nadie es llamado a rendir cuentas. Consecuencia inevitable de la desmemoria es la impunidad. Como si nadie —nadie con poder— tuviese pasado o como si el pasado fuese un ámbito lejano que no debería llamar nuestra atención. Desde que se inició la guerra contra el narco, este premeditado olvido se ha vuelto más siniestro. Nuestro cerebro no es capaz de retener una avalancha de sucesos tan aciagos como infinitos y los crímenes se confunden en nuestra mente en una masa indescifrable. Desde 2006, no hay día que no leamos, veamos o escuchemos sobre un asesinato, una masacre, una desaparición, un secuestro, un caso de tortura: imposible retener cada una de estas historias, por más que quienes hayan perdido la vida o hayan sido vejadas sean personas reales, individuos concretos. Un sucinto listado de masacres ocurridas en el México de la guerra contra el narco debería incluir el asesinato de 80 estudiantes en Villas de Salvárcar, Chihuahua, en 2010; las 18 personas asesinadas durante un cumpleaños en Torreón, Coahuila, en 2010; los 15 jóvenes asesinados en Tepic, Nayarit, en 2010; los 72 migrantes asesinados en San Fernando, en Tamaulipas, en 2010; el asesinato de 193 personas, otra vez en San Fernando, en 2011; los 30 supuestos narcotraficantes asesinados en el municipio de Ruiz, Nayarit, en 2011; las 52 personas que perdieron la vida en el atentado contra el Casino Royal en Monterrey, Nuevo León, en 2011; los 31 muertos durante el motín de la prisión de Altamira, Nuevo León; los 340 cuerpos encontrados en una fosa en Victoria, Durango, en 2011; los 35 cuerpos encontrados en Boca del Río, Veracruz, en 2011; las 26 personas asesinadas en Culiacán, Sinaloa, en 2011; los 26 cuerpos hallados en Guadalajara, Jalisco, a pocas cuadras del lugar donde unos días después se celebraría la Feria del Libro, en 2011; los 18 cuerpos encontrados en un camión en Chapala, Jalisco, en 2011; los 35 cuerpos descubiertos en Nuevo Laredo, Tamaulipas, en 2012; los 14 cuerpos mutilados de Ciudad Mante, Tamaulipas, en 2012; los 44 internos asesinados en la prisión de Apodaca, Nuevo León, en 2012; las 49 personas decapitadas de Cadereyta, Nuevo León, en 2012; los 22 supuestos narcotraficantes ejecutados por el ejército en Tlatlaya, Estado de México, en

2014; los 43 estudiantes desaparecidos —o asesinados—
en Iguala, Guerrero, en 2014; los 11 muertos de Nochixt-
lán, Oaxaca, en 2016 y las decenas de muertos hallados en
distintas fosas en todo el país. Este recuento no busca ser
exhaustivo y no incluye los homicidios individuales o de
grupos pequeños, ni tampoco a los miles de desaparecidos.
¿Cómo olvidar lo que significan estos números? O quizás
la pregunta debiera ser la contraria: ¿cómo recordarlos?
¿Cómo lograr que cada una de estas vidas no se pierda o se
diluya, que cada una posea un significado preciso e indele-
ble? En 2011, la periodista Alma Guillermoprieto tuvo
la iniciativa de invitar a setenta y dos escritores a narrar
—o, ante la ausencia de datos, a inventar— las vidas de los
setenta y dos migrantes asesinados en la primera masacre
de San Fernando. El ejercicio literario devenía político. La
única forma de lograr que nuestro cerebro se identifique
con quien ha sufrido es poniéndose en su lugar y ello solo
puede lograrse mediante un relato de su experiencia. Las
neuronas espejo, esas curiosas estructuras cerebrales en las
que se funda la empatía, no se activan con una cifra o un
número, sino con historias concretas como las que Guillermoprieto nos inspiró a conferirle a cada víctima. ¿Cómo
repetir este ejercicio con las cien mil personas que han
muerto en esta guerra que ni siquiera es una guerra? ¿Cómo
pedir a cien mil escritores y periodistas que las retraten?
¿Y quién se tomaría el tiempo de leer o memorizar este
inventario de nuestros muertos? Si la desaparición —o el
homicidio— de los estudiantes de Ayotzinapa se convirtió
en el disparador de la indignación ciudadana fue porque se
trataba de un grupo que no era ni tan grande ni tan pequeño, 43 jóvenes con 43 historias que era posible recordar e
imaginar: de allí la eficacia de corear sus nombres en las
manifestaciones, de "pasarles lista" cada noche o de reproducir sus rostros, como hizo un colectivo de diseñadores, y
de publicarlos una y otra vez en las redes sociales: la única
manera de fijarlos en nuestra conciencia, de mantener viva

71

la desazón y la rabia. La rapidez con que se suceden los escándalos en nuestro mundo digital y la decidida acción del poder para "superar la tragedia" han logrado que el efecto Ayotzinapa también comience a deslavarse. Han transcurrido meses desde lo ocurrido y muchos ya se declaran fatigados de estos muertos o desaparecidos con los que hemos convivido en este tiempo, con estos muertos o desaparecidos que cargamos a cuestas, con estos muertos o desaparecidos que encarnan el destino de tantos muertos anónimos. Atestiguamos la ceremonia del olvido: el momento en que cada partido y cada líder piden sepultar el pasado y mirar hacia el porvenir. Una apuesta que tendría sentido si Ayotzinapa hubiese ayudado a transformar nuestras endebles estructuras democráticas, a modificar la relación entre los poderosos y los desprotegidos. No ha ocurrido así: en su afán por calificar los hechos de Iguala como una anomalía —un crimen cuyos móviles han sido desentrañados y cuyos culpables se encuentran en la cárcel— y no como la norma que rige en el país, el poder les ha negado toda relevancia y la ha condenado a ser apenas un episodio más de nuestros años de pólvora. "Ayotzinapa no se olvida", repiten quienes enarbolaron una consigna semejante para los muertos de 1968, pero poco a poco se olvida, y se olvida porque nadie asume su responsabilidad, porque a nadie conviene recordar que un alcalde y sus policías —sumados acaso a la policía federal y al ejército— secuestraron, torturaron, asesinaron y desaparecieron a 43 ciudadanos mexicanos, porque nadie ha sido sentenciado por estos crímenes. Si solo somos nuestro cerebro, todos los demás, nuestros familiares, nuestros amigos, nuestros enemigos y las demás personas que habitan o han habitado este planeta, a quienes hemos tratado de cerca y de quienes apenas hemos tenido noticia, son parte de nosotros, símbolos más o menos complejos en nuestras neuronas. La inmortalidad —lo intuimos— no es sino una ilusión: la idea, producida por nuestra conciencia, de que esa misma conciencia jamás habrá de desvanecerse, de que nuestro *yo* habrá de sobrevivir a nuestro cuerpo. ¿A quién no le gustaría que así ocurriese, que fuésemos un alma y esa alma pudiese escapar de la materia y trasladarse al más allá, al cielo o al Valhala? Pero la conciencia —el alma— es un producto de las neuronas y las moléculas e iones que se le asocian. Y, si esas neuronas mueren, la conciencia perece con ellas. A los ateos, agnósticos y racionalistas nos queda sin embargo un consuelo: si los demás, todos los demás, son habitantes de nuestro cerebro, la muerte no puede arrebatárnoslos del todo. Mientras pensemos en ellos seguirán vivos (en nuestras neuronas). Si yo escribo estas líneas es para mantener a mi padre conmigo.

Lección 3

La mano, o Del poder

LEONARDO DA VINCI, *Estudio de manos* (ca.1474)
Colección Real, Castillo de Windsor

Capto la seña de una mano y veo
que hay una libertad en mi deseo;
ni dura ni reposa.

JORGE CUESTA, *Canto a un dios mineral*

Mi padre solía colocarse una moneda —creo recordar que
eran veinte centavos de cobre— entre el meñique y el anu-
lar de la mano derecha y procedía a deslizarla entre un dedo
y otro hasta llegar al pulgar y al índice, donde iniciaba el
recorrido inverso. Podía hacerlo durante varios minutos sin
tropezar; luego cambiaba a la mano izquierda y repetía el
ejercicio con destreza equivalente. Con este truco de pres-
tidigitador, mi padre se cercioraba de su agilidad y de paso
nos sorprendía: por más que nos esforzamos, mi hermano
y yo jamás logramos emular su hazaña. También era capaz
de trenzar sofisticados nudos con una sola mano o de enhe-
brar aguja e hilo a la primera. En el quirófano su habilidad
debía resultar aún más sorprendente, aunque nunca tuve la
oportunidad o las ganas de observarlo. El símbolo de los
cirujanos —incluyendo el de la Academia Mexicana, a la
que pertenecía— es una palma abierta con un ojo al centro: para operar, la mano necesita *ver*. Recuerdo a mi padre
las mañanas de sábados y domingos cuando, después del
desayuno, extendía sobre la mesa del comedor una caja de
madera repleta con botes de pintura y una amplia gama
de pinceles, algunos con unas pocas cerdas, y se dedicaba
a pintar sus "muñequitas". Hay muchos aficionados a los
soldaditos de plomo —los únicos juguetes que mi padre
tuvo de niño, según rememoraba con amargura—, pero no
conozco otra colección como la suya. En la sala había dispuesto una vitrina, adquirida para este propósito, en la que
se alineaba un centenar de pequeñas figuras femeninas,
todas desnudas (al menos de cintura para arriba), dotadas
con distintos ajuares y atributos. Algunas encarnaban
nacionalidades: una francesa con quepí, una egipcia

Una de las pequeñas maquetas de mi padre

semejante a Nefertiti, una vikinga de rubias trenzas o una alemana con su casco imperial y su jarra de cerveza. Otras parecían recién salidas de la ducha: una joven de cabello largo y negro que extiende un lienzo rosado (mi favorita); una mujer con el cabello recogido que retoza en una bañera de oro, cubierta por el agua jabonosa hecha con pegamento blanco; o una muchachita que se admira frente al diminuto —y auténtico— espejo que una sirvienta sostiene frente a ella. Las hay blancas y negras, rubias, morenas y pelirrojas. Varias se arremolinan en escenas medievales o fantásticas, rodeadas de calaveras, faunos, leopardos o dragones. (Yo llegué a pintar de manera bastante descuidada algunos de estos personajes secundarios.) Otras, en cambio, protagonizan explícitas escenas de tortura: amarrada a los cuernos de un búfalo prehistórico, una cautiva es azotada por órdenes de una bruja mientras sus compañeras permanecen atadas por las muñecas y los tobillos, imagino que para ser vendidas como esclavas o prostitutas. Que alguien tan conservador, reaccionario y católico como mi

Otra de las
"muñequitas"
de mi padre

padre tuviese este *hobby* es una de esas contradicciones que
lo vuelven a mis ojos más humano. Si el sexo era un tabú
que nunca mencionó siquiera con nosotros, no tenía empacho en presumirnos sus creaciones, algunas en el límite de
la pornografía o el S/M, o en exhibir esos procaces cuerpos
femeninos, con su profusión de nalgas y senos al aire, frente a cualquier visitante. Yo siempre me jacté con mis amigos de esta hogareña "atracción turística". Con los años, mi
padre ganó en habilidad: los tonos de la piel o el cabello se
volvieron más realistas, al tiempo que acentuaba los claroscuros de corpiños, tangas o sostenes. Los ojos rozaban la
perfección: cejas, pestañas, iris y pupilas delineados con
asombrosa expresividad. Sus conocimientos de anatomía le
permitían resaltar cada músculo en tensión. Su mayor
logro, copiado de los pintores renacentistas, eran las telas
translúcidas que permitían discernir caderas, pubis o pezones. Hoy la colección permanece en mi estudio luego de
que mi madre se mudase de casa y se abstuviese de exhibir-
la. Trato de recordar las manos de mi padre en esos años,

cuando aún empuñaba pinceles y escalpelos: dedos largos y delgados, con las uñas recortadas y la piel muy suave, como de papel, pese al número de veces que se lavaba cada día (nos enseñó cómo debe enjabonarse un cirujano antes de enfundarse los guantes de látex). Me angustia compararlas con sus manos de los últimos tiempos: frágiles y temblorosas, sometidas a un tic que llegamos a creer síntoma de Párkinson —cruzaba y descruzaba los dedos sin cesar—, y el dorso, estragado a fuerza de rascarse la piel, cubierto de manchas y moretones. Si uno pretendiera resumir el tránsito de una vida, bastaría con observar esas manos fuertes, ágiles, expertas, y a continuación esas manos achacosas, erráticas y petrificadas por la artrosis sin olvidar que son las mismas manos. Antes que el cerebro, cuya estructura y funciones se descubrirían más tarde, los antiguos ya consideraban que las manos eran nuestra característica más humana —o un reflejo de la providencia—. Mi padre solía repetirnos que la civilización se basa en el pulgar oponible que nos distingue de los demás primates y hoy sabemos que somos la única especie que apunta con el índice, acaso porque esa señal, un mal hábito según el antediluviano *Manual* de Carreño, presupone un primer atisbo de lenguaje. Tanto Leonardo como Vesalio parecían obsesionados con las manos: dentro de la enorme variedad de órganos que estudió, el flamenco quiso retratarse en la *Fabrica* mientras realizaba la anatomía de una de ellas. Y, pese a la desproporción entre cuerpo y cabeza, consideraba que este grabado era su retrato más fiel. Simon Schama cuenta que, cuando Pieter van Brederode realizó el inventario de propiedades de Rembrandt tras la muerte del pintor, halló entre su colección de rarezas, que incluía corales, conchas, cascos y armas, "cuatro manos y piernas anatomizadas por Vesalio". Una de ellas podría ser la que acabó por figurar —en el brazo equivocado— en *La lección de anatomía,* como si Rembrandt o el doctor Tulp hubiesen querido presentarse como reencarnaciones del autor de la *Fabrica.* A la del médico se suma,

Retrato de Vesalio
en la *Fabrica*

así, una profusión de manos: la diestra de Aris *El Niño*, la
izquierda diseccionada por Vesalio — y que, en un giro fic-
cional, podríamos imaginar del *propio* Vesalio— y, fuera de
escena, la mano del artista. Si el Renacimiento descubría el
cuerpo como una máquina de precisión, la mano consti-
tuía su epítome: un ensamblaje de cuerdas y poleas cuyo
diseño, atribuido al Creador, le permitía realizar cualquier
tarea. Aun con los avances tecnológicos de nuestra era parece más sencillo crear una máquina inteligente que una
mano robótica capaz de emular la sutileza y variedad de
nuestros movimientos. En *Anatomies: The Human Body, It's
Parts and the Stories They Tell*, Hugh Aldersey-Williams afirma que el número de posiciones de la mano supera al
número de palabras en inglés. En sus opúsculos *Chirono-
mia* y *Chirologia*, publicados en un solo volumen con diferente paginación en 1644, su compatriota John Bulwer
realizó un inventario exhaustivo de las señas de la mano e
intentó demostrar que sus posiciones son independientes
del habla y conservan las claves secretas de una lengua

universal. (La realidad es que los sordos se valen de múltiples sistemas creados en cada país.) Excepto en aquellas culturas que solo lo permiten entre varones o las que aborrecen el contacto con extraños, el apretón de manos es el saludo más común en el planeta, del mismo modo que una seña, como el dedo medio extendido o el puño cerrado dirigiéndose hacia atrás del que nos valemos los mexicanos, implica un insulto imperdonable. La mano como extensión del alma o del cerebro: la mano que siembra, cuenta o construye, la mano que pinta o escribe, e incluso las manos unidas en oración, pero asimismo la mano que golpea y arrasa, que abofetea, destroza y apuñala. A diferencia de mi madre, quien no dudaba en propinarnos unas nalgadas o un pellizco, mi padre nunca nos pegó (solo una sola vez me dio un manazo cuando le colgué el teléfono mientras hablaba con uno de mis tíos). Sus manos eran, sin embargo, la medida de su autoridad: una indicación suya bastaba para inmovilizarnos. Aunque pocas veces gritaba o perdía el control, hasta la adolescencia nos resultaba casi imposible desobedecerlo. A fin de constatar que mi madre hubiese limpiado cada esquina de la casa, a veces se ponía un guante blanco y lo deslizaba por muebles y repisas en busca de motas de polvo que exhibía ante ella como pruebas de su crimen. Solía ser amoroso y comprensivo, pero algo muy dentro de él, quizás una rigidez modelada en las limitaciones o ausencias de su infancia, le provocaban un ciego horror al caos. La suciedad o el desorden lo sacaban de quicio y vivía secuestrado por el reloj. Su jornada se dividía en rangos horarios que no admitían variaciones: se despertaba a las 6 de la mañana, se bañaba a las 6:15, se afeitaba a las 6:30, desayunaba a las 7, nos llevaba a la escuela y se iba al hospital, regresaba a la 1:30 de la tarde, comía de 2 a 3, dormía siesta de 3 a 3:45, se marchaba a su segundo empleo a las 4:30 (en una oficina burocrática llamada Dirección de Higiene Escolar), volvía a las 7:30, cenaba a las 8 y se dormía a las 10. Día tras día, cerciorándose de que nada entur-

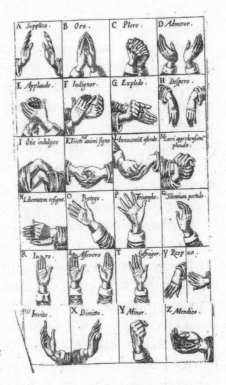

JOHN BULWER, *Chirologia*
(1644)

biara su rutina. Salvo en lo tocante al trabajo, los fines de semana se desvivía por seguir la misma agenda. Odiaba la impuntualidad tanto como la prisa. Más arduo nos resultaba su afán de perfección. Desde niños escuchamos la conseja que le impusiera su madre (mis cuatro abuelos murieron antes de que yo naciera): elige lo que quieras ser en la vida, incluso barrendero, pero en ese caso tienes que ser el mejor barrendero del mundo. Él de veras lo intentó. No solo el mejor cirujano —yo creo que lo fue—, sino el mejor padre y el mejor esposo —en este caso hizo lo que pudo—. Pero incluso en asuntos banales como cuidar una planta o freír unas papas conservaba la misma ambición: había que forzarse al límite para que el resultado fuese impecable. Lo terrible era que se empañaba en aplicar este afán perfeccionista a todo su entorno. Obligada a convertirse en buena cocinera y en mucama estelar, mi madre, quien siempre detestó los fogones tanto como las labores domésticas, se enfrentaba no tanto a una frustración íntima como a las burlas de mi padre. La hora de la comida era, como he contado, la más esperada y la más temida. La sopa, el guisado o el postre nunca estaban a la altura de sus expectativas y, si llegaba de mal humor a causa de alguna desavenencia en el hospital o del calor que siempre lo enervó, su gusto se tornaba más sutil y su sarcasmo más venenoso. Iniciaba sus comentarios gastronómicos con alguna broma, nosotros reíamos y mi madre sonreía con espíritu deportivo. El éxito de su apunte le impedía detenerse y acentuaba su mordacidad hasta que ella respondía airada o grosera (mientras él conservaba una calma exasperante en las peleas, ella enfurece y refunfuña) y el almuerzo se derrumbaba en un cruce de reproches hasta que él se encerraba a dormir. Durante esa hora sagrada no se debía producir el menor ruido. Si la comida le inspiraba ese anhelo de perfección, nuestros estudios o nuestra conducta se hallaban sometidos a baremos todavía más severos. Vivir pensando que debes ser el mejor en todo provoca una extraña duplicidad: si lo consigues, al menos en unas cuantas tareas, la satisfacción se torna adictiva; si fracasas, la frustración puede desmoralizarte o destruirte. Al menos hasta que terminé la preparatoria fui el mejor alumno de mi generación. Todavía me invade un ridículo orgullo al recordar que mi promedio final fue un 10 cerrado: tardaría en descubrir que esa calificación no significaba nada, o nada útil para el futuro; quizás por ello ahora, como profesor, distribuyo las notas más altas sin reparos. Mi hermano sufriría más que yo las imposiciones de ese régimen. Aunque destacó como alumno hasta los diez u once años, pronto se rebeló contra los paradigmas familiares hasta que a los quince rompió definitivamente con mi padre en un proceso que acabó por devastarlos a ambos. En las décadas de los setenta y ochenta del siglo pasado apenas habían surgido en México teorías educativas que impulsaran la negociación entre padres e hijos y quedaba muy lejos el día en

que los jóvenes tratarían a sus progenitores con la desfachatez y altanería que prevalecen hoy. Mi padre compartía la
idea, muy de la época, de que los adultos siempre tienen
la razón. No tenía dudas o parecía no tenerlas: su misión
consistía en educarnos y ello implicaba que debíamos acatar sus órdenes a rajatabla. A la pregunta "¿por qué debo
hacerlo?", su respuesta natural era: "porque lo digo yo". Mi
propia rebeldía, también desatada hacia los quince, era
opuesta a la de mi hermano. Mientras él demostraba su
inconformidad de manera ostentosa —se dejó crecer el
pelo, oía rock a todo volumen, al que mi padre calificaba
como "música de negros", se escapó muy pronto con su
novia, reprobó varias materias y por fin se negó a obedecer-
lo—, yo opté por una ruptura menos visible. Me volví ateo
e izquierdista, lo más lejos posible de los principios paternos, aunque mis convicciones no generaron entre nosotros
sino unas cuantas disputas de sobremesa. Pero siempre
resentí su control. Era como si, anulando mi voluntad de
resistirlo, me hubiese inoculado su propia visión del mundo. Todavía hoy, cuando aspiro a romper alguna norma o
a eludir lo que se espera de mí, me atenaza un llamado al
orden en el que percibo el eco de su voz. Supongo que en
esta tensión entre sus enseñanzas y mi deseo de quebran-
tarlas se halla la raíz de mi propia duplicidad: el abismo que
separa mis creencias de mis actos. A partir de esa suerte de
camino de Damasco inverso, me volví un escéptico radical.
Odio los dogmas y prejuicios y me obsesiona detectar esas
simientes ideológicas escondidas en cualquier discurso
—esos rescoldos de poder analizados por Foucault que
estudié en mi tesis de licenciatura y en algunas de mis novelas—, al tiempo que apenas logro sustraerme a un comportamiento que mi padre hubiese aprobado con orgullo.
¿Cómo ser un auténtico rebelde si solo se quiebran unas
ideas que se asumen reaccionarias pero no las prácticas deri-
vadas de ellas? Ciertos días me desprecio: quisiera romper
con todo este escenario, escapar de la camisa de fuerza que

mi padre me impone todavía, huir en busca de una vida en verdad libre —una vida que, al modo de Kundera, tendría que estar en otra parte—, solo para darme cuenta de que soy incapaz de pronunciar ese rotundo NO. Mi padre aún encarna para mí la sombra del poder. Es el superyó que me frena y me ata. El fantasma que me coloca entre los tibios que serán vomitados al infierno. Sus manos a la vez fuertes y sensibles son el símbolo de la tiranía ilustrada que ejerció sobre nosotros, que yo tanto detestaba y hoy prolongo como dócil miembro del sistema. Su palma extendida me hace pensar irremediablemente en otra mano, una mano abyecta que nada tiene que ver con la suya excepto en la repetición de esa ambigua expresión de gracia. El 1º de septiembre de 1968, un par de meses después de que yo naciera, el presidente Gustavo Díaz Ordaz proclamó en su v Informe de Gobierno que tendía su mano a los estudiantes rebeldes. Un signo de apertura que apenas ocultaba una amenaza: la mano abierta que con facilidad se cierra en un puño. Con esa advertencia, Díaz Ordaz asumía su doble condición de monstruo: Leviatán no tendrá reparos en aniquilarte si lo desprecias. Los jóvenes del 68 dejaron al aire la mano de Díaz Ordaz: su respuesta fue Tlatelolco. (Cuarenta y seis años después, la rebeldía de los normalistas de Ayotzinapa fue aplacada de manera aún más brutal.) El desafío de aquellos jóvenes, centrado en salir a las calles para recuperar el espacio público, no merecía una reacción tan violenta, pero en medio de la paranoia de la guerra fría y los temores previos a los Juegos Olímpicos —esa cita que al fin habría de exhibirnos como una nación *moderna*—, desdeñar la generosidad del presidente equivalía a un delito de lesa majestad. El pliego petitorio, redactado con extrema prudencia, apenas exigía un deslinde de responsabilidades por la represión y una mínima apertura política, pero fue suficiente para que los sectores más retrógrados del gobierno, encabezados por Luis Echeverría, impusiesen la "mano dura" —una apuesta que, al demostrar su lealtad a

La mano tendida de Gustavo Díaz Ordaz

Díaz Ordaz, le permitiría alzarse como su sucesor—. Si la matanza de Tlatelolco resquebrajó el pacto que la sociedad mexicana mantenía con el PRI desde los años treinta, se trató de una ruptura lenta y silenciosa que se prolongaría por veinte años, hasta 1988, cuando al fin la oposición tuvo posibilidades reales de ganar la presidencia. El viejo PRI nunca fue la dictadura perfecta de Vargas Llosa ni la "dictablanda" de Enrique Krauze, sino una dictadura ocasional: un régimen autoritario que cada vez que se sintió amenazado, como en el 68, no dudó en comportarse como una dictadura "sin adjetivos". Las dos décadas transcurridas entre Tlatelolco y el fraude electoral de 1988 coincidieron con mi infancia y adolescencia, así como con la madurez de mi padre. Fueron los años de mi educación sentimental y política y aquellos en los que mi padre consumó su decepción frente a su propio país. Educado en un ambiente católico y conservador, alérgico a las leyes de Reforma —Juárez era uno de sus demonios— y al despotismo anticlerical del

PRI, mi padre nos enseñó a despreciar a los políticos y a criticar uno a uno los cimientos del sistema sin darse cuenta de que, a la larga, ese espíritu rebelde se volvería en contra suya. A lo largo de esos veinte años, México fue un país en apariencia tranquilo cuya "paz social", vendida como la mayor conquista del régimen, destacaba en contraste con la violencia de las demás naciones latinoamericanas infestadas de guerrillas y regímenes militares. Octavio Paz dibujó al estado revolucionario como un ogro filantrópico: un monstruo terrible al que debíamos reconocerle un impulso bondadoso capaz de auspiciar tanto la estabilidad como importantes avances sociales. La libertad de expresión era mayor que casi en cualquier otra parte del subcontinente; gracias a la alianza con Cuba, los movimientos guerrilleros nunca perturbaron más que zonas muy localizadas del país —en particular Guerrero y Chihuahua, salvo la esporádica actuación de la Liga 23 de Septiembre en la Ciudad de México— y, pese a las sucesivas crisis económicas, las esperanzas de prosperar nunca desaparecieron de nuestro imaginario colectivo. A cambio hubo que tolerar que un mismo grupúsculo se repartiera el poder y los privilegios económicos asociados con él sin otro límite que ese rito caníbal según el cual, antes de perderse en el olvido, cada presidente tenía la facultad de elegir a su sucesor. Si el México de entonces no era una dictadura tampoco era por supuesto una democracia. O se trataba de una democracia ficticia o imaginaria: bien dibujada en la Constitución de 1917, por la que los mexicanos sentimos un insensato orgullo, aunque jamás puesta en práctica. Un país esquizofrénico, cuyos habitantes tenían como principal ocupación el fingimiento. Fingir que las leyes se cumplían. Fingir que había elecciones y campañas. Fingir que había partidos de oposición. Fingir que el presidente era controlado por los demás poderes. Fingir que los ciudadanos tenían capacidad de decidir. ¿Cómo no volverse adepto a las máscaras cuando mi infancia y mi adolescencia se desarrollaron a la sombra de este discurso opaco y dual? Mi padre y sus contemporáneos no tuvieron otro remedio que acostumbrarse a esta dicotomía que vislumbraban infinita. La mayoría de ellos se acomodó a los vaivenes de este orden mafioso, dispuestos a escalar en razón de compadrazgos y amistades; unos pocos, como mi padre, se resistieron a someterse y se guarecieron en sus márgenes. Incapaz de rendirse a los caprichos de sus superiores, heredados, a su vez, de otros superiores, y así hasta alcanzar al secretario de Salud y al presidente, mi padre desaprovechó cualquier ocasión para medrar. Durante unos meses fue nombrado jefe del servicio de cirugía del hospital Fernando Quiroz del ISSSTE solo para renunciar a las pocas semanas, enemistado de por vida con su jefe, un médico sinuoso y acomodaticio, el doctor Valencia, cuyo nombre aprendimos a desdeñar. Más que un acto de heroísmo, su resistencia provenía de un instinto que lo rebasaba. Una y otra vez lo vimos escamotear nuevas oportunidades de ascenso por su negativa a mostrarse más "flexible": el eufemismo empleado tanto entonces como ahora para eludir las reglas y obtener beneficios al margen de la ley. Muchos de sus compañeros se mantuvieron fieles a sus principios, pero la mayor parte del país, y en particular los servidores del estado y quienes hacían negocios con él, se integraron a ese andamiaje de sobornos y mordidas que nuestra reluciente democracia no ha conseguido limitar. Uno de los mayores reproches que puede hacérsele a la promoción de mi padre consiste en no haber luchado lo suficiente para instaurar en México un auténtico estado de derecho: en esa dicotomía entre quienes se sumaban a la corrupción y quienes se apartaban de ella, muy pocos se preocuparon por enderezar las instituciones. Infiltrada en todos los niveles, la corrupción se percibía como un elemento estructural del sistema —meses atrás el presidente Peña Nieto todavía se refirió a ella como una particularidad de nuestra cultura—. Cuando por fin alcanzamos la democracia en el 2000, no nos topamos con un país sin ley,

José López Portillo, el presidente a quien mi generación identificaba como epítome de la corrupción priista

sino con demasiadas leyes incumplidas y ciudadanos convencidos de que éstas carecen del menor peso. Ni estado de derecho ni sistema de justicia: en México la culpa o la inocencia importan poco y los criminales nunca pagan, en especial si mantienen la más leve conexión con el poder. Quien tiene *palancas* o dinero se torna inatacable y resulta imposible establecer la verdad —la verdad *judicial*— porque nadie confía en los jueces, en su mayor parte tan corrompidos como la policía o inutilizados por una carga de expedientes inhumana. Peor: nadie confía en ninguna autoridad. Y, como se estima que la corrupción se filtra desde el presidente de la República hasta el último agente municipal, pasando por magistrados, ministerios públicos, líderes sindicales y funcionarios de todos los niveles, nada queda excepto integrarse al saqueo. Cuando el sistema por fin se vio sacudido por la ola cardenista, en 1988, yo acababa de cumplir veinte años y mi padre cincuenta y seis. Mi último año en la preparatoria marista había transcurrido en el Área 4, en la cual se apuntaban quienes tenían predilección por las ciencias sociales o las humanidades. Éramos unos cincuenta adolescentes apiñados en un solo salón, el 114, fascinados por el poder y por el arte. Varios de mis amigos se avistaban como futuros embajadores o secretarios de estado, e incluso tres o cuatro soñaban con ser presidentes de la República. (Salvo excepciones, todos se convirtieron en litigantes o notarios; hoy uno es magistrado y otro fundó un efímero partido socialdemócrata.) Mientras devorábamos a Maquiavelo o a Hobbes, nos esforzábamos por descifrar las secciones políticas de los periódicos y nos entreteníamos especulando sobre quién podría ser el próximo "tapado". Yo nunca fui uno de los líderes que se disputaron el control del Área 4, pero busqué asumirme como consejero áulico o eminencia gris del futuro magistrado y me empeñé en emular las maniobras de Fouché que leía con devoción en la biografía de Stefan Zweig. Al terminar la preparatoria, la mayoría nos inscribimos en la Universidad Nacional para estudiar Derecho, una elección que siempre me he reprochado pero que entonces no parecía tan absurda: sin dudas sobre mi vocación literaria, creía que ésta debía pasar por el estudio de las leyes, como hicieran Paz, Fuentes o Pitol antes que yo. Además, para ese momento mi pasión por el poder se complementaba con los libros y ¿qué mejor manera de prepararme para combinar estas dos tareas que alternando mis clases de Derecho con las que tomaba en la Facultad de Filosofía y Letras como oyente? Nuestras riñas y disputas en el cum apenas nos prepararon para las que atestiguaríamos en la unam. En esa época, la Facultad de Derecho era una incubadora del priismo: la más conservadora y derechista de las escuelas de la universidad —la única que apoyó al rector Carpizo, distinguido exalumno, cuando se declaró la huelga contra sus reformas—, servía como espacio para el reclutamiento de sus cuadros. Aunque el nivel académico nos resultó decepcionante, se compensaba con la agitación que se vivía en sus aulas o más bien en sus pasillos y jardines: creo que pasé la mitad de esos cinco años fuera de clase. La presidencia de la sociedad de alumnos se disputaba con la misma intensidad que la presidencia de la República y suscitaba las prácticas chapuceras que el PRI aplicaba por doquier. Durante las semanas previas a las votaciones no quedaba una sola pared sin propaganda y las distintas planillas tapizaban las jardineras, los techos y los baños con carteles y afiches. Los grupos rivales se atacaban con fiereza y ser identificado con uno u otro significaba una inmediata ganancia de amigos y enemigos: por dirigir una efímera revista sufragada por uno de los candidatos, rival de un antiguo compañero del CUM, sufrí una larga temporada de ostracismo. Como si estuviese en juego una ganancia real y no un escalón simbólico, los participantes consagraban un sinfín de esfuerzos y recursos a su causa. Las votaciones terminaban sin falta en escaramuzas o reyertas: durante mi segundo año en la Facultad, uno de los candidatos perdió la vida en circunstancias misteriosas. Vivíamos en un microcosmos que emulaba hasta en sus lados más siniestros el macrocosmos priista. Y en un fascinante campo de estudio para quien se interesaba como yo por los recovecos del poder. Nuestros pinitos electorales coincidieron con un momento decisivo para el país. En 1987, un grupo de priistas de izquierda descontentos por las reformas neoliberales impulsadas por Miguel de la Madrid —o simplemente apartados de la toma de decisiones— abandonó el partido: nada semejante había ocurrido en décadas y el escenario electoral se volvió impredecible. Pronto la figura de Cuauhtémoc Cárdenas ganó numerosas adhesiones y mis compañeros del CUM y yo nos vimos arrastrados a su órbita gracias a la cercanía de un par de compañeras de la Facultad con Porfirio Muñoz Ledo, su lugarteniente y estratega (una de ellas terminaría por casarse con él). 1988 marcó nuestro bautizo político. Aunque mi padre me había advertido sobre la desfachatez con que el PRI quería robarse la elección —si bien él pensaba votar

Cuauhtémoc Cárdenas en un mitin en el Zócalo (1988)

por Clouthier, el candidato del PAN—, la maniobra resultó más burda de lo que cualquiera pudo imaginar. Ha transcurrido un cuarto de siglo desde entonces y resulta imposible saber si ganó Cárdenas o si fue Carlos Salinas de Gortari, como determinó el gobierno: con la complicidad de la derecha, años más tarde la autoridad electoral ordenó quemar las boletas electorales. Si bien de adolescente había vislumbrado las maniobras del régimen, solo entonces pude observar cómo los medios y en particular Televisa manipulaban la información o mentían con descaro; cómo se minimizaban las manifestaciones en el Zócalo, inéditas desde el movimiento estudiantil, a las que yo acudía; cómo se esparcían toda suerte de insidias contra Cárdenas; y cómo algunos de sus seguidores fueron asesinados poco antes de las elecciones. Cuando el 6 de julio Manuel Bartlett, el secretario de Gobernación, anunció la "caída del sistema", refiriéndose al programa de recuento de los votos, atisbamos la magnitud del fraude y confiamos en que, al cabo de unas semanas de protestas, ese derrumbe se volviese real. Como en el 68, el régimen se valió de todas sus artimañas y consiguió sostenerse por doce años más. Salinas resultó el más astuto de nuestros políticos recientes —al lado de José María Córdoba, su Fouché particular— y revirtió su impopularidad con una audaz combinación de medidas de fuerza, como el encarcelamiento del corrupto líder petrolero que había apoyado a Cárdenas, y una drástica reforma económica de corte neoliberal. Inspirado en el programa de Reagan y Thatcher, se impuso la misión de adelgazar al estado, privatizó numerosas empresas y creó una nueva élite, cuyo epítome fue Carlos Slim, quien entonces se adueñó de Teléfonos de México y ahora es uno de los hombres más ricos del planeta, al tiempo que puso en marcha un abanico de medidas sociales encuadradas en el programa Solidaridad, vagamente inspirado en el ideario maoísta defendido por su hermano Raúl en los setenta, las cuales le granjearon el respaldo de buena parte de nuestra *intelligentsia*. Por si fuera poco, consiguió que el Congreso de Estados Unidos validase su mayor apuesta, la firma del Tratado de Libre Comercio de América del Norte, cuya vigencia estaba prevista para el 1º de enero de 1994. Modernizado —el término favorito del priismo— o solo maquillado, el sistema estaba listo para preservar su hegemonía hasta el siglo XXI, al tiempo que Salinas acariciaba sueños transexenales y era ungido por la prensa internacional como uno de los grandes líderes del orbe. Poco importaba que, a diferencia de Gorbachov, con quien sus admiradores insistían en compararlo, Salinas hubiese aparcado cualquier apertura política; su éxito económico le bastaba para controlar al país y no estaba dispuesto a que una *glásnost* resquebrajara su mando, como le ocurriría al presidente soviético. En 1992, una serie de coincidencias me llevaron a trabajar para ese gobierno que decía detestar. Hasta entonces me había desempeñado como responsable administrativo de la escuela de música Vida y Movimiento y había trabajado año tras año en el Festival Internacional Cervantino, pero Gerardo Laveaga, a quien había conocido por intermediación de Eloy Urroz, me invitó a trabajar

94

El *subcomandante Marcos*

a su lado en el gobierno del Distrito Federal. Un año más tarde, intervino para que Diego Valadés, recién nombrado procurador general de justicia del DF, me contratase como uno de sus secretarios. Para entonces había iniciado mi segunda novela, que se publicaría a mediados de año —la primera, sobre un gringo que visita a Emiliano Zapata el día de su muerte, terminó arrumbada en un cajón—, y fantaseaba con dedicarme a la literatura, pero la posibilidad de estar tan cerca del poder, del poder real, se impuso sobre mi idealismo. Y así yo, que había votado por Cárdenas y me asumía como simpatizante de la izquierda, me descubrí en uno de los epicentros del priismo. La experiencia me marcó de por vida. Si mi puesto era poco relevante y mis funciones se reducían a responder cartas y organizar la agenda de mi jefe, me concedía el privilegio de observar desde la primera línea del frente las maneras y costumbres del poder, educarme en sus rituales y entrever sus claroscuros. Mi despacho, a unos pasos del ocupado por el procurador, era la antesala de todos sus visitantes: políticos de los distintos partidos, empresarios y líderes sociales, periodistas, gobernadores, secretarios de estado y, de vez en cuando, artistas e intelectuales (recuerdo haber visto allí vi por primera vez a Carlos Monsiváis y a Elena Poniatowska). Por momentos me parecía como si el conjunto de la sociedad mexicana desfilara por allí solo para que yo tuviese ocasión de estudiarla. Mis padres veían con una mezcla de orgullo e inquietud el ascenso de su hijo, quien a diario regresaba a casa en una patrulla de la policía judicial. Viví mis dos años en la Procuraduría del DF como en una jaula de oro: obligado a permanecer en la oficina hasta la medianoche, pues la lógica burocrática impedía marcharse antes que el jefe, perdí la oportunidad de ejercer cualquier vida social o amorosa, al tiempo que obtuve una mirada de México a la que mis amigos escritores jamás tuvieron acceso. En el búnker ubicado en la calle de Doctor Lavista se discernía un sinfín de causas criminales —una generosa provisión de historias para un novelista en ciernes—, al tiempo que la cercanía de Valadés con Manuel Camacho, entonces jefe del Distrito Federal y aspirante a suceder a Salinas, convertía su oficina en un *think tank* en el que se discutían todos los problemas del país. Bajo el principio de que la justicia no descansa, el único período vacacional que disfrutábamos iba del 24 de diciembre al 2 de enero, y así fue aquel tránsito entre 1993 y 1994. Yo apenas me recuperaba de las celebraciones de Año Nuevo cuando vi por televisión las primeras imágenes de los zapatistas que acababan de tomar por asalto San Cristóbal y otros municipios de Chiapas. Mi posición no me otorgaba el menor acceso a informes de inteligencia, de modo que solo puedo confirmar que el alzamiento me tomó tan de sorpresa como al resto del gobierno. Uno de los mitos difundidos durante el priismo consistía en creer que el régimen era ubicuo y omnipotente, como había demostrado en momentos críticos como el 68 o el 88; se asumía entonces que cualquier suceso relevante tenía que haber sido operado en las alturas, cuando no en Los Pinos. De allí que resultara tan difícil de creer que la administración de Salinas, encabezada por un antiguo gobernador de Chiapas, no hubiese previsto la revuelta. En *La guerra y las palabras* resumí esos meses fascinantes en los que el subcomandante Marcos y un grupo de indígenas pobremente armados pusieron en jaque al régimen y encandilaron a buena parte de los intelectuales del planeta. Cuando regresé a mi oficina el 2 de enero se respiraba una mezcla de temor y azoro y la antesala del procurador era un tiovivo. Aunque Chiapas quedaba muy lejos del Distrito Federal, la violencia suele contagiarse y pronto recibimos la noticia del estallido de un artefacto explosivo en el estacionamiento de Plaza Universidad, el centro comercial ubicado a unos pasos de mi antigua secundaria, y de un coche bomba a la entrada del Campo Militar Número Uno. Tras diez días de combates, Salinas decretó un alto unilateral al fuego y modificó la composición de su gabinete. Jorge Carpizo, entonces procurador general de la República, se convirtió en secretario de Gobernación; Manuel Camacho, quien al perder la candidatura del PRI a manos de Luis Donaldo Colosio —y hacer pública su decepción— había sido nombrado secretario de Relaciones Exteriores, pasó a encargarse de las conversaciones de paz en Chiapas; y mi propio jefe fue ascendido a procurador general. Las siguientes semanas fueron tan turbulentas como apasionantes: como llegó a escribir un comentarista haciéndose eco de una película hollywoodense, 1994 fue el año que vivimos en peligro. Al llegar a la PGR, Valadés me relevó de mis funciones como secretario de agenda, me nombró asesor y me enfiló hacia el Instituto de Investigaciones Jurídicas con la idea de que pasara allí una temporada antes de emprender mis estudios de doctorado en Filosofía del Derecho en la Universidad de Bolonia. Esas semanas las viví a la vez lejos y cerca de la PGR, más ocupado en iniciar una nueva novela que en asesorar a mi jefe, pero me permitieron observar la tensión que flotaba en sus entrañas, como si el modelo reconstruido por Salinas se deslizase hacia el caos y nadie tuviese el poder de detenerlo. Todo lucía fuera de control: mientras Camacho aprovechaba sus avances con los zapatistas para reflotar sus esperanzas, Colosio enfurecía ante el desdén presidencial y exigía un deslinde de su enemigo. Entretanto, el edén de modernidad proclamado por Salinas volvía a lucir como una ciénaga dominada por la desigualdad, el racismo y la violencia. (Dos décadas más tarde, las ansias modernizadoras de otro presidente priista, Enrique Peña Nieto, serían desmentidas por un acto de violencia equivalente, la desaparición de los normalistas de Ayotzinapa.) De aquellos días me quedó grabada la frase de un viejo amigo de Valadés, quien a regañadientes había aceptado trabajar a su lado: "En política siempre ganan los malos". Un apotegma que recuperé en la novela que pergeñaba desde mediados de febrero y que tenía como centro el asesinato de un hipotético candidato del PRI a la presidencia. Como escribí en la segunda edición de *La paz de los sepulcros*, no confío en mis dotes de clarividente: el ambiente político se hallaba tan enrarecido que la sangre se olía en el aire. Menos de tres semanas después de haber escrito el primer capítulo durante un viaje de trabajo a Oaxaca, Colosio fue asesinado en Tijuana. Según la versión oficial, por un solo tirador: un hombre moreno y silencioso, de nombre Mario Aburto, quien desde entonces sigue en la cárcel. Las especulaciones no se hicieron esperar: unas apuntaban al propio Salinas, con quien su delfín se habría enemistado (*a*), otras a Camacho, quien fue abucheado durante las exequias (*b*), y otras más a una colusión entre políticos resentidos y narcotraficantes (*c*). Como escribió Leonardo Sciascia, en todos los asesinatos políticos —pensemos en Kennedy— las teorías de la conspiración nunca cesan, pues nadie confía en las pesquisas del gobierno. El homicidio terminó por apasionarme y en el 2000 emprendí mi propia investigación del caso al lado de Guillermo Osorno con la idea de escribir el guión para una película. Nuestra conclusión resultó poco emocionante, al menos a ojos de los productores: si no existían pruebas de una conspiración era porque diversas autoridades se habían esforzado para que nadie las hallara. (En 2011 se estrenó otra película que apunta, de manera más obvia, a una mezcla de las teorías *a* y *c*.) Tras la renuncia de Valadés a la Procuraduría en mayo de 1994, yo seguí sus pasos; meses más tarde también abandoné el Instituto de Investigaciones Jurídicas y cualquier deseo de proseguir mis estudios de Derecho; me inscribí en la maestría en letras en la UNAM y me dediqué a concluir mi novela. Aunque el alzamiento zapatista y el asesinato de Colosio me desencantaron para siempre de la política, o al menos de la aspiración a una vida política, la fascinación por los entresijos del poder nunca me abandonó y, tanto en sus vertientes públicas como privadas, sea ejercido por presidentes y revolucionarios o por los miembros de una familia o una pareja de amantes, continúa siendo tema fundamental de mis libros —como lo vuelve a ser aquí—. La violencia generada por el alzamiento zapatista y el asesinato de Colosio —al que seguiría poco después el de José Francisco Ruiz Massieu, excuñado de Salinas y uno de los principales estrategas del PRI—, generó un ánimo conservador entre los electores y Ernesto Zedillo se convirtió en el nuevo presidente. Aun así, el régimen estaba herido de muerte, como lo entendió muy bien el propio Zedillo, quien seis años después forzó al sistema a reconocer el triunfo del panista Vicente Fox. Así dio inicio nuestra atribulada transición a la democracia. Pocos momentos tan llenos de esperanzas como el 2000: más que celebrar la victoria opositora, muchos creímos que México al fin se reformaría de manera integral. Pero las expectativas desatadas por el advenimiento de Fox, quien se rodeó de numerosos intelectuales y figuras respetadas de distintos partidos, apenas tardaron en desvanecerse. En 2001, los atentados contra las Torres Gemelas y el Pentágono acabaron con la posible reforma migratoria, uno de los puntos centrales en la agenda internacional del nuevo gobierno; y al poco tiempo quedó claro que, sin cometer otros errores que sus constantes dislates verbales, Fox carecía de la bravura necesaria para transformar las viejas estructuras del país, acotado por un PRI empeñado en bloquearlo. Al cabo de seis años, el México democrático apenas se distinguía del México autoritario que lo precedió; salvo discretos avances en materia de libertad de expresión, transparencia y derechos humanos, el sistema conservó sus vicios y desigualdades. El mayor yerro de Fox fue obsesionarse con destruir a Andrés Manuel López Obrador, entonces alcalde de la ciudad de México y a quien las encuestas perfilaban como su sucesor. Los comicios de 2006, celebrados en un ambiente de crispación, quedaron marcados por la intervención ilegal de Fox y la embestida de empresarios y otros sectores conservadores contra el candidato de la izquierda, a quien se empeñaron en presentar como seguidor de Hugo Chávez y "un peligro para México". ¿El resultado? Las elecciones más cuestionadas desde 1988. El instituto electoral concedió la victoria a Felipe Calderón por menos de cien mil votos (en un país de más de cien millones), López Obrador se negó a reconocer su derrota y, tras paralizar la ciudad de México, se declaró en rebeldía contra las instituciones, a las que mandó explícitamente al diablo. La obcecación de estos dos políticos, enfrentados desde entonces, condujo al país al mayor desastre de su historia reciente pues, en este marco de polarización extrema, Calderón decidió lanzar sin previo aviso la guerra contra el narco. Al término de su mandato, el fracaso de ésta era rotundo: los precios de las drogas en Estados Unidos apenas habían aumentado y continuaba siendo posible comprarlas en cualquier parte, mientras que México se hallaba social y moralmente devastado. Para las elecciones del 2012, el PAN carecía de cualquier oportunidad de victoria y la disputa se dio entre Peña Nieto y López Obrador. El resultado volvió a ser polémico, aunque en esta ocasión la diferencia entre uno y otro fue de varios millones de votos. Durante sus primeros meses en el cargo, Peña Nieto revirtió la obsesión por el narco de Calderón, dejó de referirse a diario a la violencia y de presumir las capturas de los capos (si bien aprehendió al más buscado, el Chapo Guzmán, que no tardaría en volver a escapar de la cárcel de "máxima seguridad" en que fue confinado solo para ser atrapado al cabo de unos meses) y tejió un acuerdo político con la izquierda y la derecha para aprobar distintas reformas en materia de educación, energía y fiscalidad. Aunque no resultaron tan ambiciosas como se anunció —y generaron inevitables resistencias—, cambiaron el ánimo del país, que pareció dirigirse hacia un rumbo más prometedor; entretanto, la prensa internacional alababa el *Mexican Moment*, un hito semejante al conseguido por Salinas con la aprobación del Tratado de Libre Comercio. En medio de esta euforia se precipitaron los hechos de Iguala. Ayotzinapa volvió a hacer evidente que la corrupción, la impunidad y la inequidad se mantienen vivas en México. Y, si bien los primeros resonsables de las muertes y desapariciones fueron los policías de Iguala y Cocula, las dudas sobre una posible participación de la policía federal o del ejército no se han agotado. La subsecuente soberbia del procurador general, primero al cerrar una conferencia de prensa con la frase "ya me cansé", convertida en *leitmotiv* de las protestas, y luego al anunciar la "verdad histórica" sin aclarar las dudas sobre su relato, provocó que el régimen perdiese la escasa credibilidad que le restaba. Al momento de escribir estas líneas, el país se mantiene prostrado: los ciudadanos desconfían de toda su clase política, a la que asumen igualmente venal y facciosa; la violencia se recrudece en zonas como Guerrero, Michoacán, Oaxaca y Tamaulipas; la corrupción de alcaldes, gobernadores y funcionarios es más grotesca que nunca; la economía luce tan precaria como la moral pública; y el futuro se atisba tan ennegrecido como en 1994. ¿Izquierda o derecha?

Resulta curioso que en pleno siglo XXI sigamos dividiendo el espectro político a partir de las dos mitades del cuerpo. Aunque el origen de estas categorías se remonte a los sitiales ocupados en los Estados Generales durante la revolución francesa, se ha vuelto inseparable de las funciones reales y simbólicas de nuestras manos. Según las estadísticas, un doce por ciento de la población mundial es zurda. Ignacio Padilla, quien se asume como paladín de esta minoría —su libro para niños, *Todos los osos son zurdos*, es una suerte de manifiesto—, no se cansa de señalar que él y sus colegas se ven obligados a habitar un mundo que no ha sido diseñado para ellos (el 13 de agosto ha sido declarado como Día Internacional de los Zurdos). La mayor parte de nuestras máquinas y utensilios, de las tijeras a los automóviles, solo se consiguen con facilidad en su versión para diestros. Y mientras los términos "derecha" y "derecho" poseen una connotación positiva, vinculada con la rectitud moral, la "izquierda" se asocia con la turbiedad y la maledicencia, como refleja el adjetivo "siniestro". Ser diestro equivale a ser hábil, mientras que un zurdo tiende a ser calificado como poco confiable, torpe o *raro*. (Entre las obras dedicadas a los zurdos, destacan los conciertos comisionados por Paul Wittgenstein, el hermano pianista del filósofo que perdiera un brazo en la Gran Guerra, entre otros a Ravel.) En términos políticos, hay quien proclama que la división entre izquierda y derecha carece de sentido en el mundo posmoderno. Esta posición esconde otra ideología —es decir, la solución a un problema realizada *a priori*— asociada con la derecha: si bien la línea entre los dos lados del espectro político se ha vuelto un tanto confusa, sobre todo por la imposición de un solo modelo económico tras el derrumbe del bloque comunista en 1991, sus diferencias todavía son palpables. Más allá de las múltiples versiones de cada una, la derecha se distingue por privilegiar la libertad frente a la igualdad, por su desconfianza frente al estado, su cercanía con los empresarios y las élites, su defensa

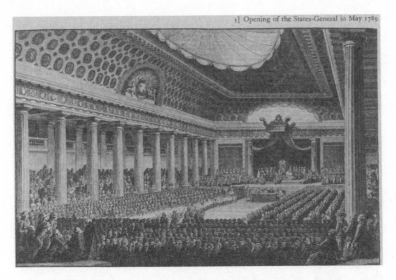

Apertura de los Estados Generales, 5 de mayo de 1789
(grabado de Isidore-Stanislaus Helman y Charles Monnet)

de la familia tradicional y su apego a la religión y a las iglesias; la izquierda, por defender la igualdad frente a la sola libertad, por buscar una intervención racional del estado en la economía, por su vinculación con trabajadores y sindicatos, su defensa del laicismo, que coloca a las religiones como meras creencias individuales, y su vindicación de la diversidad. Tendencias como la Tercera Vía británica o la sumisión de los socialistas a los mercados han desdibujado las ideas centrales de la izquierda —en tanto las proclamas de la derecha se mantienen incólumes—, pero su visión del mundo continúa siendo opuesta a la de sus adversarios y lo mejor sería que la distancia fuera aún más nítida. Vivimos en un mundo ampliamente dominado por la derecha, sometido a sus valores y prejuicios, sus obsesiones y temores (algo que ni la Gran Recesión de 2007-2008 ha logrado revertir). La guerra fría produjo algunas de las sociedades más libres e igualitarias que han existido: los estados de bienestar instaurados en Europa Occidental, Estados Unidos, Canadá, Australia o Nueva Zelanda desde los años cincuenta hasta los ochenta del siglo pasado. Naciones capitalistas que, conscientes de las promesas del comunismo, lograron un delicado equilibrio entre libertad e igualdad. La implosión del bloque soviético en 1991 les arrebató el espejo en el que solían contemplarse e, impulsados por el triunfalismo de Reagan o Thatcher y las consignas de la Escuela de Chicago, sus gobernantes renunciaron a estas conquistas, convencidos de que el estado es la fuente de todos los males. A partir de entonces, los neoliberales o neoconservadores —que sean llamados de un modo u otro solo demuestra la amplitud de su coalición—, apoyados por quienes se denominaban simplemente liberales, y a quienes yo llamaría "liberales de derecha" (opuestos a los "liberales de izquierda" entre los que yo quisiera contarme), se consagraron a desmantelar los estados de bienestar y a desregular los mercados como si cumpliesen una misión divina. El comunismo se había revelado como una catástrofe absoluta: en siete décadas había causado millones de muertes y había coartado la libertad a naciones enteras; pero su fracaso, derivado de otorgarle a Leviatán la capacidad de controlar todos los aspectos de la vida del individuo, no implicaba que su contrario, arrebatarle al estado toda influencia en el desarrollo económico y social o en la cultura, fuese positivo. Ocurrió, de hecho, lo contrario. Aquellas sociedades que se habían distinguido por su acertada mezcla de libertad e igualdad se volvieron más inequitativas y la desigualdad que de por sí campeaba en el resto del planeta y en particular en América Latina se tornó más lacerante. Pero acaso el mayor triunfo de la nueva ideología consistió en convencernos de que las ideologías eran cosa del pasado y de que habíamos llegado a una era de consenso dominada por técnicos y no por políticos. El fin de la historia proclamado por Fukuyama —quien se arrepentiría de su *boutade*— se convirtió en el himno de su victoria. Si se seguían fielmente sus recetas, rezaba su programa, el mundo se enfilaría hacia una era de prosperidad sin

ADAM SMITH,
*Una investigación
sobre la naturaleza
y las causas de la
riqueza de las
naciones* (1776)

AN

I N Q U I R Y

INTO THE

Nature and Caufes

OF THE

WEALTH OF NATIONS.

By ADAM SMITH, LL. D. and F. R. S.
Formerly Profeffor of Moral Philofophy in the Univerfity of GLASGOW.

IN TWO VOLUMES.

VOL. I.

LONDON:

PRINTED FOR W. STRAHAN; AND T. CADELL, IN THE STRAND.
MDCCLXXVI.

precedentes. Liberados de sus yugos, los mercados, siempre más inteligentes que los individuos, repartirían la riqueza a todos los sectores de la sociedad, incluyendo a los más desfavorecidos. El símbolo tallado en los escudos de armas de los vencedores de la Guerra Fría no era otro que una mano o, más bien, la huella de una mano: la "mano invisible" de Adam Smith. A decir verdad, el economista escocés solo usó el término tres veces, primero en su *Teoría General de los Sentimientos* (1759) y luego en *La riqueza de las naciones* (1776), y en ninguno de los casos tenía el alcance que se le otorga hoy. De su postulado central, la idea de que la glotonería de los ricos puede ser positiva para los pobres —presente ya en la *Fábula de las abejas* de Mandeville—, se deriva su formulación moderna, llevada a su extremo por Milton Friedman, el principal ideólogo de la revolución neoconservadora o neoliberal. Según este principio, el interés propio es benéfico para el conjunto de la sociedad pues si se permite que los productores decidan con toda libertad lo que quieren producir y que los consumidores elijan los productos que desean adquirir con la misma libertad, la mano invisible del mercado fijará una distribución y unos precios que resultarán los mejores para todos. Esta idea inspiraría más adelante la hipótesis de los mercados eficientes de Eugene Fama —según la cual el precio de una acción siempre será correcto, pues refleja toda la información disponible en el mercado— y la convicción de que, al intervenir en la economía, el estado perturba groseramente este proceso y atenta contra la libertad individual. Convertida en amuleto de políticos, inversionistas y especuladores, la mano invisible justificó la desregulación financiera de los noventa, que alcanzó su cenit con la abrogación decretada por Clinton de la *Ley Glass-Steagall* que desde la crisis de 1929 impedía a los bancos comerciales actuar como bancos de inversión, y la falta de normas para los productos financieros de última generación, dos acciones que detonarían la catástrofe económica. Aplicadas como si fueran infalibles, las directivas del Consenso de Washington se transformaron en severos planes de ajuste, masivas privatizaciones de bienes estatales, desmantelamiento de servicios públicos —incluyendo la educación y la sanidad— y una liberalización de la economía que dejó a nuestras sociedades a merced de unos cuantos empresarios y especuladores. Por si no bastara, el renacimiento del nacionalismo y de la religión, con sus subproductos: la intolerancia y la xenofobia, ampliaron sus bases. A lo largo de este proceso, la izquierda o bien fue incapaz de proponer alternativas o bien adoptó las medidas económicas de los neoconservadores sin comprender que se encaminaba hacia el suicidio. Sin remontar el descrédito posterior a la caída del Muro, la izquierda fue prácticamente borrada de la toma de decisiones en los países avanzados, mientras que solo sus vertientes populistas o autoritarias ganaron nuevos espacios en América Latina (mismos que han comenzado a perder en estos meses). Entretanto, los responsables de la crisis financiera, es decir, los políticos de derecha o de esta izquierda derechizada que desregularon los mercados y auspiciaron la burbuja inmobiliaria, fueron encargados de enfrentarla, en particular en las naciones europeas. Tras la caída de Lehman Brothers en 2008 y el subsecuente rescate de cientos de bancos e instituciones financieras con fondos públicos —la mayor transferencia de capitales de la clase media a los ricos de la historia—, se anunció una reforma de las finanzas internacionales: a ocho años de distancia, se ha comprobado la vacuidad de la promesa. En Estados Unidos, Obama apenas logró aprobar una tímida regulación y el resto del mundo se conformó con las migajas. Y lo peor: nadie ha pagado por lo ocurrido. Fuera de unos cuantos defraudadores, ningún político, especulador, directivo financiero o regulador ha sido sancionado o llevado a juicio o a la cárcel. Las élites han recuperado sus privilegios mientras los servicios sociales siguen desfallecientes. Tras el derrumbe del comunismo, se le exigió a la izquierda democrática un sonoro deslinde y aun así su reputación quedó hecha añicos; en cambio ahora nadie exige a la derecha —y a los liberales que la acompañaron— una autocrítica comparable. Pero, insisto, lo más grave es que la ideología neoconservadora o neoliberal, disfrazada de sentido común, egoísmo heroico o individualismo a ultranza, se ha infiltrado en todas nuestras conductas y hoy nos rodea por doquier, como si nadáramos en sus arenas movedizas. Sus valores y miedos se hallan presentes en el discurso de los grandes medios de comunicación; en las películas de Hollywood y en la cultura *mainstream*; en las palabras de los líderes de derecha, ultraderecha, centroderecha, nacionalistas, liberales, libertarios y de la izquierda derechizada; en esa actitud apolítica que prefiere no intervenir y no manifestarse; y, en fin, en una vida social en la que la solidaridad y la persecución de la equidad han desaparecido como metas centrales de la acción política y de la discusión pública. Obligado a elegir entre una postura y otra me declaro, sí, a la izquierda. Mi padre, en cambio, eligió siempre la derecha. Creo que era su particular forma de enfrentarse al sistema priista y oponerse al mundo que le tocó vivir. Figuras como Camus o Paz compartían la misma actitud: su solitaria lucha, que les granjeó un sinfín de críticas y enemistades, no tenía como principal enemigo a la izquierda, sino al orden intelectual de su tiempo. En un mundo dominado por un comunismo dogmático, empeñado en ocultar los crímenes del estalinismo, ellos se atrevieron a disentir. Poco importa que ahora se les vea como derechistas o se les quiera englobar entre los liberales: eran rebeldes que no se dejaron amilanar por los presupuestos de su tiempo. Para honrar su ejemplo y el de mi padre creo que hoy no queda sino oponerse a la ideología que nos aprisiona, ese nuevo dogma que, bajo el presupuesto de que la democracia y el libre mercado bastan para resolver todos nuestros problemas, se resiste a ver a los millones que no reciben ninguna de sus bonanzas. Preservar la rebeldía que mi padre me inculcó de niño es la única forma que encuentro de volver a estrechar su mano.

Lección 4

El corazón, o De las pasiones

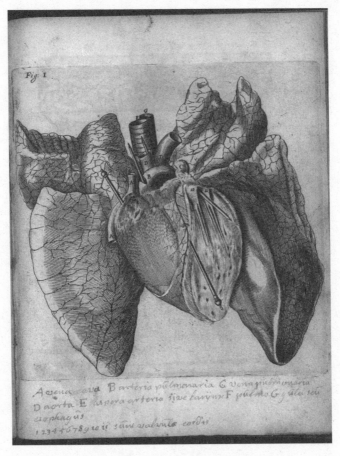

RENÉ DESCARTES, *De homine* (1664)

Or poserai per sempre,
Stanco mio cor. Però l'inganno estremo,
Ch'eterno io mi credei. Però. Ben sento,
In noi di cari inganni,
Non che la speme, il desiderio è spento.
Posa per sempre. Assai
Palpitasti. Non val cosa nessuna
I moti tuoi, né di sospiri è degna
La terra. Amaro e noia
La vita, altro mai nulla; e fango è il mondo.
T'acqueta omai. Dispera
L'ultima volta. Al gener nostro il fato
Non donò che il morire. Omai disprezza
Te, la natura, il brutto
Poter che, ascoso, a comun danno impera,
E l'infinita vanità del tutto.

GIACOMO LEOPARDI, A sè stesso

Mi padre tenía buen corazón. En el doble sentido de la frase: nunca padeció una afección cardiaca —la principal causa de muerte en el planeta— y siempre lo distinguió su bondad y compasión hacia los otros. También, llevando estos principios al extremo, una fijación por proteger y controlar a las personas que amaba y en general a aquellas por las cuales se interesaba o sentía a su cuidado. Su felicidad —siempre lo dijo— fue la conjunción de la cirugía con su familia. A la primera le dedicó todas sus fuerzas hasta que, como ya he relatado, la agilidad de sus dedos perdió la precisión que lo enorgullecía y se obligó a abandonarla. A mi hermano y a mí nos dedicó todo su cariño, se empeñó en educarnos de la mejor manera y nos proporcionó unas severas reglas morales —mejor: unas claras reglas de conducta— para convertirnos en "hombres de bien". Para lograrlo se valió de los recursos de una tiranía benévola o un despotismo ilustrado: jamás nos pegó y en contadas ocasiones nos gritó —aborrecía la violencia hacia los niños y los desprotegidos—, pero disponía de otros métodos para ceñirnos a su idea del mundo. El amor y el orden conformaban para él una dupla inseparable: porque nos quería, se sentía obligado a dirigir nuestros caminos y nos imponía un sistema de valores —*su* sistema de valores— porque nos quería. Jamás se le hubiese ocurrido que la vida en familia pudiese desarrollarse de otra forma. Con mi madre se comportaba de modo equivalente: si bien no podía educarla, aunque asumo que éste hubiera sido su deseo, se esforzaba por encuadrarla o encaminarla para que escapara lo menos posible de sus parámetros. Quizás por ello los tres súbditos de su amoroso imperio compartíamos la sensación de habitar un sistema dictatorial frente al cual no quedaba sino la rebelión. Nimias rebeliones, como las de mi madre, o revueltas más drásticas, como la de mi hermano, cuyo carácter le negó a partir de los quince años cualquier aquiescencia a unas reglas que consideraba intolerables. A medio camino, mi íntimo disenso: esa cobarde rebeldía que me llevaba a descreer de los dogmas paternos sin atreverme a enarbolar una conducta basada en mis propias ideas. Será por estos antecedentes que el amor siempre me ha parecido un paraíso y una jaula: quien te ama y sobre todo quien te ama absolutamente se arroga el derecho a limitar tu libertad en la misma medida en que te arropa, te alienta o te adora. En toda relación amorosa se vislumbran dos voluntades enfrentadas que tanto buscan separarse como unirse, tanto sumarse en una meta común —el antiguo anhelo de asimilar dos almas en una sola— como desgarrarse con la misma fiereza con que se dividen los siameses que comparten un mismo hígado o un mismo corazón. Asumimos que el amor, el amor *verdadero* —ese que solo se profesan los padres y los hijos y los amantes entre sí— es tan irracional como autoritario: cualquier persona que se inmiscuya representa un obstáculo que es necesario desbrozar o eliminar. Porque te amo te poseo. Porque te amo te vigilo. Porque te amo te digo cómo comportarte. Porque te amo te someto. Como si el amor, ese conjunto de emociones y prácticas sobre cuya naturaleza intento reflexionar ahora, implicase una reverencia hacia el otro. Y como si el amor, esa pasión evanescente que perseguimos sin tregua —y tanto bien y tanto mal nos acarrea—, fuese a la vez una camisa de fuerza y una ventana hacia las zonas más oscuras y luminosas de nuestra personalidad. Metafórica o literalmente, el corazón ha sido un misterio irrenunciable. A diferencia de órganos menos conspicuos y ruidosos, como el cerebro, para ser conscientes de su actividad basta un minuto de silencio y de pronto ese *pum-pas*, *pum-pas* en nuestro pecho se torna inocultable. Baste recordar el *Corazón delator* de Edgar Allan Poe, que en inglés tiene el título mucho más preciso de *The Tell-Tale Heart*: el corazón que cuenta un cuento o el corazón que revela y *se* revela. Tras asesinar a un anciano que posee un inquietante ojo enfermo, el narrador confiesa su crimen, convencido de que los latidos de su víctima, enterrada bajo los tablones del piso, acabarán por delatarlo. ("Oh, mi corazón se vuelve delator, traicionándome por descuido", cantaba Ceratti en la canción homónima de Soda Stereo.) Algo de musical y mecánico alberga el corazón: a lo largo de la historia se le ha comparado con una clepsidra, una válvula de agua, un reloj —con su *tic-tac* particular— o una microcomputadora. En el modelo tripartito de Hipócrates, el cuerpo estaba regido por tres órganos supremos: el cerebro, el corazón y el hígado, en donde el segundo, colocado justo a la mitad del tórax, hacía las veces de centro. De acuerdo con Galeno, el corazón era "el hogar y la fuente del calor por el que el animal es gobernado", y sus seguidores insistían en considerarlo responsable de nuestra capacidad de reflexión, mientras que al hígado, más voluminoso y fácil de localizar, correspondía la generación de la sangre. Pasarían siglos antes de que se probase que el corazón no es el receptáculo ni de los pensamientos ni de las emociones, aunque aún hoy nos guste creer —y sentir— que el amor fluye en nosotros a partir de esa máquina hecha de puro tejido muscular. Si queremos convencer a otro de que decimos la verdad o si buscamos expresar la intensidad de nuestra pasión o de nuestro desengaño, nos llevamos las manos al pecho: *te abro mi corazón, te lo digo de todo corazón, lo guardo en mi corazón* o, la más gráfica de todas estas expresiones: *me has roto el corazón*. El corazón puede atrofiarse o detenerse —con frecuencia paralizado por el colesterol—, pero desde luego no se quiebra ni oxida como si estuviera hecho de metal o de vidrio, si bien hay que admitir, con Oscar Wilde, que "los corazones están hechos para romperse". La imagen del Sagrado Corazón, utilizada a partir de la Contrarreforma para mostrar la intensidad del amor y el sufrimiento divinos, exhibe un Cristo con túnica blanca sosteniendo a la altura del pecho una reproducción de este órgano, bastante exacta desde el punto de vista anatómico aunque coronada por llamas y no por venas y arterias, como si Nuestro Señor acabara de arrancárselo. Acostumbrados a devorar los frescos corazones de sus enemigos para arrogarse su poder o su espíritu, los aztecas y otros pueblos prehispánicos apenas tardaron en apropiarse de esta imagen. En su estudio sobre la leyenda medieval del corazón devorado, Isabel de Riquer sigue el camino de este mito desde tiempos medievales hasta nuestros días. En la versión original, el joven caballero Guillem de Cavestany (o Guilhem de Cavestanh, en occitano) está enamorado de la dulce Saurimonda, esposa de Raimon de Castell Rosselló. Enterado de la adúltera pasión, éste hace prender a su rival, ordena asesinarlo y le arranca el corazón, el cual procede a presentarle a Saurimanda como plato principal para la cena. Una vez que la dama ha probado la vianda, su marido le pregunta si sabe lo que ha comido. Ella se limita a responder que un plato delicioso, solo para que Raimon le revele que se trata del corazón de su amado. Ufana, ella le responde: "Señor, me habéis dado tan buena carne que

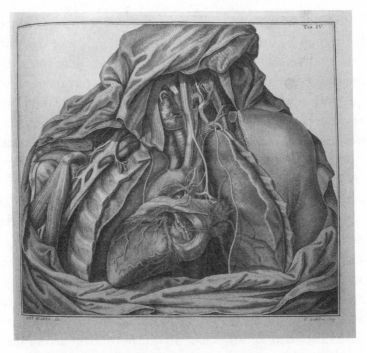

ANTONIO SCARPA, *Tabulae neurologica, and illustrandam historia anatomicam nervorum* (1794)

nunca jamás comeré de otra", y se lanza al vacío desde la ventana del palacio. En una serie de hermosas fotografías, Gabriel Orozco documenta una de sus acciones: en primera instancia, el artista apresa entre sus manos un trozo de arcilla roja; a continuación las coloca, cerradas como valvas, frente a su pecho desnudo; y, cuando por fin las abre, aparece entre ellas un corazón terroso que coincide en tamaño, color y forma con el real. Quizás porque su apariencia resulta tan insalubre, con esa textura húmeda y rojiza propia de un filete donde se inserta una enrevesada tubería —un drenaje de venas y arterias, algunas tan anchas como la aorta o la cava—, su representación gráfica evolucionó hasta entregarnos ese aséptico triángulo invertido con el extremo superior bivalvo que luce tanto en la baraja inglesa como en las tarjetas de San Valentín y que en nuestro tiempo se reproduce sin fin en mensajes de texto, correos electrónicos o en las redes sociales (a últimas fechas, incluso en Twitter): ♥. Respecto al origen de este símbolo existen diversas versiones, desde quienes afirman que evolucionó a partir de una hoja de parra hasta los que piensan que está más relacionada con el triángulo invertido que encarna la sexualidad femenina (un pubis estilizado). Anatómicamente, el corazón tiene la forma de cono invertido y se encuentra encajado a la altura de la quinta y la octava vértebras torácicas. Su peso oscila en el adulto entre los 250 y los 350 gramos —el equivalente de una manzana— y su tamaño, unos 12 centímetros de alto, 8 de ancho y 6 de profundidad, coincide en efecto con el de un puño cerrado. El corazón se divide en cuatro cámaras, separadas por paredes o tabiques; a las superiores se les denomina atrios y a las inferiores, ventrículos. Para protegerse, se encuentra recubierto por una capa dura y resistente, el pericardio: gracias a ella, los antiguos pensaban que el corazón no era susceptible de ser quemado (como el de Shelley, que sobrevivió a su incineración en La Spezia). Una manzana de la que depende el funcionamiento de un cuerpo infinitamente más voluminoso: quizás por ello los antiguos jamás alcanzaron a intuir su correcto funcionamiento. Aunque las primeras disecciones de este órgano debieron ser obra de Galeno y sus discípulos, debemos a Leonardo la primera descripción precisa de su estructura, derivada de las autopsias que realizó con cuerpos humanos y con cerdos. Según el artista, el corazón es un "instrumento admirable, diseñado por el Supremo Maestro, más potente que todos los demás músculos". Si algo lo distingue es que "no se detiene nunca, si no es eternamente". Obsesionado por la hidráulica, Leonardo bien podría haber sido pionero en descubrir la circulación de la sangre, pero seguía demasiado influido por las teorías anatómicas de su tiempo, todavía a la sombra de Galeno y, si bien describió con justeza la sístole y la diástole y la relacionó con las contracciones y dilataciones producidas en ventrículos y atrios, continuó

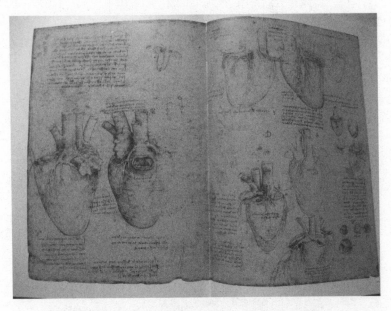

LEONARDO DA VINCI, *Studii del cuore* (1513)

pensando que el corazón era irrigado por la sangre proveniente del hígado. En sus propias palabras: "El corazón es el núcleo donde se genera el árbol de las venas, las cuales tienen sus raíces en las venas miseraicas, que disponen de la sangre ganada en el hígado..." Otro italiano, Andrea Cesalpino, eliminó al hígado como fuente de la vida y Miguel Servet, médico español convertido al protestantismo —quien terminaría acusado de blasfemia y quemado en la hoguera por los calvinistas de Ginebra—, descubrió la "pequeña circulación", es decir, la que se lleva a cabo entre el corazón y los pulmones. Estos antecedentes prepararon el camino para que William Harvey diese con las claves de la circulación sanguínea. Nacido en Folkstone el 1º de abril de 1578, realizó sus primeros estudios en Cambridge y luego se trasladó a la Universidad de Padua para estudiar con Girolamo Fabrizio d'Aquapendente, el sucesor de Gabrielle Faloppio en la cátedra de Anatomía. Tras graduarse en 1602, regresó a Inglaterra y fue admitido en

117

Retrato de William
Harvey en la
Universidad de Padua
(fotografía del autor)

el Colegio de Médicos. En el capítulo que le dedica John
Aubrey en sus *Aubrey's Brief Lives* —donde figura al lado de
Shakespeare, Hobbes o Milton—, éste lo describe como un
ser de pequeña estatura, colérico, nervioso e hipersensible.
En 1607, Harvey fue elegido médico asistente en el Hospital de San Bartolomé y más tarde fue proclamado médico
real de Jaime I y Carlos I. Su fama descansa, sin embargo,
en su *Exercitatio anatomica de motu cordis et sanguinis in
animalibus*, publicada en 1628. En la primera parte, Harvey describe la anatomía y fisiología del corazón, mientras
que en la segunda, escrita varios años después, introduce la
idea de que la sangre se mueve por el cuerpo en un circuito sin fin, del corazón a las arterias, de éstas a los diversos
tejidos del cuerpo, y de vuelta al corazón a través de las
venas. Tras numerosas observaciones en animales y humanos, Harvey demostró que el corazón se contrae durante la
fase de sístole, a fin de dirigir la sangre hacia las arterias.
Asimismo, determinó que cuando el corazón se contrae se
mueve hacia delante, golpeando la caja torácica, con lo cual

EXERCITATIO
ANATOMICA DE
MOTV CORDIS ET SAN-
GVINIS IN ANIMALI-
BVS,
GVILIELMI HARVEI ANGLI,
Medici Regii, & Profefforis Anatomiæ in Col-
legio Medicorum Londinenfi.

FRANCOFVRTI,
Sumptibus GVILIELMI FITZERI.
ANNO M. DC. XXVIII.

WILLIAM HARVEY,
De motu cordis
(1628)

explicó al fin por qué el pulso es sincrónico con las contracciones del corazón. Como escribe Sherwin B. Nuland en *Doctors*, para 1616 Harvey había llegado al argumento central de la primera parte de *De Motu Cordis*: mientras el corazón se relaja entre las pulsaciones, éste se llena con la sangre que fluye desde la periferia del cuerpo a través de las venas cavas, las cuales se insertan en el lado derecho, y de las venas pulmonares, en el izquierdo. Mientas los atrios se llenan e inundan los ventrículos, éstos empiezan a contraerse de modo que, como escribió Harvey, "despiertan al corazón somnoliento." A la contracción atrial le sigue la de las cámaras ventriculares, forzando la sangre fuera del ventrículo derecho a través de la arteria pulmonar hacia los pulmones y simultáneamente fuera del ventrículo izquierdo hacia la aorta y de allí hacia el resto del cuerpo. En la segunda parte de *De Motu Cordis*, Harvey se valió por primera vez de un método cuantitativo —cuánta sangre podía ser bombeada por cada ventrículo en el lapso de una hora— para demostrar que la sangre no podía ser producida por el hígado a partir de los alimentos, según el dogma galénico, sino que tenía que provenir de las venas en un proceso centrípeto inverso al que llevaba la sangre a los tejidos. Como él mismo anotó en las conclusiones de su tratado:

> Ha sido demostrado por la razón y por medio de experimentos que, por el pulso de los ventrículos, la sangre fluye a través de pulmones y el corazón y es bombeada hacia el resto del cuerpo. De allí pasa a través de los poros a la carne y a las venas, a través de las cuales regresa desde cualquier sitio en la periferia hacia el centro, desde las venas más pequeñas hacia las mayores, hasta llegar a la vena cava y al atrio derecho. Esto ocurre en tal cantidad, en tal flujo a través de las arterias, y en tal reflujo desde las venas, que no puede ser producido por los alimentos que se consumen. Además, es mucho más de lo que se necesita para la nutrición. Por lo tanto, debe concluirse que la sangre en el cuerpo animal se mueve en un círculo continuo y que la acción o la función del corazón es acometer esta tarea de bombeo. Ésta es la única razón del movimiento y de los latidos del corazón.

Un pequeño párrafo que bastó para revolucionar la ciencia moderna. Gracias a Harvey, de pronto las añejas teorías en torno al *neuma* o al calor innato se esfumaron del vocabulario médico. Además, predijo la existencia de los "poros" responsables de cerrar el circuito sanguíneo: los capilares que Marcello Malpighi descubriría más tarde con ayuda del microscopio. A diferencia de la *Fabrica* de Vesalio, *De motu cordis* es un volumen de setenta y dos páginas, publicado en cuarto, pero cuya influencia en la medicina es comparable: si con el primero nace la anatomía moderna, con el segundo lo hace la fisiología. Con él quedó establecido que el corazón no es el receptáculo del espíritu o del alma, el granero de nuestra inteligencia o el lugar donde nacen las emociones —ni siquiera el amor—, si bien ello no le arrebata el lugar central que ocupa en el cuerpo y en nuestra imaginación. De entre las vísceras, continúa siendo la más *entrañable*: un pequeño motor cuya fragilidad resulta evidente. Los modernos somos quienes más lo maltratamos, sea con nuestras comidas plagadas de grasas saturadas o con el estrés que agita nuestra rutina. Hastiado de nuestras bárbaras costumbres, el corazón se declara en huelga y se resiste a cumplir con su trabajo. Cuando ello ocurre, no queda sino reemplazarlo por otro, en un procedimiento —un espectáculo— que define los temores y aspiraciones de nuestra era. Las imágenes de Cristiaan Barnard mientras sostiene el corazón de un cadáver o cuasi-cadáver para luego acomodarlo en la caja torácica de otro individuo continúan sorprendiéndonos y horrorizándonos, como si esta maniobra fuese un desafío contra el Creador que nos transforma en émulos del Doctor Frankenstein. Si bien el primer paciente del sudafricano apenas alcanzó a sobrevivir doce días, afectado por una septicemia, Barnard no se arredró y se apresuró a declarar: "Es infinitamente mejor trasplantar un corazón que enterrarlo para que pueda ser devorado por los gusanos". La novelista francesa Maylis de Karengal dedicó una hermosa novela a describir un trasplante, *Réparer les vivants* ("Reparar a los vivos"), en la que sigue el itinerario del corazón de un joven surfista muerto en un accidente vial hasta que termina colocado en el pecho de otro paciente. En el capítulo "Cita en la Ruta 17" de la serie televisiva *The Twilight Zone*, Rod Sterling inicia el programa con su elocuente voz en *off*: "Un hombre. Un corazón. Un acontecimiento anodino en la vida. Conozcan a Tom Bennett, un hombre que acepta este nuevo órgano como cualquier otra de las cosas que puede comprar. Un hombre que podría relatarles que las fronteras de la Dimensión Desconocida se derrumban al tiempo que los milagros se vuelven cotidianos." Bennett es un empresario que, tras pagar por un trasplante de corazón, intenta continuar con su vida como si nada hubiese ocurrido hasta que empieza a sufrir drásticos cambios de personalidad. Sus inquietudes lo conducen a una cafetería en la Ruta 17, donde se queda prendado de una camarera. Los dos no tardan en descubrir que el corazón que recibió Tom pertenecía a Jamie Adler, el novio de la chica, muerto semanas atrás en un accidente automovilístico. Tom no consigue quitarse a la camarera de la cabeza, la busca sin cesar y le demuestra que puede adivinar sus gustos. La conclusión es obvia: el trasplante le confió a Bennett mucho más que unos años adicionales de vida. Sterling concluye: "Un filósofo escribió alguna vez: 'El corazón tiene razones que la razón desconoce'. Quizás nació conociendo esta verdad. O quizás, como el señor Tom Bennett, lo descubrió gracias a una pequeña ayuda… de la Dimensión Desconocida". El filósofo en cuestión no era otro que Blaise Pascal, quien en su afán por mantener su fe religiosa se mostró dispuesto a renunciar a la ciencia y a defender la irracionalidad enclaustrada en nuestra caja torácica. Una idea que se prolonga en la obsesión del Hombre de Hojalata del *Mago de Oz* por tener un corazón: si bien dispone de todas las características de un humano —inteligencia, curiosidad, sentido del humor—, está dispuesto a seguir a Dorothy solo para conseguir uno. Asumimos que las emociones se producen en el corazón porque el miedo, la ira y el amor generan cambios en nuestro ritmo cardíaco claramente perceptibles. En términos biológicos, las emociones no son sino estados mentales que responden a ciertos cambios producidos en el cuerpo, a los cuales damos el nombre de "sentimientos", cuyo principal objetivo es desatar una reacción del individuo frente al ambiente. Para cumplir con la meta para la cual han sido creados —sobrevivir y desarrollarse hasta el momento de ser capaces de reproducirse—, los seres vivos necesitan saber cuándo buscar nuevas fuentes de energía, cómo resistir el desgaste provocado por el medio, cómo protegerse o enfrentar a sus enemigos y la mejor manera de identificar y conquistar a sus parejas. En primera instancia, el cerebro recibe una señal de alerta proveniente de los sentidos, que los expertos han denominado "estímulo emocionalmente competente" (EEC). Éste puede ser una imagen o un sonido —un tigre en la distancia o un grito de pánico, la silueta de la amada o el timbre de su voz—, o bien una pura sensación física —los estragos del hambre o la sed, la punzada del dolor o el frenesí del orgasmo—, los cuales desatan una lluvia de neurotransmisores en el cerebro. Una vez que estas sustancias inundan distintas áreas neuronales, el cerebro envía las directrices necesarias a los músculos para que éstos se muevan en consecuencia. Así, el hambre nos impulsa en busca de alimento; el frío, a guarecernos para conservar el calor que con tanto esfuerzo producimos; el dolor, a evitar la conducta que nos lo ha procurado; el placer, a repetirla siempre que sea posible; el asco, a apartarnos de sustancias que podrían enfermarnos; el miedo, a huir de un predador más fuerte; y la ira, en fin, a enfrentar al enemigo que nos ataca. Cada uno de estos estados se refleja en el cuerpo: la falta de agua o de alimento produce en nuestro vientre algo cercano al dolor, lo mismo que la disminución o el aumento intempestivos de la temperatura en nuestra piel; el miedo y la ira aceleran el pulso cardíaco y alientan la sudoración: el primero nos lanza a correr en dirección contraria al EEC —el tigre que casi nos da alcance, por decir algo— y el segundo bloquea el dolor, estimula la agresividad y nos arroja contra el rufián que nos reta o nos insulta. Si lo que vemos y olemos es un cúmulo de heces o un bulto de carne putrefacta, nos apartamos de allí e incluso vomitamos por si hubiésemos inhalado o probado tales venenos, a diferencia de lo que ocurre si avistamos una hembra o un macho cuyos genes estimamos atractivos: entonces nos exhibimos con denuedo —si el pavorreal extiende su plumaje, el ser humano exhibe su fuerza, su belleza o su inteligencia— y nos lanzamos hacia el objeto de nuestros deseos. Solo entonces, *a posteriori*, aparecen las emociones; es decir, solo después de haber *sentido* el pánico lo asociamos con el pánico —y mucho después lo llamamos "pánico"—, del mismo modo que solo después de haber *sentido* el amor o el odio en nuestro cerebro surge ese estado mental asociado con el amor o el odio —y más tarde aún bautizamos estas experiencias con sus nombres. El pobre corazón nada tiene qué ver en el proceso. Pero, dado que las emociones *primarias* se generan en las zonas más antiguas del cerebro —el tálamo, el cerebelo, el sistema límbico— y no en la corteza, nos parecen irracionales e incontrolables y no las asociamos con nuestras decisiones conscientes, sino con partes más elementales del cuerpo: el corazón, el hígado, los genitales. Platón no se equivocaba al exigir que el auriga de la razón domase los corceles desbocados de las emociones: éstas se nos aparecen como fuerzas superiores a nosotros, caballos sin brida que nos impulsan a los actos más heroicos o desesperados mientras nos consumen por dentro. Habría que apaciguar la confrontación —en esta esquina, las emociones; en esta otra, la razón— para recordar que en nuestro cerebro híbrido las ideas alcanzan la misma potencia de las sustancias químicas que lo irrigan. El amor, el odio, la alegría, la tristeza, el asco o la vergüenza no dependen solo de la cantidad de oxitocina, adrenalina, dopamina, noradrenalina, serotonina, endorfina o cualquier otro neurotransmisor, sino de las ideas que hemos construido alrededor de cada una de estas emociones. Aunque a algunos radicales les gustaría encontrar en este reduccionismo neuroquímico las claves de nuestras pasiones, jamás seremos capaces de entender el amor o la melancolía a partir de su mero sustrato químico. Se impone descifrar el influjo de nuestra historia personal y cultural. Esta es la razón de que el amor o

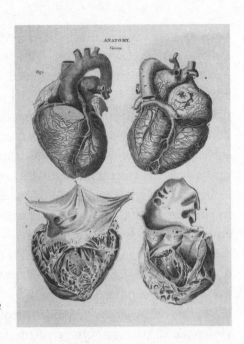

T. MILTON, *El corazón
humano* (1814)

el odio, la vergüenza o la depresión tengan matices distintos en cada individuo, cada lugar y cada época. Solo así se
explica que, si el amor es una emoción común a nuestra
especie, el "amor romántico" pueda ser considerado una invención de los trovadores medievales, según argumenta
Dénis de Rougemont en *El amor y Occidente*. Cada una de
las variedades de la experiencia amorosa, tal como las han
desmenuzado escritores y poetas —Octavio Paz en *La llama doble*, Roland Barthes en *Fragmentos en un discurso
amoroso* o Sabines y Pacheco en textos memorables—,
apunta hacia este sustrato cultural que envuelve una pulsión universal. *¿Universal?* Quizás otras fisiologías sean
capaces de generar emociones ignotas para nosotros: nada
indica que los alienígenas vayan a sentirse devorados por
las mismas cuitas. Quizás por ello solo los occidentales, o
quienes hemos sido educados en la tradición occidental,
experimentamos el amor como una *pasión*: una emoción
exacerbada que, como apunta el doble sentido del término,
implica tanto la felicidad absoluta como un tormento

llevado a su límite. *Croce e delizia, delizia al cor* ("cruz y delicia, delicia en el corazón"), le canta Alfredo Germont a Violetta Valéry en *La Traviata*. No me interesa desviarme aquí hacia esa doble naturaleza del amor romántico, estudiada con profusión por voces más autorizadas, y tampoco detenerme en su carácter exclusivo, sino más bien en ese otro aspecto del amor, llamémoslo autoritario o dictatorial, que asocio con mi padre. Insisto: su cariño por nosotros lo llevaba a vigilarnos, evaluarnos, dirigirnos. Tenemos la impresión de que en sociedades más abiertas —pensemos en Alemania o los países nórdicos— el amor se encuentra menos ligado a la autoridad que en el mundo latino, pero quizás no sea sino un prejuicio (¿en verdad los alemanes o los noruegos serán amantes más *fríos*?). En nuestros países el vínculo entre el amor y el control, y entre el amor y la violencia, se acentúa. Que en América Latina y España los índices de maltrato familiar sean tan altos quizás sirva para demostrarlo. En la película española *Te doy mis ojos*, de Iciaír Bollaín, la protagonista no se atreve a huir del marido que la golpea, convencida de que sus descargas de violencia son la prueba de su amor. "Pégame pero no de dejes" es la turbia expresión mexicana que resume esta perversión. Otro ejemplo extremo: en julio de 2014, distintos medios dieron cuenta de una espectacular operación policíaca en el centro de Zamora, una de las ciudades más prósperas del conflictivo estado de Michoacán, en el occidente de México. Fuerzas federales y locales rodearon el albergue llamado La Gran Familia, administrado por Rosa Verduzco, y liberaron a 425 menores que vivían encerrados en su interior. Aunque los habitantes de Zamora conocían de cerca la labor de *Mamá* Rosa, el incidente permitió que el resto del país tuviera acceso a su historia o sus historias. Para muchos, Rosa Verduzco, una mujer soltera, cercana a la iglesia y perteneciente a una de las familias más ricas de Michoacán, era casi una santa: una mujer que había renunciado a sus riquezas y, siguiendo el ejemplo de San Francisco o del mismo Cristo, se había consagrado por más de cuatro décadas a rescatar a miles de niños de la calle para incorporarlos a su orfanato —y a *su* familia—, decidida a proporcionarles una educación de calidad: sin su apoyo muchos de seguro hubiesen terminado como delincuentes o drogadictos. Para otros, en cambio, las revelaciones de la policía dibujaban a Mamá Rosa como una bruja: una anciana narcisista y tiránica que había registrado con su apellido a cientos o miles de niños, a los cuales había sometido a un sinfín de vejaciones —o, en el mejor de los casos, las había consentido— y a quienes mantenía hacinados y casi esclavizados a la vista de la conservadora e indiferente sociedad zamorana. Los dos relatos pasaron a confrontarse en público a lo largo de las siguientes semanas con violencia inusitada. De un lado quedaron quienes apoyaban la acción policíaca, convencidos de que los testimonios de los internos que detallaban una escalofriante sucesión de abusos sexuales y laborales eran irrebatibles, como demostraban las toneladas de basura, el desorden y la suciedad que se acumulaban en el albergue. En el extremo opuesto se hallaban quienes se decían convencidos de que la intervención de las fuerzas de seguridad había sido producto de intereses políticos —distraer la atención mientras el Congreso aprobaba la polémica reforma energética presentada por el presidente Peña Nieto— y afirmaban que, si bien podía haber descuidos o yerros por parte de Mamá Rosa, ésta era víctima de un linchamiento que despreciaba los años dedicados a esos niños por los que nadie más se preocupaba. Entre los principales defensores de Mamá Rosa destacó un grupo de intelectuales encabezado por Enrique Krauze y Jean Meyer, ambos asociados en su juventud con el fallecido historiador Luis González y González, fundador de El Colegio de Michoacán y cercano amigo de Mamá Rosa. Entretanto, la televisión nos mostraba a una anciana iracunda, de lacios cabellos entrecanos, ojillos negros y alertas, piel curtida por el sol, vestida casi como una monja, con modos y lenguaje de carretero. Una mujer que, a decir de aliados y detractores, había tenido que endurecerse para cargar con tantas vidas ajenas. Entre el amarillismo de ciertos medios decididos a crucificarla y la férrea defensa de sus admiradores —que incluyó un desplegado encabezado por Krauze, Meyer y varios miembros del círculo de la revista *Letras Libres* y un desmesurado artículo del premio Nobel Jean Marie Le Clézio, en otra época investigador en El Colegio de Michoacán y amigo de don Luis González—, poco a poco comenzó a entreverse la realidad. En 1947, Rosa Verduzco había iniciado su tarea de recoger a niños de la calle. Poco después sus parientes le entregaron los recursos necesarios para adquirir un terreno de 2,500 metros cuadrados en el centro de Zamora, así como varios inmuebles en la periferia que le permitirían financiar su albergue. En 1973, La Gran Familia obtuvo el estatuto de sociedad civil, empezó a recibir aportaciones públicas y privadas y pasó a cumplir labores que de manera natural debían corresponderle al estado. Desde entonces se hizo presente una conducta que uno no puede sino juzgar con dureza: Mamá Rosa no se contentaba con rescatar a los niños, con darles educación en la escuela primaria y secundaria que integró al plantel —con sendos reconocimientos oficiales— o con integrarlos a la escuela de música y a la orquesta del albergue, sino que insistía en adoptarlos de manera legal, imponiéndoles su apellido. La Gran Familia era, en verdad, una *gran familia* de incontables niños apellidados Verduzco Verduzco. La santa, que había renunciado a tener hijos, disponía de una prole bíblica. Vinculada con numerosos empresarios, dignatarios religiosos, políticos e intelectuales, Mamá Rosa se convirtió en un pilar de la comunidad, y eso en la Zamora de entonces era mucho: la heroína a la que las familias ricas querían ayudar y a quien esas mismas familias entregaban a escondidas a sus hijos nacidos fuera del matrimonio. Gracias al apoyo de empresarios y políticos —durante los sexenios panistas reci-

Mamá Rosa

bió más ayuda que nunca, en particular de Marta Sahagún, la esposa del presidente Fox, oriunda de Zamora—, La Gran Familia consiguió los permisos oficiales para operar y se expandió hasta recibir a cientos de niños. Nadie se atrevía a cuestionar los métodos de Rosa Verduzco: su "mano dura" con esos pequeños delincuentes y rebeldes o su voluntad de adoptarlos. Y nadie se preocupó tampoco de que la prócer obligase a los padres a firmar documentos notariales en los que renunciaban para siempre a sus derechos familiares e incluso a la posibilidad de visitar a sus hijos o que los internos fuesen obligados a permanecer en el orfanato incluso cuando rebasaban la mayoría de edad. Todos estos puntos lucían como excentricidades menores comparados con su devoción y la magnitud de su altruismo. Y, sobre todo, con las extraordinarias dimensiones de su *amor*, como la propia Mamá Rosa no se cansaba de repetir. La situación del albergue comenzó a degradarse cuando a los niños de la calle y a los expósitos se sumaron delincuentes que requerían, a ojos de Mamá Rosa, un trato y una vigilancia más severos. Entonces la fundadora necesitó valerse de ayudantes y custodios, muchos de ellos surgidos de entre las propias filas del albergue, y no pasó mucho antes de que, tal como ocurrió con el célebre experimento de la prisión de Stanford llevado a cabo por Philip Zimbardo, los custodios, imbuidos de una autoridad sin límites, comenzaran a excederse en sus funciones, instaurando un régimen tiránico que Mamá Rosa, cada vez más desbordada, alentó más que toleró. Cuando la policía irrumpió en el albergue, la utopía de Mamá Rosa se había revelado como una pesadilla. La anciana se mantenía en una especie de limbo, alejada de las vejaciones y los abusos, de la suciedad y la esclavitud, del maltrato y el hacinamiento, al tiempo que sus empleados gobernaban La Gran Familia en un sistema en el que proliferaban los abusos sexuales, los golpes, los insultos y las humillaciones. Ni todo el amor asentado en el corazón de Mamá Rosa podría haber detenido a esas alturas la degradación del asilo. Las fotografías y testimonios de su estado resultan irrebatibles: camastros herrumbrosos; rejas propias de una cárcel y no de un orfanato; vacas, cerdos y gallinas conviviendo con cientos de niños, niñas y adolescentes mal vestidos; hedor a podredumbre y a mierda acumulada; y, en medio de ello, la cortina de humo de las escuelas primaria y secundaria y de la orquesta que servía como emblema y pantalla del asilo. Sorprende la visceralidad de los defensores de Mamá Rosa: igual que cualquier dictador, Mamá Rosa era una figura carismática, una mujer con las mejores intenciones, un gran compromiso social sumado a una enorme fe religiosa —combinación siempre funesta—, una voluntad de acero y una visión que no consentía la menor oposición a sus órdenes. Toda crítica a su persona o a sus métodos tenía que ser producto de la envidia o la mala fe. Y así fue como sus abogados articularon su defensa: aduciendo que Mamá Rosa no era tan mala como otros o relativizando sus errores y fracasos en aras de su "sueño". En una entrevista con León Krauze —la única que concedió en esas fechas—,

Mamá Rosa no vaciló en aceptar que golpeaba a los niños, que se negaba a que sus padres los recuperasen o siquiera los visitasen y admitió que no consentía la salida de los mayores de edad. Fuera del propio entrevistador, quien alcanzó a entrever la trampa discursiva de Mamá Rosa, el resto de sus defensores se negó a escuchar las confesiones de su amiga. Nadie pone en duda la responsabilidad del estado —y de nuestro sistema político— en el ascenso y la caída de Mamá Rosa y de La Gran Familia: las autoridades son culpables de haber abdicado de su tarea de proteger a esos niños y adolescentes. Pero ello no elimina la de esta mujer que, como tantos pequeños y grandes tiranos, queriendo hacer el bien hizo mucho mal. Resulta inmoral exigir balances sobre su trabajo: el argumento de que miles de niños se salvaron gracias a Mamá Rosa no basta para justificar que otros fueran ultrajados o privados de su libertad y sus derechos. Lo peor de esta historia es su final: la autoridad sucumbió a la presión y Mamá Rosa fue declarada inimputable; salió en libertad y sin culpa pese a que, como demostró en su entrevista con León Krauze, sus facultades mentales se encontrasen en perfecto estado. Mientras tanto, los niños fueron reubicados en otros albergues sin una auténtica política integral en su favor. Quienes menos importaron fueron esos niños, niñas y adolescentes, antiguos prisioneros de La Gran Familia, que han vuelto a perderse en el olvido. Todo a causa de ese amor obsesivo y autoritario que tan bien refleja nuestro sistema político y nuestro sistema de vida, encarnado en la figura de Rosa Verduzco, mezcla de Virgen de Guadalupe y la Llorona. Pocos niegan el amor que decía sentir por esa multitud de niños y adolescentes, por todos esos hijos reclutados y adoptados a lo largo de tantas décadas, pero una de las expresiones más nítidas de su amor, si no su prolongación directa, era esa dureza, ese maltrato que debía transformarlos en "personas de bien". Quizás sea allí donde se encuentra el *quid*: ¿hasta dónde quien ama —el padre, la madre, el enamorado— permite que el otro sea eso, *otro*, y no una simple prolongación de su amor o su deseo? ¿Cómo se produce esta obsesión amorosa que lleva a creer que el amado depende de nosotros —y nosotros de él—, que solo él o ella nos dan sentido y que necesitamos convertirlos en parte de nosotros, negándoles cualquier autonomía? No es otra la razón de que el amor *absoluto* se identifique con la manía o la locura: el *amour fou* de los trovadores medievales. Enloquecido, el enamorado no logra desprenderse de su amado o de su amada, él o ella lo apresan por completo, lo habitan, lo invaden, lo controlan como si fuera víctima de una enfermedad o de un virus. Sí, un *virus*. Uno se pasea por la vida sin ataduras y de pronto algo nos conduce febrilmente hacia otra persona como si hubiésemos sido inoculados por un virus o sufriésemos una demencia repentina. El enamoramiento resulta tan intenso, tan sublime y tan aciago justo porque es incontrolable: poco puede nuestra razón contra las razones que el corazón sí conoce. La imagen mental del amado o de la amada —o, como han relatado los poetas, las sílabas de su nombre— provoca que nuestro cerebro se vea inundado por una carga de neurotransmisores que lo obligan a concentrarse en él o en ella por semanas o meses —un instante o una eternidad, según quien lo padezca—: una estrategia evolutiva que nos permite tener mayores probabilidades de prolongar la vida de nuestros genes al sumarlos a los del otro. No pretendo eliminar todo destello de romanticismo en el enamoramiento, solo destacar que, tal como hemos comprobado a través de tantas novelas y películas, esta fijación es a la vez una suma de placer y de agonía. Pensamos en nuestra enamorada o enamorado y nos colma una alegría irrefrenable, un ansia de vivir y de mantenernos vivos, de ser eternos a su lado, solo para que al segundo siguiente, al darnos cuenta de que él o ella puede irse, de que puede traicionarnos, engañarnos o abandonarnos —o simplemente vivir sin nosotros—, sintamos la más honda desesperación. Los celos serían, en sentido evolutivo, los síntomas de esa íntima angustia que padece el individuo ante la perspectiva de perder a su pareja: un reforzamiento biológico frente al que nada queda por hacer. Por fortuna (o por desgracia) el frenesí dura poco, excepto en las novelas románticas. La brutal descarga química no puede prolongarse de forma indefinida y el bloqueo de los otros, que nos lleva a creer que nuestra enamorada o nuestro enamorado son únicos e insustituibles, se adocena y al cabo se extingue en un lapso que oscila entre las semanas y los meses. El imperativo biológico nos ordena buscar otras parejas para que nuestros genes se multipliquen y, en cuanto lo conseguimos, nos lanzamos en pos de otra y otra y otra, o al menos eso querrían nuestros egoístas e inconstantes genes. Para tranquilizar nuestra conciencia, vale la pena añadir que nuestro cerebro híbrido no se conforma solo con obedecer imperativos genéticos, sino que también se pliega, acaso con mayor convicción, a los patrones culturales que nos rodean y a nuestras propias ideas sobre el amor. En sociedades como la nuestra, donde a diario somos bombardeados por ficciones que glorifican el amor romántico —una educación sentimental modelada entre las comedias románticas de Hollywood y los culebrones latinoamericanos—, solemos estar en busca de un amor eterno y sin fisuras. El enamoramiento se prolonga de manera artificial y, en vez de semanas o meses de arrebato, nos obsesionamos con el *happy ending* que nos promete "vivir felices y comer perdices" solo para terminar sufriendo aún más cuando la ilusión se desvanece. Amor y dolor van siempre unidos. No solo porque alguien nos haga sufrir, sino porque cuando amamos el dolor del otro se vuelve nuestro. La culpa de ello la tienen las neuronas espejo, estas curiosas estructuras cerebrales descubiertas por Giacomo Rizzolatti y su equipo gracias a las cuales somos capaces de ponernos en el lugar de los demás. Su funcionamiento, que intenté resumir en *Leer la mente*, es fascinante: creadas para averiguar los comportamientos futuros de los otros para actuar en consecuencia, las neuronas espejo hacen que interiormente imitemos sus movimientos y, al hacerlo, por un instante sentimos lo que ellos sienten. Por un segundo, nuestro *yo* se funde con el *yo* del otro: ¿no es esta acaso la aspiración fundamental del amor? Solo que cuando a este mecanismo se le suman los desarreglos químicos e ideológicos del enamoramiento —el bloqueo de la empatía hacia los demás—, el enamorado se convierte en nuestro único espejo, en el único lugar en el que nos miramos o admiramos. Sin ti no soy. Y tú no puedes ser sin mí. Condenados a ser ese único otro, ¿cómo habríamos de resignarnos a perderlo o extraviarlo y menos aún a que alguien más nos lo arrebate? El mito de Narciso lo anunciaba, solo que en la vida real el estanque en que nos reflejamos no está hecho de agua, sino de ese otro *yo* en que nos reconocemos, al que adoramos y en el que *nos* adoramos. Dista el amor, o al menos este enamoramiento enloquecido, de ser altruista. Si amamos al otro es porque se nos parece tanto —o eso creemos— que vale la pena abrazarlo, mimarlo, retenerlo. Pero, así como el infeliz Narciso termina por ahogarse en su reflejo, quien se enamora sin fronteras y sin límites, con esa pasión y ese egoísmo incontrolables, suele ahogarse o ahogar al otro. Frente a esta demencia del corazón no queda sino confiar en el poder de la mente. En una razón que combine las vertientes pasionales del enamoramiento con la búsqueda razonable del bienestar ajeno. ("Entra en razón", le dice el amigo al amoroso despechado, por lo general sin éxito.) La identificación en esta etapa ya no debiera ser extrema e incontrolable: diferenciamos nuestro *yo* del *yo* del otro, distinguimos lo que me hace bien de lo que beneficia a mi amado o a mi amada y a partir de allí construimos una sabia separación de intereses. El otro deja de ser una prolongación nuestra y deja de ser visto como una propiedad, pasando a convertirse en un *yo* en el que aspiro a mirarme no para reconocerme y adorarme a mí

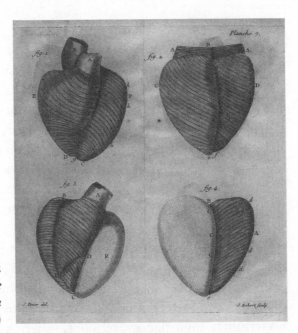

JEAN BAPTISTE
SÉNAC, *Traité de
la structure du
cœur* (1749)

mismo, sino para identificar lo que en verdad hace al otro, *otro*. Soy en ti y tú eres en mí, pero solo si busco entender las razones siempre oscuras de tu conducta, si acepto y respeto el carácter individual de tus emociones, tus esperanzas, tus placeres, tus miedos, tus silencios. Tarea nada sencilla pero que se convierte en la única esperanza de que el tiempo y la costumbre no erosionen la convivencia de los amantes: un amor entre el corazón y el cerebro. Si bien la empatía es un mecanismo natural entre los seres humanos, con frecuencia lo bloqueamos o lo destruimos intencionalmente. El racismo, la discriminación, la misoginia, la homofobia, el odio y el horror hacia los *otros* derivan de prejuicios que resaltan las mínimas diferencias que nos separan. Pero, ¡cuán difícil resulta no sucumbir a las ideas que se nos han "metido en la cabeza" y por las cuales insistimos en creernos diferentes o incluso mejores que nuestros semejantes! Frente a estas taras tendríamos que oponer el reforzamiento de la empatía. O de esa otra emoción, menos común en nuestros días, la misericordia. Etimológicamente, ésta se refiere a la compasión (*miserere*) que proviene justo del corazón (*cor, cordis*): la facultad que nos permite identificar el dolor ajeno y abrazarnos a él. Sentir el dolor del otro debería ser una de nuestras metas cotidianas. Pero la miseria nos rodea de tantas maneras, nos acostumbramos tanto a verla que preferimos olvidarla. Quien sufre allí, a nuestro lado —el mendigo que se lamenta en aquella esquina—, se convierte en un fantasma. Hacemos *como si* no lo viéramos. *Como si* no nos incumbiera. *Como si* el miserable no tuviera existencia. *Como si* fuera un fantasma o un espectro. Ese "como si", en el cual se funda el poder de la ficción, da lugar también a ficciones criminales: la pura negación del otro. O, en buen mexicano, el *ninguneo* al otro. ¿Es deseable sentir el dolor ajeno? ¿No será ese bloqueo o esa indiferencia una cortina que nos protege para no terminar angustiados, aterrados, muertos a causa de un dolor que en principio no nos corresponde? ¿No será la indiferencia la única salvación frente a los infinitos males del planeta? Tal vez sea así, tal vez necesitemos curtirnos, volver nuestros corazones más duros y correosos, pero ello no debería apartarnos por completo del sufrimiento ajeno. Bien entendida, la misericordia provoca que la miseria ajena se introduzca en nuestro corazón, que nos toque, nos perturbe y nos concierna aunque no para sufrir, no para apoderarnos del dolor del otro, no para salvarlo —como Cristo—, sino para ponernos en marcha, para actuar, para hacer cuanto esté en nuestras manos para remediar un poco ese dolor que se convierte, al menos por un instante, en *nuestro* dolor. Desterremos todo elemento religioso de la compasión y llamémosla solidaridad: esa bella palabra, asociada tanto con las comunidades medievales como con los sindicalistas rebeldes de los astilleros de Polonia que en México terminó tan desacreditada por el uso político que hizo de ella Carlos Salinas. Esa palabra, tan desprestigiada también, tras la caída del socialismo real. Triste época la nuestra, en la cual el individualismo no se ve matizado por la solidaridad o por lo que antes se llamaba "conciencia social". Vivimos en una época "sin corazón". Con su obsesión por defender a los empresarios del demonio del estado, el neoliberalismo ha querido eliminar cualquier impulso solidario entre nosotros. Por cursi que suene el eslógan, el corazón está a la *izquierda*. Pero quizás me engaño. Quizás ni siquiera la izquierda —eso que seguimos llamando izquierda— conserve las agallas para oponerse al orden reinante, a este mundo en el que cada quien ve solo para sí, a los amos de este planeta que no están dispuestos a que nadie perturbe su bienestar. Ya lo dije: a mi padre nunca le simpatizó la izquierda, era demasiado conservador para tolerar sus arrebatos. Demasiado católico, también, para tolerar su laicismo. Al mismo tiempo, su propio cristianismo, sumado a su temple altruista y a su notable empatía hacia los demás, lo acercó a sus mejores causas. ¿Qué sería de un médico sin misericordia? ¿De un médico sin corazón? Todos sus pacientes le fueron siempre iguales. Él, que en otros sentidos era tan despectivo y aristocrático, jamás distinguió a quienes se le acercaban a causa de su educación, su clase social, su estatus, su religión o sus creencias. Por eso se empeñó toda su vida en trabajar para el ISSSTE, esa parte esencial de nuestro achacoso sistema de salud. Por eso se rehusó a atender una consulta privada que le hubiese resultado lucrativa. Por eso se quejaba tanto de las condiciones de su hospital y del país. Por eso anhelaba un sistema de salud que cumpliese con el objetivo de proporcionar la mejor atención a los necesitados. Mi padre supo ponerse en el lugar del otro y empeñó su vida en paliar el dolor ajeno. Tenía, lo repito, un gran corazón.

Lección 5

El ojo, o De los vigilantes

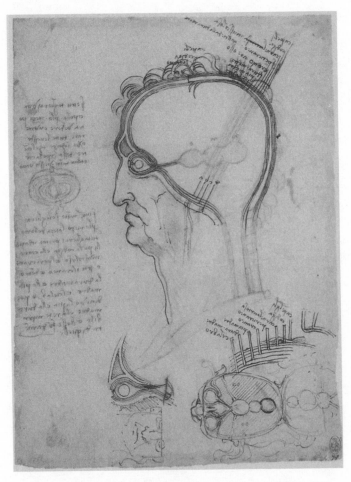

LEONARDO DA VINCI, *Estudio del ojo y los nervios* (ca.1474),
Colección Real, Castillo de Windsor

La pasión de la brasa compasiva

La transparencia es todo lo que queda

El mundo es tus imágenes

La irrealidad de lo mirado
Da realidad a la mirada

OCTAVIO PAZ, *Blanco*

Si lo miramos con cuidado, ¡qué extraño es el ojo! Un bulbo blanquecino, esférico y brillante, con la consistencia más desagradable que pueda imaginarse —me viene a la mente uno de esos programas de concurso donde ningún participante logró comerse los ojos crudos de una vaca—, punteado en su centro por una proeza de la evolución, el iris cuyas tonalidades caprichosas evocan planetas o constelaciones en torno a la pupila: ese agujero negro que todo lo devora. De niño, cuando fantaseaba con una carrera de pintor o dibujante, me fascinaba delinear ojos: ojos singulares con iris negrísimos en el blancuzco mar de la esclerótica, semejantes a bichos prehistóricos, insectos o cefalópodos. Frágiles animalillos, sin duda, que pueden ser heridos con facilidad: una brizna basta para irritarlos o enrojecerlos. Su delicadeza nos angustia, como demuestra uno de los episodios más desasosegantes de la historia del cine, la secuencia de *Un chien andalou*, de Dalí y Buñuel, en el cual una navaja rebana el ojo de una mujer como si fuese un huevo duro. En la vida real nos horroriza la sola idea de rozarlos con los dedos y la ceguera nos parece una maldición, sea en la forma de un castigo divino, como cuando Diana se venga de los cazadores que espían su desnudez, o en el tormento medieval de arrancarle los ojos a un criminal o un enemigo, como el sultán turco que dejó ciego al ejército búlgaro con excepción de unos tuertos que habrían de conducir a los derrotados de vuelta a sus hogares. La identificación del *yo* con los ojos se vuelve tan extrema que a quienes disfrutamos de la vista nos resulta imposible pensarnos sin ella, como si al desaparecer en la negrura —o en la viscosidad amarilla de Borges— personas y objetos perdieran su existencia. Los ojos nos conceden la sensación de ser nosotros mismos, nos confían el exterior, con su infinita variedad de tonos, formas y relieves, y nos vuelven conscientes de que nuestro *yo* permanece atrapado en el interior de nuestras cabezas. Tan valioso resulta este órgano que las Parcas estaban dispuestas a compartir uno entre las tres y no había bestia mitológica más temida y envidiada que Argos, con sus mil ojos; al carecer de visión periférica, los Cíclopes se hallaban en clara desventaja. A Tiresias, el más célebre de los ciegos, los dioses le concedieron el don de mirar "hacia adentro" y por tanto la capacidad de adivinar —de entrever— el futuro. Los estudiosos no se ponen de acuerdo sobre si el ojo evolucionó a partir de las células fotosensibles de un organismo o de varios. Es posible que nuestros ojos sean parientes de los ojos múltiples, fraccionales y monstruosos de moscas y mosquitos; de los ojos tiernos y azabaches de los ciervos; de los ojos arteros y luminosos de los felinos; e incluso de los ojos viscosos y lastimeros de las vacas. Nada nos une tanto con la realidad como los ojos. Son, como dicta el cliché, el espejo del alma y el órgano que de manera más obvia nos conecta con el exterior. Un espejo, pues, en el que nos contemplamos unos a otros: en los ojos buscamos la verdad escondida en nuestros corazones, el brillo de la traición o el destello del amor; en ellos distinguimos un guiño de complicidad o una de esas "miradas que matan". Un experimento reciente demuestra, sin embargo, que la vista no está del todo ligada con ellos. Valiéndose de un sistema capaz de transformar una imagen en microestímulos eléctricos, un grupo de investigadores encabezados por Paul Bach-y-Rita logró que el soldado Craig Lundberg recupe-

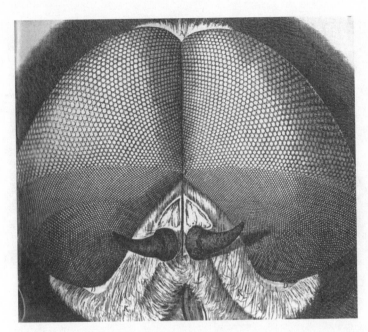

ROBERT HOOKE, *Ojo compuesto de una mosca* (1665)

rase una vaga sensación espacial cuando las terminales se conectaban a una de las partes más improbables y sensibles del cuerpo: la lengua. Coincide la escritura de estas líneas con un viaje a Aix-en-Provence, la ciudad de Cézanne, cuya ruta a través de la ciudad recorren los turistas en pos de su mirada. Tras una caminata de media hora bajo un sol implacable, mi mujer y yo arribamos al estudio del pintor: un cuadrángulo de cincuenta metros cuadrados, sembrado en un exuberante jardín que se conserva casi idéntico a como el maestro lo dejara a su muerte. Un deceso semejante, por cierto, al sufrido por Ramón López Velarde: mientras pintaba en las alturas de la ciudad con vista al monte Saint-Victoire, el escenario donde oficialmente nació el cubismo, una tormenta sorprendió al pintor; sin darle importancia, regresó empapado a su casa y murió de neumonía al día siguiente. Como todos los impresionistas, Cézanne estaba fascinado por la luz meridional y sus

Estudio de Cézanne (fotografía del autor)

transformaciones a lo largo de las horas y las estaciones. Diseñado por su propio dueño, el estudio revela esta obsesión: dos ventanas dirigidas hacia el sur y un enorme ventanal hacia el norte le permitían graduar la luminosidad a su antojo. Decenas de naturalezas muertas —botellas de vino y ron, manzanas, limones, granadas, libros y calaveras— demuestran esta sabiduría visual, la misma que le permitió trazar tantas versiones distintas del Saint-Victoire o de la catedral de Saint-Sauveur. En cada versión los objetos dejan de ser idénticos a sí mismos: son como la luz los diseña y acomoda o como los ojos se acomodan a la luz. Pero los colores no existen en la realidad, solo en el cerebro. En teoría, el ojo humano es capaz de distinguir un rango de frecuencias de onda de 10^{14}, es decir, millones de tonalidades diferentes, aunque cada una de ellas no es sino un *qualia*, como llamaban los antiguos a los estados mentales. Obsesionado con la óptica, Goethe descubrió que en las sagas homéricas jamás aparece el azul —el mar siempre es marrón, verde o rojo— y los daltónicos ven rojo donde el resto vemos verde. Y sin embargo mantenemos nuestra obsesión por los colores. Pensemos en la distinción entre el blanco y el negro: al primero lo asociamos con el día, la pureza, la tranquilidad, el bien; al segundo, en cambio, con la noche, la sevicia, el horror, la amenaza, el mal. En nuestra piel, el color está dictado por la melanina, un pigmento natural que entinta las capas superiores de la epidermis proporcionándole una variedad de tonos bastante limitada: del rosa pálido, que solo en casos extremos se confunde con el blanco, a un castaño oscuro que pocas veces se acerca al negro. Y, entre ellos, una variedad tan sutil como arbitraria que con imaginación o con torpeza denominamos "amarillo", "rojo", "moreno", "cobrizo" o "aceitunado". Si una civilización extraterrestre visitara la Tierra, de seguro se sorprendería ante la importancia que sus habitantes le conceden al color de la piel. En términos evolutivos, la función del pigmento se limita a protegernos del sol pero, ¡cuántas muertes, cuántas torturas, cuánto dolor han padecido millones por su culpa! Gracias a los descubrimientos cristalizados en la secuenciación del genoma humano, hoy sabemos que las razas no existen, que todos pertenecemos a la misma especie y descendemos del mismo ancestro común. Pero ello no ha bastado para borrar el odio, el recelo y la ignorancia. Rachel Dolezal nació blanca. Sus padres se definían como blancos, su piel era clara y su cabello rubio. No obstante, desde niña convivió con hermanos adoptivos que eran negros —en el singular argot estadounidense, afroamericanos— y se identificó con ellos. Más tarde se casó con un negro y, tras divorciarse de él, quiso ser aún más "negra". No solo se empeñó en sentirse negra y en defender a sus hermanos negros de la discriminación ancestral que persiste en Estados Unidos, sino en colorearse de negro. Se pintó y rizó el cabello y, según sus enemigos, pasaba largas horas tostando al sol su blanca piel. Asumida interna y externamente como negra, se convirtió en la portavoz de una asociación de defensa de los negros en la ciudad de Spokane hasta que sus padres —sus padres blancos, de quienes se hallaba distanciada— expusieron su engaño. ¿Un engaño? Aquí sus (escasos) defensores y (múltiples) detractores se radicalizan. Los primeros insisten en que las identidades son imaginarias y, al sentirse negra, Rachel lo era. Los segundos deploran su mentira: para ella ser negra era una elección, mientras que los auténticos negros no tienen semejante alternativa. Que todo esto ocurriera cuando un blanco desquiciado entró en una iglesia de Charleston y asesinó a nueve negros no hizo sino agriar el episodio. En pocos lugares la *raza* ha tenido mayor peso que en Estados Unidos: en los formularios oficiales uno debe reconocerse como parte de una adscripción particular en un catálogo cromático (o racial) de tintes borgeanos. La razón es evidente: allí la esclavitud y la discriminación fueron preservados por las leyes —y no solo por la costumbre, como en México u otras partes— hasta hace apenas unas décadas. Según la regla de la "gota de sangre", más radical que las leyes raciales de los nazis, bastaba un solo antecesor negro en cualquier grado para serlo ante la ley. El término "mestizo" ni siquiera se emplea en Estados Unidos, como si uno debiera escoger por fuerza un color y olvidarse de sus gradaciones (como el propio Barack Obama, que es negro a pesar de que su madre sea blanca). Otros colores tienen resonancias menos siniestras. Pese a los consejos de los psicólogos, los padres siguen eligiendo el azul para adornar los cuartos de sus hijos y el rosa para los vestiditos, diademas, zapatos, pulseras, bolsas y corpiños de sus hijas. Si bien un estudio reciente parece demostrar que las niñas pequeñas en verdad sienten una atracción innata por el rosa, continúa resultando mal visto —y en las escuelas, esos campos de batalla, un motivo claro para el *bullying*— que un niño prefiera un pantalón, una camisa o un muñeco de peluche de este color. Menos polémicos, el rojo de Marte se asocia con la guerra, la ira y el peligro, los semáforos y los letreros de STOP, mientras que el azul de Venus, del cielo y del mar invita a la contemplación y la

Rachel Dolezal

calma, cuando no directamente a la melancolía del *blues*. El verde se ha convertido en el tono omnipresente de nuestro tiempo, con nuestra real o falsa preocupación por el medio ambiente: cuando la contaminación alcanzó uno de sus picos en la ciudad de México, a un político se le ocurrió que la mejor forma de combatirla era pintando los taxis del color del césped, como si esta muda los tornara mágicamente ecológicos. Naranja, morado y amarillo no poseen connotaciones tan precisas y son pocos quienes pelean o se baten por ellos, a menos que representen a nuevos partidos políticos (como Convergencia-Movimiento Ciudadano en México, cuyo estribillo era "naranja, naranja", o el morado de Podemos). El carácter arbitrario de los colores permite que, mientras en Estados Unidos el rojo se asocie con los republicanos y el azul con los demócratas, en México se correspondan con el oficialismo priista y la derecha panista respectivamente. La sinestesia, la maldición o el don de integrar los colores en un conjunto más amplio de sensaciones, permite que la alegría o la tristeza se pinten de colores, lo mismo que ciertos sonidos precisos (los acordes, por

LEONARDO DA VINCI, *Mona Lisa* (detalle, 1503-1517)

ejemplo) o incluso las letras del alfabeto, como ocurre en *Voyelles*, el soneto de Rimbaud: *"A noir, E blanc, I rouge, U vert, O bleu"*. Pero la vista nunca es neutra, nunca es inocente. Como demuestran los experimentos realizados en el marco de la teoría de la Gestalt, no vemos lo que podemos ver —dentro de los límites que marca la estructura física de nuestros ojos, que nos priva del infrarrojo y del ultravioleta, por ejemplo—, sino lo que queremos ver. Nunca vemos las cosas directamente: nuestros ojos las barren en una serie de movimientos zigzagueantes, a gran velocidad, a los que damos el nombre de *secadas*. Más que contemplar u observar con atención, escaneamos el mundo, permitiendo que el cerebro complete la información faltante a partir de sus recuerdos. Por ello los impulsos que van del ojo al cerebro son tan numerosos como los que transitan del cerebro al ojo: en términos evolutivos, no se trata de que el órgano sensorial conduzca hacia el cerebro la información del medio ambiente de forma desordenada y bruta, sino de que sea lo más útil posible y para ello necesita identificar patrones ya conocidos. El ojo humano no es una esfera perfecta, sino que está formada por dos mitades engarzadas, como las pelotas de ping-pong, formadas de un lado por la córnea y del otro por la esclerótica en donde se inserta el nervio óptico. A menos que uno padezca de cataratas, la

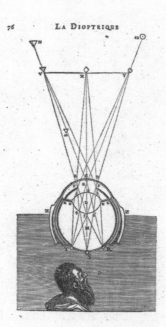

RENÉ DESCARTES, *Dioptrique*
(Leiden, 1637)

córnea es transparente, lo cual permite admirar el iris —la válvula que ajusta la entrada de la luz— y la pupila, esa "pequeña muñeca" que se dilata o se contrae. Si insistimos en comparar el ojo con un instrumento fotográfico, la córnea sería el primer lente a través del cual se introduce la luz, en tanto que el iris hace las veces de diafragma. Una vez en el interior de esta cámara negra, traspasa una lente más flexible, el cristalino, que se ajusta de manera automática para ponerse en foco. Las imágenes se encaminan entonces, vueltas de revés, rumbo a la retina, una pared fotosensible cuyas células transforman la luz en impulsos electroquímicos que, a través del nervio óptico, arriban a las zonas del cerebro encargadas de interpretarlas. El proceso, como ya he mencionado, no solo es de *input*: el cerebro también manda señales hacia el ojo a fin de ajustar de manera instantánea lo que estamos viendo. ¿Y luego? Si persistimos con la metáfora fotográfica, ¿quién mira la imagen que el ojo ha tomado o copiado de la realidad? Descartes pensaba que en el cerebro debía acurrucarse un

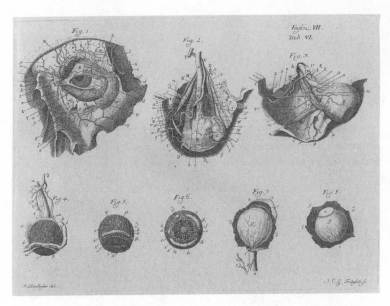

ALBRECHT VON HALLER, *Iconum Anatomicarum* (1754)

hombrecito, al cual se le proyecta una suerte de película en el sombrío cine de nuestro cerebro. Pero éste es un antro oscuro y tenebroso, y en sus meandros no se filtra ni siquiera una chispa de luz. El primer homínido que trazó un búfalo en una caverna —o las manchas de pintura que identificamos con un búfalo— sin duda quería representar al búfalo ausente, fuese para mostrárselo a sus compañeros de tribu, para rendirle un tributo o para invocar su fuerza o su fertilidad. Pasarían muchos siglos antes de que la pintura y la escultura dejasen de evocar una realidad ausente, divina, animal o humana, y se concentrasen en crear una nueva. A partir del siglo XX, cuando se inicia la época de la reproductibilidad técnica de Benjamin, nada nos interesa tanto como las imágenes en que replicamos el mundo. Primero el cine, luego la televisión y por fin esa suma de pantallas de todos los tamaños en las que nos volcamos —en el reloj, el teléfono, las tabletas, los televisores, los cines y los espectaculares de las calles— demuestran que nos hemos transformado en el adusto *homo videns* de Giovanni Sarto-

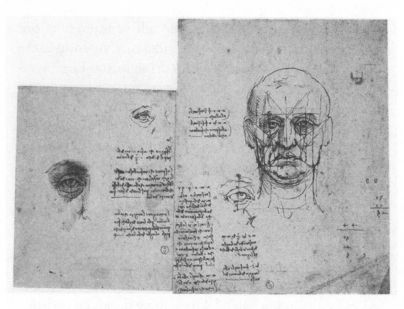

LEONARDO DA VINCI, *Estudio de un ojo*

ri. Ver para creer. La duda de Tomás nos define: solo si lo veo, existe. ¡Qué angustiosa civilización aquella que permanece obsesionada con replicarse una y otra vez en todos los formatos! ¿Cómo distinguir entonces la ficción de la realidad? Si nuestro cerebro no cuenta con herramientas para diferenciar una de otra, ¿cómo confiar en lo que vemos? Aunque vivía obsesionado con el arte, mi padre pocas veces me llevó a un museo o galería. Como le ocurría con los conciertos, su aversión a las multitudes lo hacía preferir las reproducciones que poseía en numerosos libros (recuerdo en particular los gruesísimos volúmenes del *Arterama*) o colgadas de las paredes. Como en la música o la literatura, su gusto estaba modelado por la tradición clásica de Occidente, empezando con Grecia y Roma, siguiendo con las catedrales medievales —tenía unas bellas monografías con planos arquitectónicos de las de Reims, París o Chartres— y centrándose en el Renacimiento, a sus ojos el periodo más glorioso de la humanidad. Adoraba a Miguel Ángel y Rafael y sentía una identificación particular con Leonardo, que habría de heredarme. A partir de allí se interesaba por Velázquez, Rembrandt y los holandeses, y su entusiasmo llegaba hasta la pintura académica del siglo XIX. Los impresionistas le aburrían un poco —como a mí— y las vanguardias le parecían despropósitos, en particular Dalí y Picasso, a los que detestaba por ser españoles. Nada posterior le interesaba y expresaba un sonoro desprecio hacia los muralistas mexicanos: además de considerarlos malos imitadores de los maestros italianos, Rivera y Siqueiros despertaban su rabia por ser comunistas y solía repetir que ambos confundían "lo grandioso con lo grandote". El arte prehispánico le parecía parte del mundo primitivo que asociaba con las culturas de Asia y África. En resumen, despreciaba lo autóctono y desconfiaba de lo moderno, en una doble negación que lo separaba del presente y de sus compatriotas. Le hubiera encantado vivir en un entorno clásico en el que conviviesen Miguel Ángel, Bernini, Ingres y David: un mundo sin aristas ni desorden, dominado por una serie de reglas claras y precisas, y en el que la mayor conquista del espíritu fuese una belleza imperecedera. A la par de sus parámetros morales, a partir de la adolescencia también me alejé de los estéticos y, sin abjurar del arte clásico, me aboqué a explorar sus orillas más extravagantes, el Bosco, el Greco, Goya, los prerrafaelitas, el decadentismo y el expresionismo, y di un paso para tratar de comprender el arte de nuestro tiempo. A mi padre le escandalizaba mi entusiasmo por esos "adefesios". Yo lo juzgaba con dureza: detestaba su conformismo, su inmovilidad, su falta de curiosidad hacia el siglo XX. No entendía que para mi padre el arte no era un desafío intelectual ni una vanidad snob, sino un placer y un refugio ante la fealdad que lo rodeaba. De vuelta en casa, luego de horas frente a la miseria de su hospital público, lo que menos le apetecía era espantarse con las figuras de Picasso o Francis Bacon, y prefería deleitarse con Rembrandt, Poussin o Caravaggio. Imagino —o invento— mi niñez como si los ojos de mi padre no hubiesen cesado de mirarme. La sensación deriva, por supuesto, del dios omnisciente del cristianismo. De niño, uno de mis juegos favoritos consistía en fantasear con que mi casa estaba llena de cámaras ocultas y, convertido en un precoz participante de *Big Brother* o *Truman's Show*, actuaba para ese público o ese ojo que me escudriñaba con la doble intención de retarlo y complacerlo; a veces hablaba "a las cámaras" en un aparte teatral y otras intentaba esconderme de ellas para blasfemar o sumergirme en actividades prohibidas. La sola idea de que alguien nos mire y se entretenga a nuestra costa me obsesiona tanto que la he convertido en tema central de dos libros: *El temperamento melancólico*, donde un director de cine filma las emociones reales que suscita en sus actores, y *El juego del apocalipsis*, donde un viejo enloquecido se divierte a expensas de los invitados a su yate. Pensar que un dios siempre nos acecha trastoca por fuerza nuestros actos: los creyentes deben confrontarse a diario con esta invasión a su privacidad. La imagen de la Santísima Trinidad, con su ojo abierto en el centro, se me figura el emblema de este voyerismo divino. Paradójicamente, disfruto de ciertas dosis de exhibicionismo: un escritor está obligado a mostrarse sin pudor ante los demás, el anónimo y silencioso público que lo lee y sus pares, esos escritores y críticos que solo aguardan la oportunidad para alabarlo o defenestrarlo. Me someto, por voluntad propia, a compartir mi intimidad en estas líneas que serán leídas y observadas por ustedes, mis hermanos, mis lectores, mis semejantes: me desnudo —la imagen es manida pero no encuentro una más precisa— y me presento ante sus ojos para que me juzguen sin saber por qué esta perversión me perturba y fascina al mismo tiempo. ¿No sería mejor abstenerse de publicar los propios pensamientos y las propias turbaciones, me digo a veces, abandonar cualquier empeño público y conformarme con una vida anónima? Fantaseo con la idea de alejarme de los reflectores y, si no de la literatura, sí del juego histriónico que la acompaña, de la obligación de presentar y promover mis libros, dar entrevistas y aparecer en la prensa, la radio, la televisión y la Red, pero sé que se trata de un engaño y que continuaré desempeñándome como otro personaje secundario en nuestra sociedad del espectáculo. Una era, en teoría laica y atea, que se ha inventado esas nuevas formas de exhibicionismo y voyerismo con las redes sociales. Ni en los regímenes totalitarios —del *1984* de Orwell a la Unión Soviética de Stalin y de la Alemania de Honecker a la Corea del Norte de hoy— hubo jamás un sistema que incitara tanto a revelar los propios secretos, a espiar a los demás ("estalquearlos", en nuestro pobre vocabulario cibernético) como el nuestro. Nos encontramos más cerca de *Big Brother* que del Big Brother de *1984*: en vez de ser vigilados por un Gran Hermano, nosotros mismos le confiamos nuestra intimidad —así como millones de datos potencialmente lucrativos— a las trasnacionales que gestionan nuestro falso espacio público. En *El Círculo*, el novelista estadounidense David Eggers ha imaginado un mundo apenas más extremo en donde una sola empresa gestiona todos los servicios y ha desplazado al estado como garante de las instituciones. Ello no implica que la vigilancia estatal haya desaparecido, como revelan las filtraciones de Wikileaks, Julian Assange, Chelsea Manning o Edward Snowden. Por débiles que nos parezcan, los gobiernos no escatiman recursos para espiarnos a todas horas, alentados por la paranoia desatada por la guerra contra el terror y la guerra contra el narco. Millones de comunicaciones intervenidas, tanto entre ciudadanos comunes como entre figuras públicas, demuestran que la obsesión por mirar a los otros es uno de los puntos nodales de nuestra vida pública. Miles de ojos nos escrutan para tratar de prever nuestras posibles conductas delictivas, como en *Minority Report* de Philip K. Dick. Que la empresa se haya revelado vana —no ha podido probarse que las escuchas ilegales de la NSA hayan salvado vidas— no ha hecho sino acrecentar el interés de los grandes poderes por perfeccionar sus estrategia de control. Mi padre apenas se hubiese sorprendido de esta deriva contemporánea de su pasión por la vigilancia, pero le hubiese escandalizado —y abrumado— que los ciudadanos estuviésemos tan dispuestos a compartir en público cada detalle de nuestras vidas. Él, tan púdico y tan reservado, jamás habría consentido en exponerse así. Me inquieta imaginar lo que mi padre debió ver a lo largo de su vida. De niño fue testigo tanto del inicio del régimen de la revolución mexicana (nació en 1932) como de la segunda guerra mundial: siempre nos hablaba del diario en que leyó, a los trece años, la rendición de Alemania. Vio, en esos años, un México pobre que soñaba con el progreso. Vio a sus hermanos iniciar carreras técnicas y medrar con dificultades (hasta que mi tío César se convirtió en el "rico" de la familia al vincularse con el empresario Raúl Baillères). Vio morir muy joven a su padre. Vio cómo sus hermanos lo dejaban a cargo de su madre y de su hermana Luz María, mi Tía Güera, epiléptica y con una inteligencia inferior a la media. Vio miles de películas de niño y de joven —más de cien veces su favorita, *Gunga Din*, y todo el Hollywood clásico, con una predilección especial por Fred Astaire, *Lo que el viento se llevó* y *Cantando bajo la lluvia*— y vio otras tantas con nosotros y luego con mi madre hasta que dejó de salir de casa. Vio también mucha televisión —incontables partidos de futbol y americano—, comedias y sitcoms, y llegó a conocer internet, aunque nunca le interesó saber cómo funcionaba. Vio morir a su madre tras años de cuidarla. Vio cómo el movimiento médico de 1966, en el que participó activamente, fue reprimido por las autoridades y vio muy de cerca, aunque sin llegar a la Plaza de las Tres Culturas, la matanza de Tlatelolco en 1968. Me vio nacer a mí y luego a mi hermano. Vio cómo el PRI se pertrechaba en el poder e impedía cualquier alternancia. Vio cómo la corrupción se volvía endémica. Vio y padeció las crisis económicas de 1976 y 1982, igual que las de 1994 y 2008. Vio cómo sus hijos se

Cartel de
Gunga Din, de
George Stevens
(1939)

volvían mayores y se alejaban poco a poco de su lado. Vio los fraudes electorales cometidos una y otra vez por el PRI contra sus opositores, de maneras obvias en Chihuahua en 1986 y en la elección federal de 1988. Vio cómo el país se rendía a Salinas de Gortari y cómo éste se hundía tras el alzamiento zapatista y el asesinato de Colosio en 1994. Vio nacer a su nieta. Vio la victoria de Fox y el PAN, su partido, en el 2000, solo para desencantarse muy pronto. Vio morir uno a uno a sus hermanos y a sus amigos. Vio cómo me convertí en escritor y al cabo aplaudió mi elección. Vio el fraude y la crisis electoral de 2006, con el Paseo de la Reforma paralizado por la acampada de López Obrador, y se sintió abatido como tantos. En medio de su dolor y su reclusión, vio la guerra contra el narco y sus miles de muertos. Pero sobre todo, a lo largo de más de medio siglo, vio a miles de personas, a miles de pacientes, sufriendo y recuperándose, sufriendo y acaso muriendo entre sus manos. Y luego, al final de su vida, solo se vio a sí mismo, o más bien vio su propio dolor durante horas tan interminables como idénticas. ¿Y yo? ¿Yo qué he visto? Tal vez más ciudades y países remotos, más exposiciones y películas, más series de televisión, pero ni de cerca he sido testigo de las infinitas variedades de dolor que él contempló de cerca, día tras día, por tantos años. No hay lugares más tristes que los hospitales: ni siquiera los velatorios o los cementerios se les compararan, pues en el fondo quienes acuden a ellos cierran una etapa y se prepararan para la vida posterior a la muerte, tristes aunque resignados. En las clínicas y hospitales, en cambio, uno comparte el dolor, la angustia y la desesperación de decenas de seres humanos apiñados en esos leprosarios modernos que son las salas de urgencia, glaucos galerones donde pacientes y familiares se apiñan unos sobre otros, donde apenas hay rincones vacíos y no queda sino resignarse a que enfermeras, médicos y paramédicos, que nunca se dan abasto, encuentren el tiempo de atenderlos. Ver tanto dolor, tanto dolor todos los días, ha de provocar una mezcla de compasión e indiferencia a la que incluso los mejores médicos no pueden sustraerse. Por eso ha de ser cierto el adagio que afirma que cada vez que un médico cura o salva a un paciente, un solo paciente en medio de esa marabunta de enfermos y de heridos, cura o salva a la humanidad.

Lección 6

El oído, o De la armonía

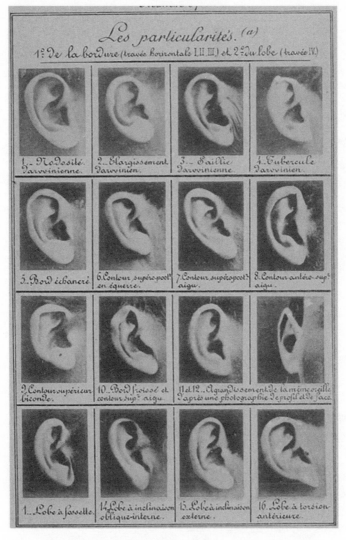

ALPHONSE BERTILLON, *Idéntification anthropometrique*,
lámina 57 (1893)

Du holde Kunst, in wie viel grauen Stunden,
Wo mich des Lebens wilder Kreis umstrickt,
Hast du mein Herz zu warmer Lieb' entzunden,
Hast mich in eine beßre Welt entrückt,
In eine beßre Welt entrückt!

Oft hat ein Seufzer, deiner Harf' entflossen,
Ein süßer, heiliger Akkord von dir
Den Himmel beßrer Zeiten mir erschlossen,
Du holde Kunst, ich danke dir dafür!
Du holde Kunst, ich danke dir!

FRANZ VON SCHOBER / FRANZ SCHUBERT,
An die Musik

Imagínate en la Edad Media: has cometido un crimen abominable —una blasfemia o una herejía— y compareces ante el Tribunal de la Santa Inquisición. Impávido, el magistrado te presenta una alternativa: "¿Qué prefieres perder, marrano, la vista o el oído?" Los escolásticos adoraban este experimento mental. Formulado en los tiempos del *homo videns*, la mayoría se resignaría a la sordera. Los padres de la Iglesia, igual que el hermano marista que nos refirió el ejercicio, recomendaban lo contrario: desprenderse de los ojos, con los cuales escrutamos el mundo —y nos abandonamos a la tentación—, y no del órgano utilizado por Dios para transmitirnos su palabra. Si me viese obligado a elegir, no estoy seguro de preferir la vista con tanta convicción: imaginarme privado del oído y por tanto de la música me resultaría intolerable. Siempre he pensado que si en una noche oscura me topase de frente a Mefistófeles, no dudaría en entregarle mi alma inmortal —si la tuviese— a cambio de un destino de director de orquesta. En una disyuntiva menos cruel, entre la literatura y la música, mi apuesta por la segunda sería igual de rotunda. No sé muy bien cómo la música pasó a ocupar un lugar tan relevante en mi vida ni por qué razón jamás me atreví a dedicarle todas mis energías. (Mientras escribo estas páginas me prometo contratar un profesor que vuelva a conducirme por los vericuetos de la armonía y el contrapunto.) En el origen de mi pasión encuentro a mi padre. Lo conté antes: cada tarde, a la hora de la comida, solía poner un casete en su grabadora o un LP en su achacosa tornamesa y nos examinaba para que adivinásemos la obra y el compositor en turno. Tras su muerte he recuperado su colección de discos de 33⅓ rpm. Su gusto era ecléctico, aunque muy marcado por su época: en lo popular, Frank Sinatra, Nat King Cole, los Platters, Edith Piaf y su favorito, Agustín Lara. En música clásica apenas se apartaba del repertorio tradicional: sinfonías, oberturas y conciertos de Beethoven, Brahms, Schubert y Chaikovski, las sonatas más conocidas de Beethoven y las *Polonesas* de Chopin; del barroco, algunas obras para clave de Bach y las *Cuatro Estaciones*; de los modernos, apenas la *Primera* de Mahler. En ópera, fragmentos o versiones completas de sus favoritas: *Nabucco*, *Luisa Miller*, *Rigoletto*, *El trovador* y *La traviata*; *La bohème*, *Tosca*, *Madama Butterfly*, *Turandot* y una excentricidad entre sus gustos italianos: *Tristán e Isolda*; arias y canciones napolitanas con la Callas, Carreras, Pavarotti, Domingo —y Mario Lanza—, y poco más. De niño yo escuchaba aquella música con cierta indiferencia: me gustaba resolver sus cuestionarios más como un ejercicio de memoria que por el placer que me proporcionara escuchar cualquiera de esas piezas. A mi madre la música nunca pareció interesarle demasiado y jamás contrastó sus gustos con los de mi padre, como sí hacía con los deportes o incluso con las lecturas. A los cinco o seis años me inscribieron en la Yamaha: lo único que recuerdo de esa etapa, además de un hermoso pentagrama magnético, es un concierto con la orquestita de la escuela en el cual me correspondió tocar... el triángulo. Entre los diez y los doce recibí clases semanales de guitarra con un maestro particular (cuyos rasgos, fuera de su calvicie, se me escapan) y, al igual que con las demás clases que mis padres me imponían, de pintura a gimnasia olímpica y de tenis a natación, incordié a mis padres hasta que me permitieron abandonarlas. ¡Cómo lamento mi tozudez! Como sucede con los idiomas, el cerebro del niño está mejor preparado que el del adulto para incorporar las reglas íntimas de la música en sus relucientes conexiones neuronales; pasada la adolescencia, el proceso se vuelve más penoso. Nunca ayudó mi pésima afinación al cantar: cuando seleccionaban a los niños que habrían de incorporarse al coro o la rondalla los preparadores me excluían a la primera. Hasta los trece años la música fue para mí un territorio neutro, no desagradable pero que apenas despertaba mi interés. Cuando llegué a la secundaria mi apreciación cambió gracias a Leopoldo Solís, uno de mis nuevos compañeros, quien desde esos años adolescentes se presentaba como fanático de la música de concierto —la opera le interesaba menos—. Hace poco lo reencontré y pude agradecerle que, sin darse cuenta, haya desempeñado un papel tan importante en mi vida. Si en esos años yo era un *nerd*, sacaba las mejores calificaciones y, gracias a las historias de mi padre, exhibía una cultura general superior a la de mis compañeros, mis conocimientos musicales eran bastante rudimentarios comparados con los de Leopoldo. No solo poseía una nada despreciable colección de discos —sumados a los de su padre, prominente ingeniero y melómano—, sino que adoraba un repertorio increíblemente *maduro*: su dios era Bruckner, aunque también veneraba a Mahler; no despreciaba el barroco y sus gustos llegaban hasta Schönberg y la segunda escuela de Viena. Poseía distintas versiones de una misma obra, algo que entonces me parecía una excentricidad, y era capaz de presumir su preferencia por esta o aquella interpretación de Furtwängler, Celibidache, Jochum o Kleiber. Muy pronto se estableció entre nosotros una extravagante rivalidad amistosa: él me contaba anécdotas de sus directores favoritos y, tras inspeccionar la discoteca de mi padre, yo le respondía citándole los nombres de Toscanini, Serafin o Votto como si supiese quiénes eran. En el colmo de mi afán por deslumbrarlo, me inventé que mi padre me regalaba cada semana nuevos discos y en una ocasión le conté que mi último obsequio había sido la *Quinta* de Brahms. Con una media sonrisa que aún me avergüenza, Leopoldo se limitó a decir: "Qué raro, porque solo escribió cuatro". La complicidad y la competencia con mi amigo me obligaron a bucear en los discos de mi padre y muy pronto empecé a utilizar mis *domingos* para iniciar mi propia colección. Conservo mi primer disco como un tesoro: una recopilación de oberturas de Verdi con Karajan y la Filarmónica de Berlín. La elección me parece hoy muy conveniente: tratando de distanciarme de mi padre, repetía con Leopoldo que la música de concierto era más pura y elevada que aquella en la que se empleaba la voz; no obstante, a la hora de adquirir mi primer disco me impuse una suerte de compromiso: piezas puramente instrumentales, sí, pero del compositor favorito de mi padre. Más o menos en esa época él y yo comenzamos a ver en televisión una serie italiana sobre la vida de Verdi, con quien nos unía un vínculo tan forzado como entrañable: al parecer mi abuelo toscano, nacido en Carrara aunque emigrado a México de niño, lo escuchaba con devoción durante los meses en que, aquejado de una apoplejía, aguardaba su temprana muerte. En esos mismos años comencé a acudir a conciertos sinfónicos. Siempre reacio a salir de casa, mi padre nunca había mostrado demasiado interés por esta actividad, aunque recuerdo como un acontecimiento la noche en que mi madre y él acompañaron a una pareja de amigos a ver —más que a escuchar— a Leonard Bernstein y la Filarmónica de Israel en el Palacio de Bellas Artes. De esos años me viene a la memoria un ciclo Beethoven dirigido por Jorge Velazco con la Filarmónica de la UNAM: imposible olvidar la primera vez que uno ha escuchado en vivo la *Quinta* o la *Novena*. Y, un poco más adelante, una *Traviata* en Bellas

Mi primer disco: oberturas y preludios de Verdi

Artes. En mi deseo por volverme especialista musical, me dediqué a redactar monografías de mis compositores favoritos acompañadas por dibujos de cada uno de ellos y la lista completa de sus obras. Mi incipiente discoteca se convirtió en mi mayor obsesión; los fines de semana obligaba a mis padres a llevarme a Sala Margolín (en la calle de Córdoba) o a Promúsica (en el Conjunto Aristos) y no había tarde en que al salir de la secundaria no me escabullese al Sears de Plaza Universidad, donde pasaba horas admirando las carátulas de los discos y leyendo las notas de las contratapas para aumentar mis precarios conocimientos de historia de la música. Otro episodio penoso: tras adquirir el concierto en *la* menor de Schumann (acompañado, como de costumbre, por el de Grieg), con Kristian Zimmerman y Karajan, el primero que tuve grabado con técnica digital, me convencí de que un error había traslapado el proceso de edición, incapaz de comprender la

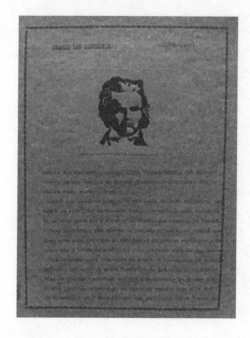

Una de mis monografías, en este caso de Beethoven

lógica del *Allegro afettuoso* que se inicia con un abrupto acorde de cuerdas y timbales seguido por la violenta irrupción del pianista. Esa misma tarde regresé a Sears y traté de que el vendedor me devolviese el importe de mi compra (en vano). Mi neurosis adolescente encontró en los discos una vía de escape: al no poder tolerar que se maltratasen o rayasen, los limpiaba obsesivamente con una tela y un líquido especiales y si alguno se estropeaba, provocando así fuese un leve salto de la aguja, me derrumbaba en un estado de infelicidad extrema. Mi padre me recomendó adquirir casetes en vez de LP's y, para desmayo de mi madre, vendí mi bicicleta para comprar *Orfeo en los infiernos* de Offenbach y *Simon Boccanegra* de Verdi en ese anacrónico formato. No fue sino hasta que cumplí quince años cuando empecé a desprenderme de aquella ansiedad y reemprendí la compra de discos, dejando los casetes para mi padre. Debo a Fernando Álvarez del Castillo, quien por las tardes impartía clases de apreciación musical en la preparatoria —y al año siguiente se convertiría en titular de mi grupo—, mi interés por la música antigua. Hasta el día de hoy su ídolo, no solo artístico sino moral, es Nikolaus Harnoncourt: posee todas sus grabaciones —así como una de las más vastas colecciones de discos del país— y lo reverencia como a un santo (yo le regalé un retrato a lápiz de su héroe). En su curso, Fernando nos hacía oír las *Cuatro Estaciones* o el *Requiem* de Mozart en manos de Karajan y la Filarmónica de Berlín y procedía a compararlas con sus adoradas grabaciones del Concentus Musicus. Aunque yo carecía de la preparación para distinguir las sutilezas de la interpretación histórica, las versiones de Harnoncourt me abrieron las puertas a un nuevo universo. Tan apasionantes como la perspectiva desde la cual interpretarlas, fueron las obras y autores que me hizo descubrir en sus clases: la polifonía renacentista, el barroco temprano, la música religiosa, las óperas de Händel y Glück y sobre todo Monteverdi. Primero el *Orfeo* y luego el *Ritorno d'Ulisse in Patria* y la *Incoronazione di Poppea*, al lado de sus madrigales, no solo me mostraron una insólita relación entre la música y las palabras, más íntima y natural que la del repertorio decimonónico al que estaba acostumbrado, sino que me encaminaron hacia la que se convertiría, en un sinuoso camino de ida y vuelta, en mi mayor obsesión musical: la ópera. Ya he contado que en la preparatoria descubrí también mi vocación por la literatura y que, persuadido por mis padres, mis maestros y mis compañeros —y mis propios miedos—, me inscribí en la Facultad de Derecho. El primer año, marcado por la huelga contra las reformas del rector Carpizo, lo recuerdo tan lúgubre como anodino; de no ser por las materias que tomaba como oyente en la contigua Facultad de Filosofía y Letras, con maestros excepcionales como Hugo Hiriart, Salvador Elizondo o Elsa Cross, me hubiese deslizado hacia una rotunda depresión. A partir del segundo año, empecé a trabajar cada octubre en el Festival Internacional Cervantino como edecán-intérprete (ahora los llamamos "anfitriones"), lo cual no solo me permitió convivir con los artistas que me correspondieron a lo largo de los siguientes cinco años, sino presenciar numerosos conciertos y representaciones teatrales. Recuerdo con particular cariño a los miembros del Teatro General San Martín, que me acogieron en su *troupe* como otro de los suyos, a I Solisti Veneti, dirigidos por el acerbo Claudio Scimone (que me llamaba Mr. Fox) y, en mi último año, a Eduardo Mata y la Orquesta Simón Bolívar, quienes presentaron en el Teatro Juárez y las Sala Nezahualcóyotl la *Misa de coronación* de Mozart y la *Cantata criolla* de Estévez. Mi suerte también cambió cuando, al iniciar mi segundo año en el aburrido mundo de las leyes, Fernando vino de nuevo a mi rescate y me recomendó para un puesto administrativo en la Escuela Vida y Movimiento, en el Conjunto Cultural Ollin Yoliztli. Fundada durante el sexenio de José López Portillo a instancias de su esposa, una atrabiliaria y excéntrica melómana, este pequeño conservatorio estaba destinado a convertirse en el centro de excelencia musical del país gracias a su vínculo con la Filarmónica de la Ciudad de México, en aquellos años de bonanza petrolera una de las mejores de América Latina. Desde las gloriosas épocas de *doña* Carmen, como se referían a ella empleados y detractores, asimismo responsable de convertir al Cervantino en una cita mundial imprescindible, la Vida y Movimiento se había deslizado en una lenta decadencia si bien conservaba algunos maestros ejemplares. Lo mejor: aunque mis responsabilidades apenas me permitían asignar horarios de clases y lidiar con los trámites burocráticos, ponía a mi cargo la logística de la orquesta estudiantil. Yo acababa de cumplir veintiún años y la mayor parte de sus miembros tenían mi edad o eran un poco menores: la Vida y Movimiento se convirtió en mi auténtica universidad, poblada de instrumentistas y alumnos de dirección de orquesta en vez de aspirantes a notarios o políticos. Mis primeros enamoramientos —todos fallidos— y algunos de mis mejores amigos provienen de esos días esquizofrénicos, divididos en las mañanas en la Facultad de Derecho, dedicado a memorizar artículos y fracciones de códigos, y las tardes rodeado de músicos tan preocupados por la técnica como por las pequeñas intrigas, romances y desmanes que se sucedían a diario en esa réplica mexicana de *Fame* (mucho menos glamorosas que las retratadas por Blair Tindall en *Mozart in the Jungle*, el libro que inspiró la serie de televisión en la que Gael García Bernal se convierte en un trasunto exacerbado de Gustavo Dudamel). Durante los siguientes cuatro o cinco años me sumé a la rutina sabatina de mis nuevos amigos, que incluía asistir a los conciertos de la Filarmónica de la UNAM, cenar tacos en La Lechuza o molletes en el Sanborns de Perisur y terminar en fiestas que se disolvían cuando otro de nuestros compañeros, violinista y estudiante de dirección, tomaba la guitarra y nos imponía sus versiones de Silvio Rodríguez y Pablo Milanés. Si bien nunca recibí una educación musical formal, el contacto cotidiano con mis amigos y la asistencia a un sinfín de horas de estudio, ensayos, recitales, conciertos y clases magistrales me hizo vivir la música desde dentro. Entretanto, sublimaba mis pretensiones musicales con la escritura de mis primeros relatos, que darían lugar a un cuadernito titulado *Pieza en forma de sonata, Op. 1*, en el cual las protagonistas eran una chelista, una flautista, una arpista y una oboísta, cuatro de mis amores frustrados, y mi primera novela (mi *Op. 2*), en la que no podían faltar como *comprimarios* una hermosa chelista y un grotesco director de orquesta. En el verano de 1990 realicé mi primer viaje a Italia, auspiciado por una asociación de descendientes de las provincias de Toscana, Emilia-Romaña, Marcas, Lacio y Basilicata, y uno de sus puntos culminantes ocurrió cuando a costa de todos mis ahorros asistí a dos funciones veraniegas de la Ópera de Roma en las Termas de Caracalla, un *Nabucco* y una *Aida*. Desde un teléfono público junto a las ruinas me apresuré a llamarle a mi padre, como si al presenciar dos de sus obras favoritas en aquel escenario clásico cumpliese un pacto tácito entre ambos. En 1991 abandoné la Vida y Movimiento y no volví a tener contacto directo con el mundo musical hasta dos décadas más tarde, cuando regresé al Festival Cervantino. Pero la música continuó siendo la más intensa de mis pasiones. En casi todas mis novelas ocupa un lugar privilegiado: *En busca de Klingsor* sigue el esquema del *Parsifal* de Wagner; *El fin de la locura* fue mi primer intento por escribir sobre un director de orquesta (que en la versión final terminó transmutado en psicoanalista); bajo la arquitectura de *No será la Tierra* subyacen Shostakóvich y Prokófiev; y en *Memorial del engaño*, mi trasunto, un tal J. Volpi, es un violinista frustrado convertido en estafador y mecenas de la ópera (un tanto inspirado en Alberto Vilar); por último, *La tejedora de sombras* sigue explícitamente el patrón de la forma sonata. Desde que leí *El arte de la novela* de Kundera, me di cuenta de que también quería dotar a mis narraciones con una estructura musical. Si, como ha escrito Eloy Urroz, pertenezco a la estirpe de escritores "gineceicos" que planean meticulosamente cada uno de sus libros, me hago la ilusión de que busco "componerlos" y, antes de escribir siquiera una línea, trazo los temas principales y secundarios, imagino la manera de combinarlos y variarlos, me esfuerzo por sumar las voces en un juego polifónico, tramo los equivalentes literarios de la armonía y el contrapunto, me obsesiono con hallar los ritmos correctos y armo secuencias que remiten a las reglas de cánones y fugas o a las formas clásicas de la sonata o el concierto. Una analogía que no deja de ser una falacia, un engaño al lector y a mí mismo, así sea verosímil: de este modo me convenzo de que mis novelas largas son óperas y mis novelas cortas, piezas de música de cámara. Dejo para el futuro mi ansiado relato sobre un director de orquesta, que imagino previsiblemente como una sinfonía. Si no soy músico, necesito la música como una droga cotidiana o un salvoconducto que torne la vida menos siniestra, convencido de que se trata de uno de los pocos logros de los cuales puede enorgullecerse nuestra especie. Siempre que me encuentro frente a una orquesta o un ensamble pienso que la armonía entre los seres humanos es posible, que la cooperación no es antinatural sino una estrategia de sobrevivencia que nos permite unirnos por unos instantes en una causa común. Pese a ello, la música me sigue pareciendo un gran misterio. Comparada con la literatura, cuyos artificios reconozco con facilidad, con las demás variedades de la ficción —el teatro, el cine, la televisión o los juegos de video—, o incluso con las artes plásticas, la música se presenta como la más etérea, enigmática e inasible de las artes. ¿Por qué una melodía o unos acordes me estremecen, me abisman o me exaltan? ¿Por qué una combinación de sonidos —ondas de frecuencias variables— me hace sentir más humano que miles de imágenes o millones de palabras? ¿Por qué la música manipula mi voluntad y altera mis emociones de forma incontrolable? Si la teoría de cuerdas resuena con tanta fuerza se debe a que la idea de que el universo es el producto de las vibraciones de una infinita serie de membranas multidimensionales, semejantes a las cuerdas de una viola da gamba o un violín, nos coloca en esa fantasía que los antiguos conocían como "armonía de las esferas". La idea de que existe una correspondencia entre las leyes del cosmos y las que gobiernan a la música, concebida por Pitágoras y sus seguidores, ampliada por Platón y Plotino, redescubierta por los místicos renacentistas y asumida por Copérnico, Galileo, Kepler o Newton no se desvaneció hasta muy avanzado el siglo XIX. Antes a nadie se le hubiera ocurrido negar la equivalencia entre los intervalos musicales, las órbitas de los planetas y nuestros sentimientos, dado que el universo se apreciaba como un conjunto armónico —nunca mejor dicho— cuyas resonancias estremecían a los mortales. La *musica instrumentalis* era capaz de conmovernos porque replicaba la *musica mundana* —esto es, la que se producía en la naturaleza—, la cual a su vez resonaba en nuestra alma en for-

Apolo con lira, vaso del siglo v a.C.

ma de *musica humana*. Más allá del carácter místico de esta cosmogonía, el poder de la música es incuestionable: una disciplina que, a diferencia de las demás prácticas que heredamos de las Musas, se impone en nosotros sin que podamos evitarlo. Piénsese, si no, en el canto de las sirenas o en la añeja idea de que amansa a las fieras. ¿Y qué es la música? Más huidiza y evanescente que cualquier otra labor humana, ¿podemos aprehenderla y definirla? Según la Real Academia Española, el vocablo tiene ocho acepciones: "1. f. Melodía, ritmo y armonía, combinados. 2. f. Sucesión de sonidos modulados para recrear el oído. 3. f. Concierto de instrumentos o voces, o de ambas cosas a la vez. 4. f. Arte de combinar los sonidos de la voz humana o de los instrumentos, o de unos y otros a la vez, de suerte que produzcan deleite, conmoviendo la sensibilidad, ya sea alegre, ya tristemente. 5. f. Compañía de músicos que cantan o tocan juntos. 6. f. Composición musical. 7. f. Colección de papeles en que están escritas las composiciones musicales. 8. f. Sonido grato al oído." Descartando las últimas cuatro, puramente pragmáticas, ninguna le hace justicia. La primera definición, "melodía, armonía y ritmo, combinados", resulta tan reduccionista como incompleta; la segunda, con su énfasis en "recrear al oído", suena anacrónica; la tercera, basada en quién emite los sonidos, sirve aún menos; y la cuarta, que sería la única más o menos coherente, regresa a la vieja concepción de que la música ha de producir "deleite" y "conmover la sensibilidad", ya sea de manera alegre o triste, como si solo estas dos emociones fuesen sus únicos resultados. Jamás he pensado que Beethoven o Wagner me produzcan *deleite* y menos que la música de nuestro tiempo, de Webern a Boulez a Henze, aspire siquiera a sugerirlo. La música nos conmueve, irrita o trastoca de maneras que exceden la aspiración renacentista hacia el placer implicada por la RAE. La de la *Encyclopédie*, redactada por Rousseau —más el músico malogrado de *Le divin du village* que el filósofo del *Emilio*—, iba en el mismo sentido: "La música es la ciencia de los sonidos, en cuanto son capaces de afectar agradablemente al oído, o el arte de disponer y conducir los sonidos de tal manera que, de su consonancia, su sucesión y sus duraciones relativas, resulten sensaciones agradables". Otra vez: lo más extraño que se podría decir de Bach, Schumann o Stravinski es que sus obras sean *agradables*. Lo son por momentos, mientras en otros se tornan violentas, oscuras, absurdas, sublimes, intolerables. La belleza, en el sentido clásico de la armonía de las formas, se vuelve un concepto demasiado restringido para entender lo que nos ocurre en presencia de la música. A nuestros oídos occidentales, las tradiciones de oriente o de África no pueden sonar tan irritantes como las nuestras a los suyos, del mismo modo que a unos la música contemporánea les resulta insoportable y otros detestan la cumbia o el *metal*. En *Les neurones enchantés. Le cerveau et la musique,* un diálogo con el neurólogo Jean-Pierre Changeux y el compositor Philippe Manoury, Pierre Boulez afirma que la música es "el arte de seleccionar los sonidos y ponerlos en relación unos con otros". Una definición que podría sonar demasiado técnica o constructivista pero que al menos se olvida de las sensaciones *agradables*. (Si dijera, de manera equivalente, que la literatura es "el arte de seleccionar las palabras y ponerlas en relación", la frase resultaría del todo insatisfactoria; en cambio, decir que la narrativa es "el arte de seleccionar las historias y ponerlas en relación" se acerca bastante a su naturaleza.) No debemos olvidar que la música *solo existe en nuestro cerebro*: no es una propiedad del mundo, sino una experiencia que tenemos *del* mundo. En *This is Your Brain in Music*, el neurocientífico y antiguo productor de rock Daniel J. Levitin recuerda la definición de Varèse, "la música es sonido organizado", para remitirse a sus componentes discretos: la afinación, el ritmo, el tempo, la textura (o contorno), el timbre, la intensidad y la reverberación, así como a la manera en que cada uno de ellos es procesado por el cerebro. Cuando percibimos un sonido, sus ondas golpean la membrana basilar del oído interno, provista con células ciliadas que responden a distintas bandas de frecuencia en lo que se conoce como "mapa tonotópico". Una vez que la célula ciliada se ha activado, envía una señal al córtex auditivo, el cual posee un "mapa tonotópico" equivalente. A diferencia de lo que sucede en el cerebro con los colores o los olores, tanto el oído como nuestra corteza poseen zonas delimitadas para cada afinación; si escuchamos un la_3 (a 440Hz), un grupo de neuronas en nuestro cerebro se conectará justo a esa frecuencia, como si fuésemos una caja de resonancia del mundo o un reflejo de la armonía universal con que soñaban los griegos. Los seres humanos percibimos solo un rango delimitado de sonidos, que se tiende aproximadamente entre los 20 y los 20,000 Hz, y solo unos cuantos de ellos nos suenan "musicales". El primer *la* del piano (la_1 a 27.5 Hz), posee una afinación incierta para la mayor parte de las personas, mientras que las notas que se hallan tras el último *do* de este instrumento (a 4,186 Hz) tienden a ser oídas como silbidos o siseos: casi toda la música que conocemos se halla entre estos discretos márgenes. Un extraño fenómeno de percepción determina las leyes básicas de la música: cuando una frecuencia se duplica o se divide en dos la escuchamos *como si fuese* el mismo sonido. Ésta es la razón de que llamemos con un solo nombre (*do, re, mi,* etc., en la nomenclatura de Guido D'Arezzo, *C, D, E,* etc., en el sistema alemán o anglosajón) a cada una de las notas cuando se repiten en octavas sucesivas, en una relación de 2:1 o 1:2. Como señala Levitin, pese a las enormes diferencias entre las diversas tradiciones musicales todas las culturas basan sus composiciones en este modelo. Más relevantes que las notas en sí —a fin de cuentas la afinación es un concepto relativo que no depende tanto de las frecuencias como de su sucesión—, son los intervalos entre una nota y otra. Aunque nuestros cerebros no se hallan preparados para distinguir nítidamente la afinación (a menos que se posea oído absoluto) sí pueden determinar con relativa facilidad las distancias entre los sonidos. Mientras que experimentos con resonancia magnética funcional permiten determinar qué zonas de la corteza cerebral se hallan involucradas en escuchar cada nota, aún no sabemos por qué los intervalos entre *do* y *mi* o entre *fa* y *la* nos parecen equivalentes. Cada cultura ha construido su propia manera de organizar las octavas; en Occidente, las dividimos en doce notas, con distancia entre ellas de un tono o un semitono (la mayor parte de las personas no distingue afinaciones menores). Nuestros oídos juzgan ciertos intervalos más placenteros que otros: mientras que la cuarta y quinta perfectas —es decir, 5 o 7 semitonos a partir de la nota en que empezamos a contar— suenan particularmente *agradables*, la cuarta aumentada o tritono, también conocida como quinta disminuida o *diabolus in musica* —la distancia de 6 semitonos o 3 tonos— nos resulta disonante y su utilización llegó a ser prohibida por la Iglesia medieval, como refleja el

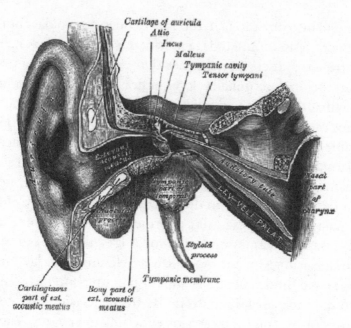

El oído interno en la *Anatomía* de Henry Gray (1918)

testimonio del propio Guido d'Arezzo. La organización de los intervalos responde a hábitos culturales: no es otra la explicación de que percibamos las escalas mayores como alegres u optimistas y las menores como tristes o melancólicas (aunque hay dudas al respecto). Somos capaces de distinguir miles de timbres distintos, es decir, el color que adquiere un sonido principal a causa de los armónicos —o *sobretonos*— que acompañan la emisión a partir del material que vibra al producirlo: para nuestros ancestros resultaba mucho más urgente reconocer el rugido de un tigre o un oso, o el grito de un miembro del clan o de un extraño, que determinar su frecuencia. Distinguimos una enorme cantidad de instrumentos —con una mínima educación, cualquiera puede diferenciar un oboe de un clarinete o un corno de un trombón— y cientos o miles de voces distintas. Y no solo eso: basta con oír unas cuantas sílabas para determinar si nuestro vecino o nuestra amada están furiosos o alicaídos. De manera aún más evidente que las demás artes, la música se encuentra ligada con el tiempo y nuestra percepción del tiempo. El ritmo, con sus componentes derivados, *tempo* y *metro* —la duración de las notas, la velocidad a la que se suceden y la combinación de pulsos fuertes y débiles—, nos retrotrae a los ciclos naturales del cuerpo y acaso del cosmos. El cerebelo, una de las partes más antiguas del sistema nervioso central, regula el *tempo* y los ritmos corporales; gracias a él, instrumentistas y directores logran marcar los pulsos que fijan los *tempi*. Si el cerebro es una máquina de futuros y su función evolutiva consiste en adelantarse a los hechos, la música aparece como una intrincada prueba para nuestra capacidad de predicción. La música aspira a sorprendernos, guiándonos por sendas conocidas para luego desviarse en el camino en un toma y daca que nos conforta y nos intriga, nos perturba y (al menos en la música tonal) al cabo nos satisface. Igual que los novelistas, los compositores son maestros del suspenso: escucho el inicio de la *Cuarta* de Beethoven y, tras la pausada introducción en *si* bemol menor, pienso que el resto del movimiento seguirá por esta senda un tanto sombría solo para que el estallido del primer tema, en *mi* bemol mayor, corrija mis expectativas lanzando la pieza hacia una jovialidad y ligereza propias de Haydn. Al principio de la *Quinta* ocurre algo semejante, solo que en este caso la sorpresa deriva de un componente rítmico: a las ocho más célebres notas de la música clásica (*pa-pa-pa-pam; pa-pa-pa-pam*), les sucede una suspensión del pulso que nos impide anticipar qué ocurrirá después; solo tras la repetición de este motivo, en otra afinación, éste se volverá estable por el resto del *allegro*. Habría miles de ejemplos similares, puesto que los compositores intentan prever las reacciones de sus oyentes y jugar con sus expectativas —y sus emociones— como si fueran conejillos de Indias en un laboratorio. Si la música es sonido organizado, esta organización "debe envolver algún elemento inesperado, pues de otro modo se vuelve emocionalmente plana o robótica", en

Inicio de la Sinfonía No. 5, en *do* menor, op. 67, de Beethoven

palabras de Levitin. Para que la sorpresa sea posible se requiere que el oyente posea al menos una idea de hacia dónde debería dirigirse la pieza a partir de las miles de obras similares que ha escuchado a lo largo de su vida. Aunque las reglas del barroco y las del hip-hop apenas coincidan, el cerebro posee la facultad de reconocer sus patrones y de prever las reglas habituales de cada género, época, cultura o escuela. Almacenamos un prototipo de una obra y a partir de él reconocemos sus variaciones: yo crecí oyendo las sinfonías de Beethoven interpretadas por Karajan y la Filarmónica de Berlín —debo haberlas escuchado cientos de veces—, con sus fraseos amplios y sus *legatos* trascendentes y, por más que hoy prefiera las interpretaciones de Harnoncourt, Brüggen o Van Immersel, con sus ríspida sonoridades y su velocidad cercana a las indicaciones metronómicas de Czerni, o regresar a las versiones clásicas de Furtwängler o Carlos Kleiber —al menos de la *Cuarta*, la *Quinta*, la *Sexta* y la *Séptima*—, percibo todas éstas como variaciones de aquellas. La memoria de corto plazo nos permite recordar los sonidos que acaban de comparecer frente a nosotros, a fin de darle coherencia a una melodía o a una frase, mientras la memoria de largo plazo nos lleva a reconocer patrones, saber si ya hemos escuchado una obra o un fragmento y avanzar su posible recorrido. Desde pequeños construimos nuestras propias memorias o archivos musicales y las conexiones que se producen en nuestras neuronas en esos primeros años nos preparan para nuestras preferencias futuras: quizás ésta sea la razón de que, tras años de odiar la ópera que me imponía mi padre a la hora de la comida, al final me volviese adicto a ella. Experimentos con resonancia magnética demuestran que las áreas de la corteza que se activan cuando escuchamos una obra musical son *las mismas* que cuando la recordamos. En otras palabras, un investigador no podría distinguir a partir de un simple mapeo de la corteza si estamos recordando una obra, escuchándola, tarareándola o cantándola. Dado el principio de *wire together, fire together*, el mecanismo mediante el cual toda la información que se ha grabado en nuestras conexiones neuronales reaparece cada vez que recordamos una parte de ella, la memoria musical permanece ligada a las emociones que se suscitaron en nosotros al escucharla. El *Emperador* de Beethoven me remite a mi padre, quien, como ya dije, lo utilizó como *soundtrack* de su presentación sobre Ambroise Paré, y el cuarteto del último acto de *Rigoletto* a la música incidental de la serie de televisión sobre Verdi que veíamos juntos cada semana. En cambio, las piezas que escuchamos una y otra vez tienden a perder algo de su fuerza primigenia, dado que los recuerdos se superponen unos sobre otros como capas geológicas: no consigo recordar cuándo fue la primera vez que escuché la *Quinta* de Chaikovski, aunque la sola idea de volver a la segunda suite de jazz de Shostakóvich me conduce al mes que pasé en la isla de Patmos mientras escribía *El juego del Apocalipsis*. Para nuestros ancestros homínidos las emociones eran estados mentales que los impulsaban a la acción. Los procesos que se llevan a cabo en distintas zonas del cerebro a la hora de escuchar música derivan de este mismo principio. De acuerdo con Levitin, la música provoca que diversas regiones cerebrales se activen en un orden particular: primero, el córtex auditivo asimila los distintos componentes sonoros; luego, las regiones frontales analizan la estructura musical y crean expectativas sobre lo que vendrá más adelante; y por último se activa una red de zonas cerebrales —en el llamado

179

sistema mesolímbico— involucradas en la excitación, el placer, la transmisión de opioides y la producción de dopamina, hasta que se alcanza el *nucleus accumbens*, el área del cerebro ligada con la satisfacción. De forma paralela se activan el cerebelo y los ganglios basales, "presumiblemente para procesar el ritmo y el metro" (Levitin). En definitiva, todo indica que la música sirve para mejorar el humor de la gente, solo que al hacerlo —y esto es quizás más relevante— un sinfín de emociones se revela en el camino, las cuales no solo se hallan en el entorno de la alegría, la tranquilidad o la calma, sino en el de las emociones fuertes ligadas con las partes más antiguas de nuestro cerebro como el miedo, la desazón o la angustia —acaso responsables de que ciertas obras nos pongan literalmente la "carne de gallina"—, e incluso la rabia o la cólera, si bien éstas quedan adocenadas por la irrigación de dopamina. La música despierta emociones semejantes a las producidas por el lenguaje —de hecho, activan zonas equivalentes de la corteza—, pero de manera menos referencial y más abstracta. Escucho el *adagio* del concierto para violín en *do* sostenido menor de Shostakóvich, interpretado por Gidon Kremer y la Sinfónica de Boston dirigida por Seiji Osawa: una vez que se ha activado mi córtex, donde comienzan a procesarse los sonidos, se ponen en marcha las regiones frontales de mi cerebro al mismo tiempo que el hipocampo y la amígdala; de pronto reconozco la obra e intento rememorar las veces que la he escuchado antes (muy pocas); mientras esto ocurre, intento adelantarme a lo que vendrá a continuación, encontrando satisfacción si adivino o sorprendiéndome —y sintiéndome tal vez *más* satisfecho— si la pieza me conduce por sendas inesperadas; entretanto, mi cerebelo se sincroniza con el ritmo y el *tempo* de Kremer y Osawa y procura ajustarse a sus respiraciones y silencios, desatando nuevos alicientes para la satisfacción; al final, el diálogo entre el solista y la orquesta me provoca cierta inquietud, muy propia de Shostakóvich, que casi se acerca al miedo;

mi cerebro se inunda de dopamina y otros neurotransmisores; por un instante me siento abatido y receloso y, sin embargo, este estado se resuelve en una extraña paz o al menos en una contención que no me desagrada. Acaba el movimiento y me inunda una sensación de placer: un placer acotado por otras emociones, pensamientos y recuerdos, como si la satisfacción fuese el tono principal y bajo ella distinguiese una sutil variedad de armónicos, notas amargas, melancólicas, frustrantes o dolorosas que amplían mi experiencia. Si nos dejamos llevar por una obra maestra, accedemos a nuevos territorios o estados mentales con una mezcla de ansiedad y placer que nos trastoca y nos transforma. Si las demás artes provocan emociones fuertes —si bien más acotadas por la reflexión y la memoria—, la música hace que éstas se tornen más, ¿cómo decirlo?, más puras, más inasibles, más directas. Estas emociones no son naturales e inmutables: como cualquier idea o conjunto de ideas, se hallan determinadas por los valores de cada época. Pese a nuestros afanes por ser modernos, en el ámbito musical permanecemos ligados a esa anomalía que conocemos como Romanticismo. En pleno siglo XXI seguimos persiguiendo las mismas sensaciones de nuestros abuelos o, peor, de los contemporáneos de Brahms o de Chaikovski. De ahí que hoy seamos tan reacios a disfrutar las obras posteriores a la segunda guerra mundial, esclavos del universo emocional decimonónico. Hasta antes de iniciarse el siglo XX, la música era un bien escaso. Para escucharla solo había tres opciones: asistir a alguna celebración ritual, a un concierto privado o público o producirla uno mismo. Gracias a los nuevos sistemas de reproducción, hoy nos hallamos en el extremo contrario. No hay restaurante en donde no nos mortifique un grupo musical o una pista que, en vez de ambientar la conversación, la impida o dificulte; lo mismo ocurre en las tiendas y centros comerciales, numerosas oficinas e incluso en la calle, sea porque el conductor de la camioneta de al lado nos impone una bachata o una ranchera a todo volumen, sea porque los dependientes de aquel comercio colocan gigantescas bocinas frente a sus puertas para llamar la atención de los paseantes en una suerte de competencia que recuerda las ancestrales guerras de bandas de los mixtecos y los mixes. "El fascismo está ligado a las bocinas", escribió Pascal Quignard en *La haine de la musique*. El silencio es, en nuestros días, un bien escaso. Y no me refiero al alto silencio de los místicos o al que se persigue en la meditación, sino a los silencios cotidianos, esas pausas necesarias en nuestra ruidosa existencia. Por más que uno añore ese momento de la tarde en que las familias se reunían para tocar un cuarteto para piano de Brahms, esa época se ha ido para siempre. La nuestra nos entrega miles de obras de manera inmediata. Si antes la única oportunidad de escuchar *Carmen* era asistiendo a la Opéra Comique u otro teatro regional, como el pobre Nietzsche que la perseguía por media Europa, ahora basta con conectarse a la Red —como yo mientras escribo estas líneas— para disfrutarla en cualquier parte y a cualquier hora. A diferencia de lo que me ocurre con la literatura, donde soy un tenaz defensor de los libros electrónicos, esta transformación no ha llegado a entusiasmarme. Me declaro, en este ámbito, reaccionario o nostálgico: continúo comprando discos compactos e incluso LP's y almacenándolos en mi estudio pese a que la mayor parte del tiempo permanezco enchufado a mis audífonos y al *streaming* de Spotify. La quiebra de Tower Records representó para mí el equivalente de la caída de Lehman Brothers: el fin de una era. Rodeado por mis discos, algunos todavía en sus empaques, he pasado muchas de las horas más felices de mi vida. Reconozco también que hoy escucho menos música que antes. Si de joven podía dedicarme a descubrir nuevas obras o apreciar los detalles de mis favoritas, ahora es rara la ocasión en que puedo consagrarme *solo* a escuchar música. Ésta me rodea siempre que escribo —ahora mismo suena Bartok—, pero mi cerebro no me permite atender dos

Ludwig van Beethoven

tareas a la vez. Cuando llego a mi estudio y elijo una pieza en particular, termino por sentarme frente a la computadora, obligado a emplear esos escasos minutos escribiendo antes de marcharme a la oficina. Y si durante algunos instantes me rindo ante la fuerza o la belleza de un fragmento, de inmediato regreso a la pantalla y Bach, Telemann o Boccherini se esfuman poco a poco, convertidos en un halo que me envuelve y en el mejor de los casos me inspira en lontananza. El día del entierro de mi padre, mi hermano y yo llevábamos un pequeño altavoz y, grabada en mi teléfono, la *canzonetta* del concierto para violín de Chaikovski, interpretada por David Oistrakh. Creo que una sola vez nos dijo que era la música que quería que lo acompañase, o más bien nos acompañase a nosotros, ese día. Quizás no se trate de la pieza más sutil o refinada de la historia, pero su lánguida sensualidad, convertida para el efecto en nuestro íntimo *Requiem*, resume para mí el mayor regalo —la mayor herencia— que me legó mi padre.

Lección 7

Los genitales, o Del secreto

VESALIO, *De humanis corporis fabrica, libri quintus*
Imagen del útero, representado con la forma del pene

Pedicabo ego vos et irrumabo,
Aureli pathice et cinaede Furi,
qui me ex versiculis meis putastis,
quod sunt molliculi, parum pudicum.
Nam castum esse decet pium poetam
ipsum, versiculos nihil necessest;
qui tum denique habent salem ac leporem,
si sunt molliculi ac parum pudici
et quod pruriat incitare possunt,
non dico pueris, sed his pilosis
qui duros nequeunt movere lumbos.
Vos, quod milia multa basiorum
legistis, male me marem putatis?
Pedicabo ego vos et irrumabo.

CATULO, *Carmen XVI*

Mi padre nunca nos habló de sexo. Mi madre, aunque más abierta a tocar temas delicados con sus hijos, tampoco lo hizo hasta que fuimos adultos. No recuerdo que durante nuestra infancia y adolescencia ninguno de los dos mencionase siquiera la palabra "sexo", excepto en su acepción más neutra. Tampoco ninguna otra que se refiriese a los genitales masculinos o femeninos. Y menos una que describiese la acción de copular. En casa todas las groserías o malas palabras estaban proscritas —ni a mi hermano ni a mí se nos hubiese ocurrido utilizarlas— y era impensable que alguien dijese "coger" o un equivalente más prosaico. Tampoco los términos clínicos estaban permitidos: el silencio era tan absoluto como impenetrable. No pienso que mis padres fuesen especialmente mojigatos, al menos en relación con sus coetáneos: el sexo era una cosa que no debía mencionarse en familia, nada más. Que mi padre fuese médico y no solo hubiese estudiado el funcionamiento de cada órgano, sino los peligros asociados con la adolescencia, de las enfermedades venéreas a los embarazos no deseados, jamás lo impulsó a guiarnos en torno a los asuntos de la carne. A él no le correspondía educarnos sexualmente debido a una suerte de pudor que él mismo llamaba, con orgullo, victoriano. Desde su perspectiva, esa parte de nuestra formación le correspondía a la escuela o, más probablemente, a la vida. Debo reconocer que jamás me atreví a inquirirlo. Asumía que el sexo era un asunto vedado o vergonzoso que yo debía explorar por mis propios medios. Quizás lo peor de ese silencio era que insinuaba un trasfondo ominoso y sucio. Pese a que intento comprender las pulsiones y miedos de la época, su actitud no deja de parecerme un despropósito. ¿Por qué ocultar uno de los motores más poderosos de nuestros actos? ¿Por qué eludir uno de los centros de la existencia y convertirlo así en una fuente de miedos, ahogos, frustraciones y prejuicios? ¡Qué extrañas culturas aquellas que creen que el sexo puede esconderse al no hablar de él y no mostrarlo en público! Pero el sexo es el elefante en medio de la estancia. En nuestro caso, esta expresión se volvía casi literal: como ya he contado, una de las entretenciones principales de mi padre consistía en pintar pequeñas figuras femeninas hechas de plomo: sus "muñequitas". Mi padre siempre se sintió orgulloso de su colección y la exhibía en una gran vitrina en nuestra sala, a la vista de todos. A mí me gustaban —y en la adolescencia me excitaban— esos diminutos cuerpos, con sus senos y pezones minuciosamente delineados, aunque no dejaba de llamarme la atención que, copiando a las estatuas clásicas, ninguna de ellas tuviese vello púbico. Permanecían allí frente a nosotros, tan naturales y cercanas que su contemplación jamás me llevó a inquirirlo o cuestionarlo sobre su afición. Más perturbador resultó para mí descubrir en los estantes interiores de su mesita de noche unos cuantos libros cuyas cubiertas permanecían bajo un recubrimiento de papel de estraza y cuyos títulos solo encontré en sus páginas interiores: entre ellos *Justine* e *Historia de O.* Yo debía tener once o doce años y la conciencia de que me

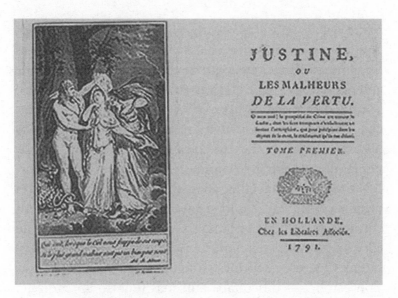

Primera edición de *Justine*, del Marqués de Sade (1791)

inmiscuía en un territorio vedado provocó que aquellos fueran de los primeros volúmenes que leí por gusto, o sería mejor decir con un placer culpable. Con la obra de Sade me atreví a más: me la llevé a la escuela y se la mostré, orgulloso de mi hazaña, a uno de mis amigos, quien todavía recuerda el episodio. No sé cuánto haya podido entender de la lectura de estos dos clásicos de la literatura erótica —era el tiempo en que recibíamos nuestras primeras clases de educación sexual en sexto de primaria—, pero la figura del Divino Marqués me entusiasma desde entonces. Estas rendijas me permitieron atisbar que mi padre tenía una vida sexual que permanecía escondida para nosotros. Algo muy distinto ocurrió con la generación siguiente, influida ya por la revolución sexual de los setenta, como cuenta Guadalupe Nettel en su novela autobiográfica *El cuerpo en que nací*, pero el mundo en el que los padres no solo hablaban abiertamente de sexo con sus hijos, sino que lo practicaban frente a ellos, parecía venido de una civilización extraterrestre comparado con el mío. A lo más que mi

189

padre llegaba era a recomendarnos tener muchas novias aunque jamás nos invitó a hacerle consultas o confidencias románticas. Pero si creía que la escuela era el lugar donde aprenderíamos lo que él no estaba dispuesto a enseñarnos, se equivocaba por completo. Los rudimentarios esquemas de los aparatos reproductivos masculino y femenino de los libros de texto gratuito, así como las explicaciones neutras y solemnes de nuestros profesores, solo acentuaban nuestra confusión. Mis compañeros se valían de expresiones sexuales explícitas, como si fueran expertos o estuvieran curtidos en las lides amorosas, pero dudo que ninguno de ellos fuese capaz de explicar lo que ocurría en un acto sexual. Que la escuela fuese solo de varones —otra aberración católica— dificultaba aún más nuestro aprendizaje: para nosotros las mujeres eran tan irreales como los esquemas de los libros de biología. Para suplir esta ausencia, un hermano marista tuvo la ocurrencia de que alguien del sexo femenino contribuyese a resolver nuestras dudas. A partir del segundo semestre de sexto de primaria, una señora cuyo nombre no soy capaz de recordar, ama de casa, viuda y ferviente católica, de piel muy blanca y cabello muy negro, comenzó a visitarnos semanalmente. Confieso que yo la idolatraba o acaso estaba enamorado de ella, e incluso me atreví a regalarle la imagen de un Cristo que había pintado a la acuarela. Durante sus visitas peroraba con autoridad —y gran encanto— sobre los dogmas de la Iglesia combinados con la típica moralidad de la clase media mexicana. De la avalancha de despropósitos que nos inculcó, me estremece recordar cuando nos habló de la masturbación. Yo había empezado a practicarla muy pronto, a los seis años, sin darme cuenta de lo que hacía. Me explico. En aquella época el deporte de moda en el Instituto México era el espiro: unos tubos metálicos sembrados en el cemento del patio de cuyas puntas se amarraba una cuerda que sostenía una pera de cuero. Los dos contendientes se colocaban a 180 grados y golpeaban el espiro acumulando puntos cuando el rival no respondía. Fuera de las horas reservadas para este deporte, los tubos permanecían solitarios en el patio y, durante los recreos y a la salida de clase, una de nuestras entretenciones consistía en trepar en ellos al modo de un programa de concurso, muy popular entonces, *Sube, Pelayo, sube*. A mi amigo Salvador y a mí nos encantaba practicar este ejercicio, pues la presión aplicada sobre nuestros sexos mientras subíamos por el tubo nos provocaba una extraña sensación de placer. No sabíamos lo que hacíamos, y desde luego en esos años nuestros pantalones no terminaban manchados de semen, pero también debimos asumir que se trataba de una actividad *non sancta* puesto que jamás nos atrevimos a hablar de ella entre nosotros y menos aún con nuestros padres. De modo que, cuando mi adorada instructora sexual se refirió a la masturbación, presté más atención que nunca. No puedo olvidar el hueco en el estómago cuando nos advirtió que era un pecado. Y un pecado terrible, no venial. Porque, según nos aclaró, cada espermatozoide que matábamos —lo dijo con todas sus letras: *matábamos*— era una vida en potencia. De un día para otro, la dulce señora a la que yo le había regalado una acuarela de Jesucristo nos convirtió a todos, niños de once o doce años, en asesinos. El sexo vinculado de la manera más horrible con la culpa. Pese a sus advertencias y al infierno que de seguro nos aguardaba en la otra vida, yo nunca pude abstenerme de cometer aquel pecado, y supongo que el resto de mis compañeros tampoco. Durante los tres años siguientes, es decir, los años cruciales de la secundaria, el sexo estaría siempre ligado con el pecado y con la religión. Cada vez que me masturbaba, Dios estaba allí conmigo, vigilándome y recordándome el tamaño de mi falta. Ello no impidió que en esos años continuase con mis indagaciones sexuales, siempre en secreto. Dado que mi renovado sentido religioso me impedía adentrarme en las revistas pornográficas de mis compañeros, por lo general manoseados ejemplares de *Playboy* sustraídos a sus hermanos mayores o a sus padres, decidí emprender mis propias investigaciones en los libros de anatomía del mío, como si las láminas del *Testut* fueran a revelarme los auténticos —y adecuadamente científicos— secretos del sexo. No recuerdo si alguna vez me masturbé frente a una imagen clínica como la que aparece más adelante, pero estoy seguro de que el estudio de estas láminas no me ayudó demasiado cuando al fin me vi obligado a poner en práctica mis conocimientos anatómicos. Recuerdo la secundaria como una etapa confusa, en la que el asma que padecía desde niño remitió y en la que descubrí algunas de las aficiones que modelarían mi carácter, como mi pasión por la música, la historia o la filosofía, pero en la cual el peso de la religión —y en particular de la culpa judeocristiana—, sumada a mi propia timidez, me volvieron tan neurótico como inadaptado. Si por una parte cerraba los ojos ante los senos desnudos que aparecían con mucha más profusión que ahora en las películas para "adolescentes y adultos" que veía con mis padres —me viene a la mente una imagen de Julie Andrews, una de mis heroínas infantiles, paseándose en *topless*—, por la otra casi no había noche en la que no me desnudara bajo las sábanas y me masturbara pensando en las mismas escenas que me resistía a mirar. La primera película pornográfica que vi, al menos durante algunos minutos, fue al lado de mi madre. Ella solía llevarnos a mi hermano y a mí al antiguo Cine Estadio, que después se convertiría en el Teatro Silvia Pinal y hoy alberga un templo cristiano, donde había funciones dobles. Esa tarde, la película empezó a quemarse y al *cácaro* no se le ocurrió mejor cosa para suplirla que intercalar imágenes de una película xxx. Luego de unos tensos minutos, mi madre nos tomó de la mano —mi hermano tendría nueve o diez— y nos sacó a rastras sin darnos explicación alguna sobre lo ocurrido. Esta odiosa tensión entre el deseo y la culpa empezó a modificarse cuando pasé al tercer año de secundaria gracias a la conjunción de quien era entonces mi

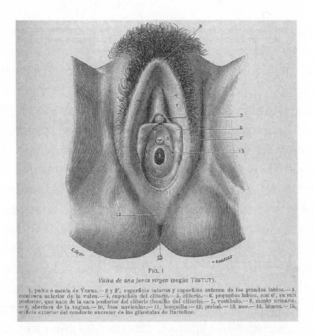

Fig. 1

Vulva de una joven virgen (según TESTUT).

1, pubis ó monte de Venus.— 2 y 2', superficie interna y superficie externa de los grandes labios.— 3, comisura anterior de la vulva.— 4, capuchón del clítoris.— 5, clítoris.— 6, pequeños labios, con 6', su raíz posterior, que nace de la cara posterior del clítoris (frenillo del clítoris).— 7, vestíbulo.— 8, meato urinario.— 9, abertura de la vagina.— 10, fosa navicular.— 11, horquilla.— 12, periné.— 13, ano.— 14, himen.— 15, orificio exterior del conducto excretor de las glándulas de Bartolino.

L. TESTUT / A. LATARJET, *Tratado de anatomía humana* Imagen anatómica con el sugerente título de "Vulva de una joven virgen"

mejor amigo, Luis García Vallarta, y un muy joven profesor de Física, de nombre Luis Gabriel (el cual, con el cabello largo y ondulado, en efecto recordaba a Luis Miguel). Los viernes este último prefería no hablar de matrices y máquinas simples y abría un diálogo sobre los únicos dos temas que entonces nos llamaban la atención, los cuales reflejan bastante bien nuestra educación sentimental y nuestro medio: Dios y las mujeres. Bastante divertido resultaba que, presumiéndonos de sus aventuras, Luis Gabriel nos diese consejos sobre cómo seducir a una chica, pero los días en que tocaba hablar de religión no tenía reparos en exponer su recalcitrante ateísmo. Al principio a Luis y a mí su actitud nos pareció simpática, pero poco a poco empezamos a sentirnos incómodos de que un profesor, en la escuela católica a la que nos enviaban nuestros padres, se mofase de Jesús, de los santos e incluso de la Virgen. Cada vez más enfadados, mi amigo y yo atravesamos unos meses de frenesí religioso: no solo empezamos a ir a misa y a comulgar con frecuencia —como conté en otra parte, mi padre solo nos llevaba a la iglesia el 31 de diciembre—, sino a leer y estudiar, a iniciativa mía, la *Summa Theologica* de Santo Tomás de Aquino. La idea era contar con argumentos racionales con los cuales rebatir los desplantes críticos de nuestro profesor. Supongo que debió desconcertarle —o entretenerle— cuando le recitamos las Vías Tomistas o nos dimos a la tarea de ofrecerle argumentos escolásticos para probar la existencia del Primer Motor o de la Trinidad. Las discusiones dialécticas entre el joven profesor de Física, a quien tachábamos de apóstata, y sus iluminados discípulos se prolongaron hasta el fin del curso, para fastidio del resto de nuestros compañeros, quienes estaban más interesados en sus tácticas de ligue. Al término del año escolar, Luis y yo tomamos dos determinaciones: contratamos un profesor de latín con el absurdo objetivo no de leer a Catulo o a Virgilio, sino a Santo Tomás, San Agustín, San Buenaventura y demás Padres de la Iglesia, y nos concentramos en leer a todos los detractores de la religión que llegaron a nuestras manos a fin de entablar con ellos un combate imaginario que prolongase las disputas con Luis Gabriel. Delante de mí pasaron Voltaire, Marx, Sartre o el Bertrand Russell de *¿Por qué no soy cristiano?*, sin que mi fe resultase quebrantada. Pero un buen día cayeron en mis manos *Ecce Homo, Humano, demasiado humano* y *Así hablaba Zaratustra*, en unas horribles ediciones de bolsillo, y sufrí mi camino de Damasco inverso. De un día para otro las creencias que me había empeñado en defender se derrumbaron por completo —o me di cuenta de que nunca existieron—: asumir que todo en cuanto creía, o quería creer, era falso, Dios, la Trinidad, la divinidad de Cristo, la resurrección, etcétera, representó una dolorosa pérdida que me hizo llorar por semanas. El duelo no duró demasiado: desde entonces me considero ateo —apenas en broma suelo

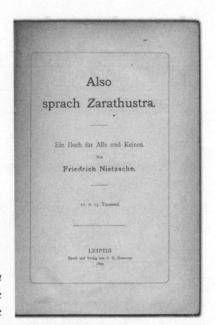

Also
sprach Zarathustra.

Ein Buch für Alle und Keinen.
Von
Friedrich Nietzsche.

12. u. 13. Tausend.

LEIPZIG
Druck und Verlag von C. G. Naumann
1899.

Cubierta de *Así hablaba Zaratustra* (1889), de Nietzsche

presentarme como ateo *militante*— y no pierdo ocasión de expresar las más acerbas críticas no solo contra las iglesias, sino contra todas las religiones, las cuales me siguen pareciendo, en pleno siglo XXI, algunas de las mayores plagas (o taras) de la humanidad. Hoy pienso que lo más importante de aquella conversión o descubrimiento de la razón como instrumento central para investigar el cosmos fue que me hizo imponerme en mi personal batalla con la culpa. Esa culpa judeocristiana, denunciada con tanta acritud por Nietzsche, que marcaba mi relación con el sexo. Si bien tuve que esperar todavía mucho tiempo, al menos comparado con mis compañeros, para embarcarme en mi primera relación sexual —y amorosa— a los veintidós años, el inicio de mi liberación ocurrió entonces, cuando dejé de considerar que el sexo tenía que ser algo oscuro y pecaminoso. La batalla contra la culpa aparece ya como tema central de una de mis primeras novelas, que se inicia justo con esta frase de la protagonista: "¿De qué sirve castigar cuando existe la culpa?". No quiero decir que hoy no reconozca

Ilustración para *Justine*, del Marqués de Sade

la voz de mi padre —que no la voz de dios— recitándome al oído una letanía de remordimientos o prevenciones, pero sí que Nietzsche me enseñó a reconocerla y combatirla con todas mis fuerzas. En preparatoria continué asistiendo a la misma escuela marista de varones, pero el contacto con las hermanas de mis amigos me enfrentó por primera vez con el universo femenino. La aberrante idea de separar a los jóvenes por sexos provocaba que ellas nos pareciesen seres extraños, nunca iguales a nosotros, a quienes temíamos tanto como deseábamos. Aquella educación solo contribuía a reforzar los prejuicios machistas de la época: sin poder convivir a diario con mujeres, sin jugar o competir con ellas como hacíamos entre nosotros, nos veíamos obligados a adorarlas o despreciarlas, siempre conforme a su fama sexual. En una división casi junguiana, en nuestro imaginario solo podían ser madres o hetairas, novias a las que debíamos respetar hasta el matrimonio o putas de las que debíamos alejarnos para no caer en sus engaños. Todo el día hablábamos de ellas: aunque pocos de mis amigos habían tenido siquiera novia, nuestro lenguaje rebosaba de términos prosaicos que se referían por fuerza al sexo, llenos de sobreentendidos que, muy a la mexicana, siempre ocultaban formas de poder. Estas bravuconadas fueron causa de numerosas peleas y uno de nuestros amigos, cuya hermana nos parecía la más bonita de todas, de plano nos dejó de hablar durante meses por uno de nuestros chistes. Lo peor era que esta torpe educación sentimental ocurría solo en un terreno imaginario, porque ninguno se atrevía ya no digamos a acostarse sino ni siquiera a besar a alguna de las chicas con las que convivíamos en fiestecitas infantiles y anodinas. En esa época conocí a Eloy Urroz, quien no solo me guió hacia el mundo de la literatura —esto lo hemos contado ambos mil veces— sino hacia el mundo de las mujeres. A diferencia de mis demás amigos, Eloy no era virgen —como cuenta en una de sus novelas, pertenecía a un medio en el que era normal ser desvirgado por una prostituta— y no paraba de ligar a diestra y siniestra al tiempo que se curtía en una de sus mayores aficiones, la pornografía. Incapaz de imitar sus lances, yo me conformaba con admirar su talento para salir con numerosas chicas a la vez; tenía entonces una energía imbatible, un magnetismo y una falta de pudor o un descaro que casi siempre le permitían conseguir sus objetivos. A lo largo de los siguientes años, Eloy no dejó de perfeccionar sus tácticas, al tiempo que nos adentraba a Ignacio Padilla y a mí en su pasión por la películas pornográficas; a su lado emprendimos sucesivas exploraciones a antros, cines xxx, *burlesques*, *tables* y prostíbulos, en los que nosotros, a diferencia suya, nos quedábamos paralizados o atónitos. Por supuesto, no éramos los únicos que iniciábamos nuestra exploración de la noche, de nuestros cuerpos y de los cuerpos ajenos: para entonces ya me había quedado claro que los humanos invertimos la mayor parte de nuestro tiempo —de nuestro tiempo mental— en pensar en sexo. Años después, durante nuestra primera visita a la Feria del Libro de Guadalajara en 1996, Pedro Ángel Palou y yo acudimos al *stand* de la editorial Patria para una "sesión de autógrafos". A lo largo de dos horas cada uno de nosotros firmó un solo ejemplar —por cierto, para una amiga que pasaba por allí y se compadeció de nosotros—, de modo que pasamos la mayor parte del tiempo hojeando los libros que nos rodeaban. Yo me topé entonces con un tratado de psicología evolutiva publicado por Alianza Editorial cuyo título y autor se me escapan de la memoria. No así su contenido: basándose en la idea de que nuestra mente no ha logrado adaptarse a los vertiginosos cambios experimentados por nuestra civilización en los últimos diez mil años, concluía que en el fondo seguimos siendo cavernícolas, sobre todo en nuestras actitudes hacia el sexo. Valiéndose de esta aproximación científica —o presuntamente científica—, el librito confirmaba todos nuestros prejuicios juveniles. Tras analizar un sinfín de encuestas, su autor confirmaba que en las postrimerías del siglo xx los jóvenes universitarios de Estados Unidos —y nosotros con ellos— se comportaban igual que sus antepasados de la Edad de Piedra. A los hombres, por ejemplo, lo único que les interesaba era perseguir el mayor número posible de mujeres, de preferencia si disponían de grandes senos y caderas, obsesionados con repartir sus genes a diestra y siniestra en un sinfín de madres potenciales, despreocupados de su inteligencia o su vida interior; las mujeres, por su parte, preferían hombres inteligentes más que físicamente atractivos, pero no porque fuesen más sutiles o sofisticadas, sino porque en nuestro tiempo la inteligencia ha sustituido a la fuerza como garantía de que sus enamorados se convertirían en buenos proveedores. El matrimonio y la monogamia aparecían en este esquema como invenciones femeninas para asegurarse el sustento del varón. Asimismo,

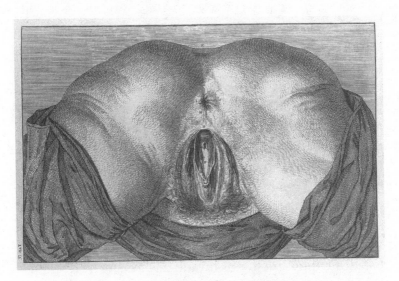

WILLIAM SMELLIE, *Anathomical Tables* (1754)

demostraba que las técnicas de seducción derivaban de este mismo principio: el hombre estaba obligado a demostrarle a la mujer, con regalos, flores, chocolates e invitaciones a comer, cenar o a una copa, que en el futuro sería capaz de mantenerla a ella y a sus hijos, en tanto ésta no tenía más remedio que darse a desear para demostrarle al candidato que sus hijos en efecto llevarían sus genes y no los de sus competidores. Recuerdo que Pedro, Eloy y yo pasamos semanas glosando los descubrimientos del librito de psicología evolutiva como si fuese un manual de autoayuda. Desconocíamos las críticas y descalificaciones que la psicología evolutiva despertaba en el medio académico y sobre todo entre las feministas. Por fantásticos o reduccionistas que suenen hoy sus argumentos, no puede negarse que algunas de sus intuiciones se confirmaban a diario en un medio tan conservador y mojigato como el mexicano. Observando a nuestros compañeros —y al Eloy de esos años, nuestro particular objeto de estudio—, el librito de Alianza parecía explicar mejor el característico machismo mexicano que las divagaciones filosóficas y sociológicas de

El laberinto de la soledad. Una vez que me fui de México a estudiar el doctorado en Salamanca comencé a darme cuenta de que el entorno mexicano es sin duda más hipócrita que otros: si bien las Leyes de Reforma del siglo XIX limitaron el poder político y económico de la Iglesia (a diferencia de lo que descubrí en España, donde los parlamentarios siguen jurando sobre la Biblia y la religión católica se imparte en las escuelas públicas), su influencia moral continúa siendo muy fuerte, sobre todo fuera de la ciudad de México. La mayor consecuencia de ello es la doble moral que prima en nuestros comportamientos sociales y en nuestra vida pública. No llegamos a los extremos puritanos de Estados Unidos, pero nos invade una avalancha de prejuicios. Igual que en el resto del mundo latino, los hombres mexicanos se vanaglorian de sus conquistas e infidelidades, pero éstas no se le perdonan a las mujeres y menos aún a las casadas. No deja de sorprenderme que mis alumnos de la universidad aún empleen palabras como "zorra", "puta" y "furcia" para descalificar a quienes exhiben una vida sexual libre. Un lugar más siniestro tiene el término "puto": en México no existe insulto mayor. Durante el Mundial de futbol de 2012, a los aficionados mexicanos se les ocurrió corear el estribillo "puto, puto, puto" (empleado por el grupo Molotov en una abominable cancioncilla) cada vez que el portero rival recibía el balón entre sus manos. La polémica sobre si semejante conducta debía prohibirse o castigarse llenó diarios y tertulias: mientras algunos defendían la libertad de expresión, otros consideraban que el nuevo himno era una exhibición de odio que debía ser sancionada. En mi opinión, acertaban los segundos: alentar que miles de personas canten en voz alta una expresión vejatoria para insultar a un enemigo es tan infantil como aberrante. Del mismo modo que no se debe permitir que los aficionados comparen a los jugadores negros con monos, como ha ocurrido en Europa, tampoco es admisible emplear una expresión que tanto daño ha hecho en un

VIVANT DENON, *Œuvre pryapique* (c. 1790)

evento público que tiene sus propias reglas de conducta. Cada época es incapaz de observar sus propios prejuicios a la cara: si hoy nos parece inconcebible sostener la superioridad de una raza sobre otra, debería avergonzarnos pensar que la preferencia sexual de alguien deba volverlo inferior ante la ley. Y eso es justo lo que ocurre con la disputa por el matrimonio igualitario y la adopción por parejas gay: impedirlo es un brutal acto de discriminación. Hay que reconocer que la perspectiva pública sobre este tema es uno de los grandes avances sociales que han experimentado las sociedades occidentales en las últimas décadas: hace poco hubiese sido impensable imaginar que ambas prácticas acabarían por ser ampliamente aceptadas, como ha sucedido en lugares como la Ciudad de México. Si bien la Suprema Corte mexicana dictaminó ilegal cualquier restricción al matrimonio igualitario —unos días antes de que la de Estados Unidos hiciese lo propio—, y el presidente Peña Nieto presentó una iniciativa para convertirlo en ley, la oposición a estas prácticas continúa siendo mayoritaria en el resto del país. Las resistencia más férrea proviene, como era de esperarse, de la Iglesia Católica y sus aliados: desoyendo las tímidas palabras del propio papa Francisco, han convocado marchas y protestas en medio mundo —de la muy laica Francia a la muy *mocha* Guadalajara—, no para defender un derecho propio o volcarse en favor de la "familia tradicional", sino simple y llanamente para exigir que se les prive de derechos a otros ciudadanos. Ah, la Iglesia. Se impone reiterar la frase volteriana: *Écrasez l'infâme!* En mi escuela marista siempre se escucharon rumores de que hermanos y sacerdotes eran homosexuales de clóset —nada que objetar hasta aquí—, los cuales se aprovechaban de su condición para toquetear a los chicos más guapos o atléticos. En la preparatoria se decía que un maestro había sido despedido por desnudarse con uno de sus alumnos en el salón de proyecciones: no tengo pruebas de que la acusación fuese cierta. Lo que sí sé, por relatos directos de mis amigos, es que el director, a quien todos queríamos y admirábamos por su vasta cultura, su bonhomía y su sentido común, solía pasearse por el patio de la escuela en busca de algún estudiante, por lo general atractivo, al cual conducía hasta su oficina. Allí lo sometía a un cuestionario que solo después interpretamos como perverso y casi delictuoso. Los testimonios que he recogido coinciden en que el director jamás se atrevió a tocarlos: su acoso era puramente verbal. Como si se preocupase por la salud o la higiene del alumno, el director lo asediaba con preguntas generales solo para luego interrogarlo sobre su vida sexual; al parecer le inquietaba especialmente la masturbación, las veces y horas del día en cada uno se deleitaba en estas prácticas, y exigía detalles precisos a sus víctimas. Puede parecer poco en comparación con los inagotables relatos de abusos de curas y maestros de escuelas católicas y parroquias en todo el mundo, pero no dejaba de ser abrumador. Años más tarde leí sobre otros hermanos maristas a los que yo había conocido o al menos visto de lejos que fueron expulsados y en algún caso inculpados y encarcelados por delitos sexuales. Cuando comencé a escuchar los relatos en torno a la vida de Marcial Maciel, el fundador de los Legionarios de Cristo, me di cuenta de que entre sus primeras víctimas —uno de los nueve valientes que en 1997 se atrevieron a denunciarlo, encabezado por el imbatible José Barba— se encontraba mi maestro de cuarto de primaria, Saúl Barrales, de quien siempre conservé un recuerdo entrañable pese a que me obligaba a jugar futbol. Como Barba y otros, había sido seminarista con los Legionarios y objeto de la concupiscencia de su fundador, uno de los grandes villanos —más aún: de los hombres en verdad infames— de nuestra historia. Tras escuchar su confesión y las de sus compañeros pensé en escribir un libro sobre Maciel y tuve la oportunidad de reencontrarme con Barrales y de entrevistar a José Barba, quien me recibió con singular cortesía. Nunca lo escribí, quizás porque no supe si la historia debía dar paso a una novela —el único instrumento que me permitiría adentrarme en la mente de Maciel— o a un reportaje, de modo que resumo aquí mis reflexiones de esos años. Si Maciel destaca entre los miles de sacerdotes que se han valido de su prestigio o de su poder para acosar y violar a los niños y adolescentes se debe a que no se conformó con ocultar su maldad y su secreto, sino a que construyó una serie de vidas paralelas, semejantes a las capas de una cebolla, para enmascarar sus múltiples delitos. A un tiempo era un insaciable depredador sexual, un hombre de familia, el fundador de una de las congregaciones más ricas e influyentes de la Iglesia y, a ojos de sus seguidores, un líder venerable, un modelo de vida y, en opinión de muchos, un santo. Pocos hombres consiguen engañar a tantas personas durante tanto tiempo: una victoria debida no solo a su astucia, sino a la complicidad de la institución que, pese a las denuncias que se presentaron en su contra, lo protegió hasta el último momento. Maciel era un gran seductor: alguien capaz de utilizar todas las estrategias concebibles, de la manipulación a la violencia y del cohecho al soborno, para conseguir sus objetivos, sin importar si estos consistían en hacerse con una cohorte de muchachitos para satisfacer sus impulsos o una pléyade de admiradores en los estratos más altos de la sociedad mexicana o del Vaticano. Un don Juan doblemente pervertido, que merecería más el infierno que el pobre diablo de Tirso o de Mozart; un burlador sin escrúpulos, obseso e insaciable —de allí su monstruosidad— que no deja de ser una justa metáfora de la iglesia que lo cobijaba y del país del que provenía. Lo peor de la hipocresía mexicana y la doble moral católica se combinaron para dar vida a un artista de la mentira, capaz de inventarse una máscara de respetabilidad, pureza y abnegación mientras llevaba una vida criminal, entregado a las drogas y al abuso continuado de niños y jóvenes. Maciel era, a la vez, san Josemaría Escrivá —su rival y némesis— y un libertino del Marqués de Sade. Pero, insisto, esta insólita y enervante combinación solo pudo producirse en el marco de un país y una fe que auspician la necesidad de tener al menos dos caras, de pensar una cosa y decir otra, de arrojar la piedra y esconder la mano, de intrigar y aparentar tranquilidad de conciencia. De México, y en particular del Occidente del país, una región conocida tanto por su talante conservador como por su religiosidad extrema —Jalisco, Michoacán y la región de Los Altos fueron escenarios clave de la Guerra Cristera—, Maciel aprendió que lo único que importa son las apariencias, mostrarse en sociedad como una figura virtuosa y conseguir así los apoyos de esa rancia aristocracia que de otro modo lo hubiese despreciado. De no haberse inscrito al seminario, podríamos imaginar a Maciel en las filas del PRI: de seguro se hubiese transformado en un político encumbrado y no resulta difícil verlo al frente del gobierno de su estado natal. Tenía todo para medrar: una retórica esmerilada y pegajosa, no muy distinta de la usada por sus contrapartes civiles —esa habla mexicana tan bien retratada por Cantinflas en la que solo importa la elocuencia aunque no se diga nada o aunque se trate justo de no decir nada con una avalancha de palabras—, así como una habilidad sibilina para el "enchufe" y las "palancas", prácticas nacionales imprescindibles para quien sueña con escalar la pirámide social y que implica adular a un poderoso —en buen mexicano: "hacerle la barba"— para conseguir su protección y sus favores, integrarse a su corte y avanzar a su costa hasta que llegue el momento de traicionarlo (justo lo que Maciel terminaría por hacer con su tío, el obispo *san* Rafael Guízar y Valencia). Nada lo detenía a la hora de granjearse la confianza de las élites: como un director teatral experto, montaba espectáculos propicios para que los figurones de la oligarquía demostrasen su generosidad y, en casos extremos, no dudaba en seducir —en el sentido riguroso del término— a las viudas y grandes señoras que terminarían por convertirse en sus benefactoras y mecenas, como Flora Barragán de Garza, quien le entregó millones y le franqueó el acceso a las familias industriales de Monterrey, a las que Maciel les arrancó millones en las décadas siguientes. Maciel supo inmiscuirse en ese sector adinerado y católico que siempre vio con desconfianza al régimen de la Revolución y le ofreció lo que más ansiaba: formar a sus herederos con una sólida educación cristiana que combinaba chapuceramente algo de la filosofía educativa de la Iglesia, en su versión más reaccionaria, con un violento anticomunismo y un espíritu empresarial de manual de autoayuda. El resultado de esta amalgama fueron las escuelas de los Legionarios que se multiplicaron como hongos en México, España y otros países: una franquicia que garantizaba que los hijos de los poderosos tuviesen una formación que combinaba en partes iguales a San Agustín y a Dale Carnegie, calcando el exitoso modelo que Escrivá de Balaguer ponía en práctica con el Opus Dei. Pero además de esta vena política, típicamente mexicana, Maciel prosperó gracias al ambiente neoconservador que entonces comenzaba a ganar terreno en el catolicismo. Si los años setenta y ochenta se caracterizaron en América Latina por el auge de la Teología de la Liberación y la opción preferencial por los pobres, el Opus Dei y los Legionarios aparecieron como la más dura reacción frente al ala izquierda de la Iglesia. Ambos movimientos provenían de regiones de honda raigambre nacional-católica y autoritaria: la España de Franco y el Occidente y el

Bajío de México. De allí que Maciel eligiera como nombre para su congregación el epíteto empleado por José Antonio Primo de Rivera antes de la Guerra Civil y que Franco reivindicó como suyo. Frente a las tendencias progresistas de Juan XXIII y el Concilio Vaticano II, el Opus y los Legionarios representaban una reacción que, de ser minoritaria, acabaría por ser predominante durante el pontificado de Juan Pablo II. Conocido por su bilioso anticomunismo y su cerrazón a los cambios —todo ello camuflado por su bonhomía—, el papa polaco contó a Maciel entre sus principales aliados. En este contexto, el sacerdote mexicano no era una anomalía o una aberración en el seno de la Iglesia, como han querido verlo algunos, sino uno de los pilares de la revolución neoconservadora acaudillada por Wojtyla. Los dos hombres se reconocieron como aliados indispensables: lobos con piel de cordero, expertos en el arte de la manipulación. Ello no quiere decir que Juan Pablo II conociera el lado más tenebroso de su esbirro, sino que no estaba interesado siquiera en investigarlo, convencido de que sus servicios a la Iglesia eran más importantes que su moralidad. Ambos se veían a sí mismos como guerreros en la batalla frontal contra un enemigo mayor —el comunismo, en el caso de Wojtyla; la verdad, en el de Maciel— y estaban dispuestos a pagar el precio con tal de asegurarse el triunfo. Solo así se explica que Maciel ocultase durante décadas sus vidas secretas; gracias a su talento para aproximarse a las élites mexicanas —primero solo empresariales y luego también políticas— y luego españolas —las cuales lo adoptaron con singular regocijo—, y su eficacia para presentarse como una herramienta fundamental en la política neoconservadora de su aliado en el Vaticano, consiguió que su carrera criminal fuese silenciada y que las voces de sus críticos fuesen acalladas. Cuesta imaginar un villano mayor que Maciel, pero los testimonios de Barba, Barrales y sus compañeros, afianzados por los de decenas de antiguas víctimas, no dejan lugar a dudas sobre su maldad. Una mal-

Maciel y Juan Pablo II

dad que solo puede ser entendida en el contexto del catolicismo y que adquiere inevitables tintes bíblicos. Maciel no se conformó con ser un villano menor, del mismo modo que no se conformó con ser un simple sacerdote, sino que tenía que ser al mismo tiempo un émulo de Satán y de Ignacio de Loyola. Esta duplicidad lo define: aunque algunos hayan puesto en duda que fuese un creyente, yo pienso que su fe era auténtica y que esa misma fe en la milenaria batalla entre Dios y el demonio lo hacía colocarse en ambos bandos como agente doble. Si, como advertía Nietzsche, la moral católica está basada en la idea de que a la larga todos los pecados serán perdonados —gracias al odioso acto de la confesión que le otorga a un humano un repentino poder sobrenatural—, Maciel era el ejemplo crónico de esta fe y uno no puede dejar de suponer que con sus actos "buenos", como la fundación de escuelas o su contribución a derrotar al comunismo, buscaba borrar sus "debilidades", esos actos contra natura que él sabía, debía saber, indudablemente perversos. Un temperamento tan neurótico como el suyo, derivado de su propia educación maniquea, de seguro lo hacía arrepentirse una y otra vez de sus pecados mortales; no es difícil imaginarlo orando por horas o lacerándose cada vez que violaba o molestaba a un niño, aunque en el fondo supiese que jamás dejaría de hacerlo. Su culpa, su gigantesca culpa, su máxima culpa, se traducía entonces en una miríada de actos piadosos y en su contribución a la cruzada de Wojtyla. Insisto: Maciel no debe figurar como una excepción terrible o una anomalía, sino como el reflejo más vívido y coherente de México y de la Iglesia Católica. Fue un político que, como todos los de su patria, exhibía una fachada limpia solo para ocultar un sótano percudido; un pecador arrepentido, demonio y santo al mismo tiempo; y una metáfora perfecta de un lugar y unas creencias que privilegian y alientan estas vidas dobles, triples, en los cimientos de su sistema ético. ¿Cómo entender, si no, que hubiese que esperar hasta 1998 para que alguien se atreviese a denunciarlo ante el papa —y no, ay, ante la justicia civil— y que aun así la Iglesia y el poder político y económico mexicanos lo protegiesen hasta el día de su muerte? ¿Que jamás pagase por sus crímenes y apenas fuese apartado, *in extremis*, del sacerdocio? ¿Que tras su deceso el Vaticano se hubiese limitado a "reformar" la orden en vez de disolverla? ¿Cómo tolerar que las escuelas de los Legionarios sigan allí, en México y en medio mundo, formando a nuestras élites? ¿Que una institución fundada por uno de los mayores delincuentes de la historia continúe asegurándose la educación de niños y jóvenes? Escandaliza el argumento empleado por la Iglesia y los Legionarios para defenderlo: la idea escolástica de que los designios divinos son inescrutables y de que a veces el Creador hace el bien a través de "renglones torcidos". Como si se tratase de un rey medieval, se le presenta como dotado de un "cuerpo doble": de un lado el hombre que (la Iglesia ya no tiene más remedio que admitirlo) pecó mortalmente; y del otro, el iluminado que recibió la palabra de Dios para fundar su anacrónica orden de caballería. Permitir la existencia de los Legionarios es no entender que la institución fue creada a imagen y semejanza de su fundador: más una secta que una orden, más un nido de posibles víctimas que una escuela. Todo en los Legionarios refleja la personalidad de Maciel: la vocación preferencial por los ricos; la obediencia sin cuestionamientos a la autoridad del líder; la primacía del dogma y la revelación; y, sobre todo, el secreto. Esa conducta elusiva y sospechosa, cuyos verdaderos objetivos no pueden decirse en voz alta, que marca el andar de sus miembros. El secreto elevado a norma suprema. El secreto creado por Maciel para blindarse frente a las pesquisas en su contra; el secreto que le garantizaba la mayor impunidad para continuar su carrera de depredador sin que nadie lo perturbase. Es falso que la misión de los Legionarios fuese crear creyentes informados o empresarios católicos: su estructura estaba —y está— hecha para formar cómplices. En toda religión, el secreto mejor custodiado es que no hay secreto, que dios no existe, que no se ha revelado a los hombres, que no dirige sus actos, que no los observa sin tregua, que no los domina ni los acecha: ese mismo secreto esencial es el que custodiaba a Maciel para que nadie viese que no era ni virtuoso ni puro, sino un pobre diablo convertido, gracias a su inteligencia y a la cooperación de tantos ilusos, en un ser todopoderoso, capaz de dominar, vigilar y explotar a sus discípulos, a quien rendían culto, como un demiurgo, sus seguidores y mecenas. El secreto mejor guardado de la Orden es que el Fundador no creó la orden para servir a Dios o a otros hombres, sino a sí mismo. El vasto entramado corporativo con sus filiales, la respetabilidad que le conferían el papa o los pilares de la sociedades en las que se infiltraba y la propia estructura laberíntica de la Legión fueron creados con el único objetivo de proporcionarle una red de víctimas que jamás se atreverían a cuestionarlo —¿cómo negarse a ayudar al padre Maciel, a auxiliarlo con sus dolores inguinales, a atenderlo para que pudiera expulsar el semen que atormentaba sus genitales?—, que se plegarían a sus peticiones y a sus órdenes, que jamás lo acusarían y que, en caso de atreverse, no serían apoyados por sus compañeros y a la postre serían silenciados tanto por las estructuras de la Iglesia como por acción de los políticos afines a su causa. Gracias a esta red, Maciel cometió el crimen perfecto —mejor: una serie de crímenes perfectos—: por décadas se salió con la suya. Recuérdese, por ejemplo, cómo un grupo de empresarios orquestó una campaña para destruir al antiguo Canal 40, el primero que se atrevió a exponer las denuncias contra Maciel. El propio Joseph Ratzinger, prefecto para la Congregación de la Fe —el Gran Inquisidor que a la postre se convertiría en el papa Benedicto XVIII—, terminaría por insinuarlo: durante el papado de Juan Pablo II, nadie, ni siquiera él, su implacable perro de presa, fue capaz de investigar al fundador de los Legionarios. Solo el tesón de los primeros denunciantes encabezados por Barba, al que le siguieron otros muchos, permitió que la verdad saliera a la luz aunque ello no haya causado la ruina final de los Legionarios y sus escuelas: pese a la supuesta energía con que Ratzinger y luego Bergolio se han pronunciado contra los pederastas en el seno la Iglesia, ninguno se atrevió a renunciar a la riqueza y la influencia que Maciel les heredó. Mejor simular una reforma, fingir que la orden no se halla viciada de origen, que no es una institución criminal como la mafia, que no prolonga y actualiza los vicios de su antiguo amo. Maciel no es, sin embargo, sino el más conspicuo, brillante y perverso de los curas que a lo largo de los años y los siglos han abusado de sus fieles: la nómina es inmensa y, otra vez, no puede achacarse a un desvío o a un error, sino a una cultura incrustada en la esencia misma del catolicismo. La Fe y la Obediencia se hallan en el origen de los vicios repetidos secularmente por obispos, sacerdotes, monjes y laicos consagrados: la primera obliga a los sujetos a creer en teorías absurdas y contrarias a la razón; la segunda, a acatar las órdenes superiores sin cuestionarlas y a perder todo sentido crítico. Por otro lado, el voto de castidad, imposible de cumplir, lleva a exorcizar el deseo a través de prácticas siempre ocultas, en vez de abrirse como el resto de los mortales al sexo consensual o al matrimonio. La causa de que tantos y tantos niños y jóvenes hayan sido violados o estuprados por sacerdotes católicos se halla incrustada en su doctrina, en esta ordenanza de sumisión y secretismo. Y ello no cambiará mientras no sean arrasados los cimientos doctrinales de la Iglesia. Pocas instituciones han hecho tanto daño a tantos seres humanos, sobre todo en su sexualidad y sus deseos, como las religiones, el cristianismo y el Islam de maneras evidentes. Ambas comparten el horror al sexo libre, es decir, el horror a la libertad individual. Y buena parte de sus normas y preceptos —casi todos vinculados con su moral o su ética— están destinados a abolirla o limitarla. De allí su carácter pernicioso, asocial, inhumano. Las sociedades civilizadas deberían prohibir que las religiones tengan en sus manos la educación de niños y jóvenes: no para limitar la libertad religiosa, sino para evitar que ideas oscurantistas en torno al sexo, la reproducción, la familia y la libertad continúen expandiéndose. Nada impide que los padres transmitan a sus hijos sus prejuicios y odios, pero el estado debería garantizar que semejantes ideas no sean impuestas en las escuelas públicas ni privadas. Del mismo modo que está prohibido enseñar el odio hacia otras razas y credos, debería estar proscrita una ideología que convierte al sexo en algo pecaminoso, y a los homosexuales o los transexuales en abominaciones. Pocas enseñanzas más terribles que la culpa: hacer que miles de personas se avergüencen de sus deseos o sus prácticas y, peor aún, que las impongan a otros. No obstante, a la necesidad de enjuiciar a los delincuentes y desvelar la putrefacción de las instituciones que han cobijado a los pederastas le siguió una auténtica paranoia, y de pronto los padres comenzaron a ver con sospecha a todos los adultos que se acercaban a sus hijos. En

1983, Judy Johnson acudió a la policía para reportar que su pequeño hijo había sido sodomizado por el profesor Ray Buckley del kindergarten operado por la familia McMartin en Manhattan, California. Tras las pesquisas iniciales, Buckley fue llamado a declarar pero no fueron encontradas evidencias en su contra. Entonces la policía dirigió una carta a todos los padres del centro incitándolos a revelar a las autoridades cualquier comportamiento sospechoso por parte de sus hijos. A partir de ese momento, un grupo de investigadores del Instituto Internacional de los Niños de Los Ángeles condujo cientos de interrogatorios con los menores y concluyó que trescientos sesenta de ellos habían sido acosados sexualmente por sus cuidadores y maestros. Las acusaciones contra los educadores aumentaron y se hizo del conocimiento público que a los actos de pederastia se habían sumado prácticas sexuales con animales, la filmación de películas pornográficas e incluso rituales satánicos y sadomasoquistas que convirtieron a la guardería de los McMartin en un círculo del infierno. Pese a que los niños también declararon que en los rituales participaban brujas que volaban en escobas, que eran torturados en sótanos y túneles o que eran arrojados a los excusados, en 1984 Virginia y Peggy McMartin, Ray Buckley y su hermana Peggy, y los profesores Mary Ann Jackson, Betty Raidor y Babette Spitle fueron acusados de 320 delitos que involucraban a cuarenta y ocho niños. No sería hasta 1990 que los delirantes cargos terminarían por ser sobreseídos: ante la falta de pruebas contundentes, los jurados no fueron capaces de llegar a una condena unánime. Con el tiempo se reveló que la investigación tenía fallas de origen: para empezar, Judy Johnson, la primera madre en realizar las acusaciones, había sido diagnosticada con una esquizofrenia paranoide aguda y en 1986 fue hallada muerta en su casa debido a una congestión alcohólica. Por otro lado, se reveló que uno de los testigos, compañero de celda de Ray Buckley —quien a la postre pasó cinco años en prisión—

declaró falsamente que éste había confesado su culpa. Al final se demostró que las tácticas de interrogatorio tanto de los miembros del Instituto Internacional de Niños como de la policía, así como de los periodistas que cubrieron el caso y de un escritor que narró la historia desde la perspectiva más amarillista, habían contribuido a que los niños desarrollaran "falsos recuerdos". Todos estos casos me obligan a preguntarme por qué el sexo ha tenido que ser regulado de maneras tan estrictas convirtiéndolo en una abrumadora fuente de infelicidad. El placer asociado con el sexo no es sino una herramienta evolutiva que nos impulsa a repetirlo con el afán de que nuestros genes se reproduzcan y perduren. ¿Por qué ese placer ha tenido que ser dibujado como un placer culpable? ¿Es que la necesidad de control de unos sobre otros es lo que nos ha llevado a transformar el sexo en el principal instrumento de biocontrol, como especula Michel Foucault en su *Historia de la sexualidad*, o hay motivos aún más perversos para resguardar, ocultar y silenciar el sexo? ¿Cómo es posible que aún creamos que la contemplación del cuerpo desnudo puede ser perniciosa, según las reglas que en Occidente prohíben a los niños verlo en el cine o la televisión o, en el mundo islámico, entrever algo más que el rostro y en casos extremos los ojos de las mujeres? ¿Y por qué el propio Freud descubrió en sus victorianos y neuróticos pacientes que no hay impresión más profunda y perturbadora que la de contemplar —o a veces solo imaginar— la cópula de nuestros padres, es decir, el instante primordial del que todos provenimos? Yo mismo soy incapaz de imaginar a mis padres en el acto sexual y la sola idea me parece intolerable. Pero debo reconocer que el silencio de mi padre, así como sus insinuaciones y prejuicios, y acaso su vida secreta, combinado con el despliegue de sus "muñequitas", de esa pléyade de pequeñas mujeres desnudas que exhibía frente a nosotros, de seguro contribuyeron a modelar mi educación sentimental, dirigiendo mis deseos y mis fantasías posteriores. Nos guste o no, pertenecemos a una especie y a una cultura que le conceden una importancia, una energía y un tiempo abrumadores a la imaginación sexual —en el arte, el entretenimiento y la simple divagación solitaria o de pareja— que supera el que dedicamos a la reproducción misma. Lacan lo dejó dicho en una de sus mejores *boutades*: *"il n'y a pas de rapport sexuel"*: "la relación sexual no existe". O, siendo más optimistas, solo existe en nuestras mentes.

Lección 8

La piel, o De los otros

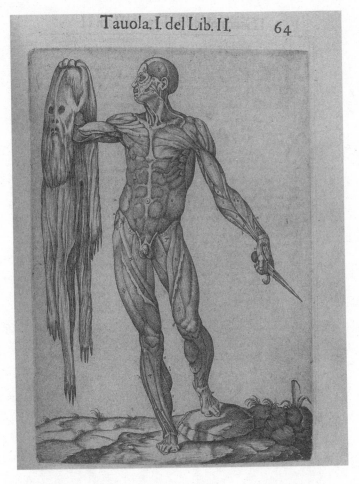

VESALIO, *De humanis corporis fabrica*, lámina 1, libro II

Your skin like dawn.
Mine like musk.

One paints the beginning
of a certain end.

The other, the end
of a sure beginning.

MAYA ANGELOU

Mi padre tenía la piel morena, los ojos castaño oscuro y el pelo y el bigote —al menos de joven— muy negros. Mi abuela, su madre, tenía una piel más oscura, según se aprecia en las pocas fotos que he visto de ella (al igual que mis demás abuelos, murió antes de que yo naciera). Paradójicamente, mi madre cien por ciento mexicana era rubia y tiene los ojos verdes y la piel blanca. Yo también soy moreno, acaso un poco menos que él, y heredé el color de sus ojos y su cabello. Mi padre siempre se consideró blanco. Más que eso: un europeo que, por una infausta coincidencia o un malentendido cósmico, se vio de pronto atrapado en México, esta "tierra de indios". Mi abuelo paterno era italiano: había nacido en Carrara, en 1901, pero había llegado a México a los tres o cuatro años en compañía de su padre y de su tío, que ostentaban los rimbombantes nombres de Cesare Augusto y Augusto Cesare Volpi, dos marmoleros y escultores de Toscana que, aprovechando el impulso artístico desatado por Porfirio Díaz para celebrar el centenario de la Independencia, montaron una pequeña empresa en la Ciudad de México y trabajaron en proyectos tan ambiciosos como el Palacio de Comunicaciones —convertido hoy en el Museo Nacional de Arte, cuyo piso y escalinatas fueron obra suya—, el Hemiciclo a Juárez, los inicios del Palacio de Bellas Artes o el busto de Garibaldi que se levanta, un tanto escondido, en una plazoleta frente

Mis abuelos paternos

al metro Salto del Agua. Mi padre decía con orgullo que mi abuelo Guillermo —Guglielmo en el original— era idéntico a Gregory Peck; en las escasas imágenes suyas que sobreviven, en las que aparece con su inseparable Borsalino, se aprecia un rostro duro, de ángulos precisos, un bigote rubio muy de la época y una mirada severa, un punto displicente. Aunque no es fácil distinguirlo en las fotografías, supongo que su piel era "blanca": es decir, que tenía esa tonalidad tostada, nunca demasiado pálida, de los europeos meridionales. Mi abuela Matilde pertenecía, en cambio, a una de esas familias aristocráticas o falsamente aristocráticas venidas a menos tras la Revolución. Según una historia que no he alcanzado a desentrañar —mi padre era en extremo reservado en estos temas—, ella había sido "adoptada" por su hermana mayor, la infame Tía Piedad, una mujer que debió haber sido una fuerza de la naturaleza, alta y robusta, viuda de cinco maridos, soberbia y autoritaria, y quien dilapidó toda su fortuna —mi padre decía que en el bautizo de su hermana Martha había regalado

Mis padres

centenarios de oro a diestra y siniestra— a manos de la Iglesia. Solo que en su caso la riqueza o las ínfulas no estaban asociadas con pieles claras, como se esperaba de las élites de entonces —baste recordar que el propio Don Porfirio, hijo de una indígena zapoteca, se *blanqueó* milagrosamente con los años—, sino con pieles morenas, resultado obvio del cacareado mestizaje mexicano. Mi abuela y mi padre se consideraban "apiñonados" mientras que el resto de los mexicanos eran "prietos" —el término más despectivo en esos años—, aun si sus pieles eran idénticas a las de la muchedumbre que despreciaban. Según las leyes civiles de la época, al casarse con un italiano mi abuela había perdido la nacionalidad mexicana y se había convertido en extranjera *ipso facto*: sumado a la "cultura", o más bien a la imagen que se hacía de sí misma esa decadente aristocracia porfiriana, debió haber sido el principal argumento para que ella y luego mi padre creyesen ser blancos y europeos o al menos *distintos* de los mexicanos que los rodeaban. Esta sensación de extranjería, de vivir en un lugar que no

219

es el propio o al menos que no nos corresponde, de ser raro o diferente, persistió en la mente de mi padre hasta el final de sus días e inevitablemente nos la transmitió a mi hermano y a mí. Algunos ejemplos banales: pese a la mexicanidad de mi madre, en mi casa jamás se comió chile, nopales o frijoles —"ni cuando era pobre", solía apostrofarnos mi padre— y teníamos prohibidos tacos y antojitos, considerados insalubres y peligrosos. Idéntico desdén sentía mi padre hacia todo lo folklórico: los trajes o atuendos regionales, las celebraciones patrias y el mundo indígena. Podía recitar de memoria la lista completa de emperadores romanos o de reyes de Francia, pero se vanagloriaba de no saber nada de los aztecas o los mayas. Su conservadurismo católico lo predisponía contra los héroes y momentos de la historia oficial y juzgaba que todos los caudillos revolucionarios —con la probable excepción de Pancho Villa, pues se decía que mi abuelo italiano había sido uno de sus "dorados"— habían sido unos pillos, y desde luego detestaba al PRI con todas sus fuerzas. De entre los personajes históricos mexicanos, solo Iturbide y Don Porfirio le merecían cierto respeto. Lector voraz, no estaba interesado en la literatura española o latinoamericana: cuando por fin accedió a leer *Cien años de soledad* por recomendación mía, decidió hacerlo en italiano. Cuando alguien le parecía grosero o impertinente, por ejemplo un conductor que intentaba rebasarlo por la derecha, no se contenía y le gritaba a voz en cuello: "¡indio!" Para él, esta palabra era un grave insulto que hacía referencia tanto a la falta de cultura o de modales del sujeto como a su color de piel. Pero tampoco se identificaba con los españoles o sus descendientes, a los que detestaba aún más que a los indígenas, pues los consideraba responsables de todo lo malo que había pasado en México desde la Conquista, y no se cansaba de repetirnos que "África empieza en los Pirineos". Su racismo era selectivo: si bien amaba la India —"la Madre India"—, no ocultaba su católica animadversión hacia los judíos —los "asesinos de

Jesús"— y su desprecio hacia los negros. Pese a su germanofilia, nunca llegó al extremo de mostrar simpatía hacia Hitler, pero recordaba con orgullo que durante la segunda guerra mundial mi abuelo presumía una bandera italiana con el escudo de la Casa de Saboya y alababa los primeros años de Mussolini. Al referirse a esos "otros", fuesen indígenas andrajosos —otra expresión terrible de esos años: "indios patarrajada"—, españoles insufribles, judíos perversos o negros semisalvajes, mi padre solía repetir un ademán que nos decía calcado de su madre: un rápido movimiento de los dedos de la mano derecha, como para espantar una mosca o un mosquito. Si intento analizarla, en su ideología predominaban dos factores: por un lado, el desdén tradicional de las élites mexicanas hacia los indígenas y la carga antisemita del cristianismo y, por el otro, la sensación de ser un exiliado o un trasterrado en una ciudad y un mundo que no eran los suyos y lo hacían verse rodeado de aborígenes hostiles. Sometido a esta dualidad, nos educó para creernos mejores que los otros aunque ello conllevase la idea soterrada de ser más vulnerables a su envidia y sus ataques. Nuestra mayor arma y nuestra mayor defensa frente a esos bárbaros debía ser la cultura. Acaso derivado de su adscripción a aquella aristocracia porfiriana venida a menos, el dinero nunca le importó: sus burlas hacia los ricos incultos eran aún más venenosas que hacia los pobres que "no habían tenido la oportunidad de ir a la escuela". Se pensaba parte de una pequeña comunidad de sabios, un grupúsculo cada vez más pequeño de defensores de la civilización, la rectitud, la educación y las buenas maneras. No disculpo su racismo ancestral e intempestivo; diré, sin embargo, que no era sino el reflejo del México que le tocó vivir y del México que todavía existe. Un México que no ha conseguido vencer sus contradicciones y donde la discriminación, y en particular la discriminación derivada del color de la piel, continúa siendo tan violenta como en su época. En México nos ciega el mito del mestizaje, una más de las ficciones que alimentan nuestra identidad revolucionaria. Como ocurre con la justicia o los derechos humanos, entre nuestras ideas sobre nosotros mismos y la realidad se abre un abismo insalvable. Seguimos convencidos de que el mestizaje nos hermana, sin darnos cuenta de que las élites continúan depreciando a los indígenas y a cualquiera con un color de piel un poco más oscuro. En México el racismo ha sido menor que en otros países del continente —pensemos en Estados Unidos o Argentina con su aniquilación de los indígenas, o en las naciones andinas y centroamericanas—, pero ello no significa que prevalezca un *melting pot*, más una construcción imaginaria que una práctica común. Este mito, nos sirvió durante décadas para elaborar una identidad nacional capaz de asimilar tanto los elementos españoles derivados de la Conquista como aquellos provenientes del universo prehispánico. Nuestros escritores liberales intentaron mostrar que la expansión del mestizaje terminaría por borrar las diferencias raciales entre los distintos estratos de la población mexicana, conduciéndonos hacia una sociedad más homogénea. Lo que estos próceres apenas se atrevían a insinuar, en un espectro que se extendía de *La querella de México* de Martín Luis Guzmán a *La raza cósmica* de José Vasconcelos, es que su defensa del mestizo no tenía el objetivo de diferenciarnos del mundo europeo y estadounidense o volvernos orgullosos de nuestro color de piel, sino eliminar de tajo cualquier componente puramente indígena que sobreviviese entre nosotros. En el fondo no se encontraban muy lejos de las soflamas criollas de Sarmiento, por más que en nuestro caso aparentasen reivindicar nuestra adscripción a una mítica "raza de bronce". Al presentarnos como suma de lo español y lo indígena, hijos de Cortés y la Malinche, los mexicanos intentamos diluir en vano los matices que nos diferencian y a partir de los cuales los poderosos continúan sojuzgando a los desposeídos. Esta vocación universalista de "lo mexicano" siempre se vio sacudida por el rencor histórico transmitido de generación en generación hacia los españoles —los *gachupines*— y el inagotable recelo hacia los indígenas. Triste mestizaje, formado por dosis equivalentes de odio hacia los dos componentes que en teoría nos modelan. En nuestro relato oficial de la historia, apuntalado por los libros de texto gratuitos, *nosotros* fuimos los conquistados, saqueados y vejados por los conquistadores. Aprendimos a vernos como víctimas: esos hijos de la Malinche que, en la interpretación psicoanalítica de Samuel Ramos u Octavio Paz, detestan al padre violador sin compadecerse de la madre violada. Esta versión de los hechos tuvo un sonoro éxito *cultural*: a diferencia de lo que ocurre en Perú o Bolivia, hasta los mexicanos blancos, rubios y de ojos azules se identifican más con la grandeza azteca o maya que con la cultura peninsular, y continúa siendo impensable que una estatua de Cortés —villano entre villanos— engalane nuestras plazas públicas, pero ello no impide que esos mismos mexicanos blancos, rubios y de ojos azules, u otros mucho más morenos, califiquen de "prietos", "nacos" o, últimamente, "chairos", a otros mexicanos en razón del color de su piel. Como señaló el subcomandante Marcos en 1994, los mexicanos adoramos a los indígenas muertos, Moctezuma, Cuauhtémoc, Nezahualcóyotl, y apenas toleramos a los vivos, los cuales siguen sometidos a los más altos índices de pobreza y analfabetismo del país. Pese a que han pasado más de veinte años del alzamiento zapatista, los indígenas continúan siendo los "últimos de los últimos", los "sin voz". Seguimos sin escucharlos: por más que distintos institutos se esfuercen en preservar y fomentar sus lenguas e incluso su literatura, el náhuatl, el otomí, el zapoteco, las distintas vertientes del maya y en general todos sus idiomas continúan pareciéndonos ajenos a los "mexicanos", no se enseñan en las escuelas públicas y se les ve como residuos de un pasado que, como quería Guzmán en los albores del siglo XX, sería mejor que se extinguieran cuanto antes. Si hubo un mestizaje, éste concluyó hace décadas: los doce millones de indígenas que viven en México son extranjeros en su propia tierra, no más dueños de su destino que cuando los conquistadores y misioneros debatían si tenían alma. En más de una ocasión me ha tocado oír a mis compatriotas argumentar que en México no domina el racismo sino el clasismo, como si la discriminación estuviese basada en la cultura o la posición económica y no en el color de la piel. Disiento: siempre se filtra un componente racial apenas minimizado por el dinero. Y ni así: pese a que la mayor parte de los mexicanos tengan piel morena, seguimos embobados por las intrigas de nuestras élites blancas retratadas en *Quién, Caras* o las secciones de sociales de los diarios, cada vez más profusas, y casi todos los actores y actrices de las telenovelas son blancos, o al menos mucho más blancos que la media de la población, aunque siempre se reserve un papel para quienes tienen rasgos indígenas: los sirvientes o los villanos. Lo anterior no implica que alguien con la piel morena no sea capaz de alcanzar puestos de relevancia social o económica, pero sí que será caricaturizado y vilipendiado en secreto con apodos como "el negro", "el indio" o "el prieto". Uno de los casos más claros se da en nuestro retrógrado sistema de trabajo doméstico, herencia de las servidumbres y encomiendas coloniales. Miles de jóvenes indígenas continúan siendo "contratadas" por familias ricas o de clase media, las cuales les ofrecen sueldos raquíticos y una ausencia total de prestaciones a cambio de techo y alimento, confinándolas en "cuartos de servicio". En casa de mis padres era una práctica habitual y recuerdo a tres de estas "muchachas" —otro vergonzoso eufemismo— con las que conviví durante mi infancia y adolescencia: Mary, una joven regordeta que, si no me equivoco, fue despedida por ineficiente; Elvira, una mujer compacta y severa que les sacaba canas verdes a mis padres por su malhumor y sus desplantes; y Alejandra, una joven indígena, dulce y sonriente, que llegó de Veracruz o Oaxaca a trabajar con ellos hace veinticinco años y hoy todavía vive con mi madre sin que ella logre verla como "amiga". Igual que muchas señoras de su clase, mi madre siempre se jactó de tratar bien a sus *muchachas*, de compartirles su comida y hablarles con delicadeza e incluso con afecto, pero detrás de su cortesía es imposible no distinguir un velo de superioridad, una distancia insalvable hacia quien no puede ser considerado un igual. En *Hilda*, de Andrés Clariond (2015), una de las películas recientes que mejor describen la complicada relación entre las familias mexicanas y sus servidores, la protagonista, antigua estudiante universitaria que padeció la represión de 1968 solo para terminar casada con un millonario, contrata a una nueva *muchacha* para que ayude a su nuera gringa en el cuidado de su hijo. Sola y triste, la señora Le Marchand transforma a Hilda en una forzada confidente y, si no se cansa de adoctrinarla en el marxismo de su juventud, tampoco oculta el recelo que siente hacia ella, expresado en un sinfín de órdenes absurdas que Hilda ha de cumplir a rajatabla. La película poco a poco se convierte en una historia de terror cuando la señora Le Marchand esclaviza a Hilda, le impide abandonar la casa y la obliga a compartir con ella el día entero. En esta mujer enloquecida, que ama y odia a partes iguales a su sirvienta, es posible observar la turbia ambigüedad que distingue el trato que en general se profesa en México a las empleadas domésticas y más a quienes tienen un sustrato indígena. La piel es nuestra frontera con el mundo: nos separa de lo que está afuera y, a la vez, nos permite estar en contacto con nuestros semejantes. Si nos detenemos a pensarlo, no hacemos otra cosa que ver pieles, fragmentos de pieles de las más diversas conformaciones, colores, texturas, aromas. Pieles elásticas y nuevas, en los recién nacidos y los niños; pieles salpicadas de acné en los adolescentes; pieles perfectas en los jóvenes; pieles tensas o abombadas en los adultos; pieles resecas, flojas o arrugadas en los viejos; pieles degradadas, verdosas o amarillentas, o plagadas de ronchas o sarpullidos en los enfermos. Como si no

Pintura colonial que revela
el sistema de castas

fuésemos otra cosa que esa tela que recubre nuestros huesos, esa barrera que nos protege y nos aísla y que apenas, aquí y allá, se abre a nuestro interior, en los ojos y los demás orificios del cuerpo. Nada prueba que adentro de esas pieles, de esos cuerpos, haya una conciencia semejante a la nuestra: como afirma la simpática tesis de las neurociencias, el resto de la humanidad pertenece a la categoría de *zombis filosóficos*, pieles y cuerpos que se comportan como si un alma o un espíritu o una mente los moviese desde dentro. La evolución nos convirtió en los más ágiles observadores de nuestros semejantes: el cerebro humano está diseñado para captar hasta los movimientos más sutiles en los rostros de los otros; solo así podemos aventurar si quienes nos rodean son amigos o enemigos, si nos ayudarán o habrán de traicionarnos, si podremos confiar en ellos o nos apuñalarán por la espalda. Como escribía en otro libro, no leemos las mentes de los otros, porque somos incapaces de observarlas de manera directa: leemos sus cuerpos y sus pie-

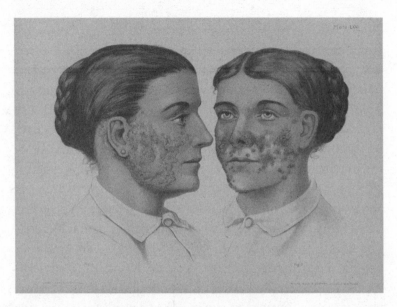

Una ilustración de *lupus vulgaris*

les, sus ademanes y sus gestos. De allí la tiranía de la belleza y la juventud, esos indicadores biológicos que indican una buena salud y la posesión de genes en edad reproductiva. O sería mejor decir: la tiranía del impulso evolutivo que nos predispone hacia la juventud y la belleza y nos aleja de sus contrarios. ¿Qué culpa tiene alguien de encontrarse en un extremo u otro del baremo? ¿Qué mérito tiene poseer facciones bien proporcionadas, un cuerpo esbelto o voluptuoso, un perfil que sigue la secreta armonía de la proporción áurea? ¿Y qué culpa tiene quien ha heredado malformaciones o sarpullidos, huesos demasiado largos o demasiado cortos, ángulos extremos, medidas contrahechas? Y, sin embargo, ¡qué difícil resistir la pulsión que nos aproxima a los jóvenes y bellos y nos aleja de los ancianos y los feos! La evolución inscribió en nosotros el incontenible deseo de tocarnos y frotarnos: aunque ha habido culturas como la victoriana que han querido imponer que la cópula se lleve a cabo sin mostrar el cuerpo de los amantes

—con esa legendaria sábana provista de un agujero—, las pieles están ahítas de otras pieles. Nada resulta más erótico que ese vasto tejido que nos cubre, necesitamos tocarlo, besarlo, lamerlo, penetrarlo, convencidos de que la imposible unión de dos personas solo puede alcanzarse en ese desbocado entrelazamiento. La parte más erótica del cuerpo es aquella donde se unen la tela y la piel. Por momentos esa frontera se hallaba en los tobillos y en el cuello, celebrados en miles de cartas y poemas; en otros, en las pantorrillas y los hombros; las rodillas o incluso en los muslos; y hoy parece que el centro de nuestra imaginación erótica se concentra en las caderas y el ombligo —en su última novela, *La fiesta de la insignificancia*, Kundera se divierte con esta perspectiva—, esas porciones que las jóvenes europeas y norteamericanas suelen dejar expuestas al primer rayo de sol. Y podemos creer que incluso en el mundo islámico ese margen de erotismo ha de hallarse entre el velo y el cabello o entre el velo y el rostro que apenas se insinúa. La desnudez total resulta menos excitante que el desprendimiento paulatino de prendas y velos, como se demuestra en la danza de Salomé o el striptease. La belleza, o al menos la belleza física hacia la que nos sentimos atraídos, parecería impulsarnos a consumirla o devorarla, como si fuese la única manera de saciar nuestra hambre o nuestra lujuria: todos somos, en este sentido, caníbales. La fealdad, en cambio, nos aleja aunque de algún modo nos fascina (como en *Fosca*, la película de Ettore Scola basada en la novela de Iginio Ugo Tarchetti). Quizás por ello estemos obsesionados con los monstruos. ¿Y si nosotros fuésemos esos cíclopes o esos lestrigones o esos gigantes o esos enanos o la criatura del Doctor Frankenstein, esa infeliz muerto en vida construido con retazos de otros cuerpos? El monstruo nos asusta y nos conmueve, nos enfrenta al temor natural de ser rechazados y nos confronta con nuestra inevitable decadencia. Nuestros cuerpos enfermarán y perderán facultades y entonces nuestras pieles, nuestras dulces, suaves pieles juveniles terminarán llenas de manchas y cicatrices, ronchas y arrugas, aproximándonos a las brujas y otras bestias mitológicas. En 1573, Ambroise Paré publicó su tratado *De monstruos y prodigios* donde se detenía a clasificar decenas de deformidades. En la Edad Media proliferaron los bestiarios que mezclaban cientos de seres fantásticos, provenientes de distintas tradiciones y mitologías, con individuos aquejados de deformidades congénitas, una práctica llevada al extremo de la sutileza literaria por Borges o Cortázar. "Los monstruos", escribe Paré en el proemio de su libro, "son cosas que aparecen fuera del curso de la Naturaleza (y son normalmente signos de una desventura por venir), como un niño que ha nacido con un brazo, otro que tendrá dos cabezas, y miembros adicionales en mayor o menor número a lo ordinario". Según Paré, existen diversas causas para el surgimiento de los monstruos:

La primera es la gloria de Dios.
La segunda, su ira.
La tercera, demasiada cantidad de semen.
La cuarta, muy poca cantidad.
La quinta, la imaginación.
La sexta, la estrechez o pequeñez del vientre.
La séptima, la postura indecente de la madre, como cuando, estando encinta, ha estado sentada demasiado tiempo con las piernas cruzadas, o presionando su vientre.
La octava, por una caída, o un golpe contra el vientre de la madre, cuando está encinta.
La novena, por herencia o una enfermedad accidental.
La décima, por un semen podrido o corrompido.
La undécima, por la mezcla o el mestizaje de semen.
La duodécima, por el artificio del esputo maldito de los mendigos.
La décimo tercera, a causa de los demonios y los diablos.

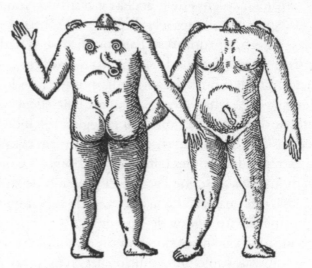

24. *Figure of a female monster without a head, front and back views*

AMBROISE PARÉ, *De monstres et prodiges* (1573)
Figura de un monstruo femenino sin cabeza

Al término de esta clasificación, Paré aclara en un parénte-
sis: "Hay otras causas que dejo fuera por el momento, porque entre las razones humanas uno no puede dar una que
se considere suficiente o probable, como cuando las personas tienen un solo ojo en mitad del rostro o en el ombligo,
o un cuerno en la cabeza, o el hígado al revés. Otros han
nacido con pies de grifo, como aves, y ciertos monstruos
que han sido engendrados en el mar; y en resumen muchos
otros que tomaría demasiado tiempo describir". El cirujano dedica los capítulos siguientes a ejemplificar cada una
de estas causas. Resulta extraordinario observar en su clasificación ese asombroso Renacimiento en el que la ciencia
se mezcla con la superchería y los principios de discriminación y prueba que todavía conviven con las leyendas y las
consignas religiosas. Sería injusto exigirle a Paré que no cre-
yese que la gracia o la ira divinas, o la acción de diablos
y demonios fuesen causa del surgimiento de monstruos y

prodigios. Sorprende la quinta de sus causas: la imaginación. Según Paré, si la madre observa una imagen perturbadora en el momento de la concepción —es decir, entre la cópula y las semanas posteriores—, ésta puede provocar anomalías en el feto. Para evitarlo, recomienda que mientras la criatura esté en estado de formación, en un periodo que Hipócrates establece de entre treinta y treinta y cinco días para los varones y de entre cuarenta y cuarenta y dos días para las hembras, las mujeres han de abstenerse de ver o siquiera pensar en bestias y engendros. *Ver* monstruos *produce* monstruos. Cada época genera los suyos. Si *Frankenstein* condensa los temores ante la incipiente industrialización de la Inglaterra del siglo XIX, los vampiros se revelan como enemigos internos o quintacolumnistas capaces de seducir y controlar las voluntades de sus víctimas; del mismo modo, los alienígenas de la pasada centuria se confundían con agentes comunistas o capitalistas infiltrados y los zombis que hoy dominan nuestros miedos nos remiten a una invasión de inmigrantes o yihadistas. Siempre es conveniente tener un monstruo —o un bárbaro— a las puertas: mientras más atemorizados estén los ciudadanos, más sencillo será manipularlos, como demuestran las proclamas xenófobas de los partidos de ultraderecha o las soflamas de Donald Trump contra mexicanos y musulmanes. La efigie del monstruo salvaje, desprovisto de humanidad y sentimientos —la bestia capaz de regar cabezas cortadas en una cantina o colgar cadáveres de los puentes— siempre proporciona dividendos. Los peores monstruos son aquellos que no se *muestran*: los reptiles intergalácticos que se disfrazan de humanos, se ocultan bajo pieles semejantes a las nuestras y solo al ser aniquilados exhiben sus escamas o su sangre verdosa. Si ellos son capaces de volverse idénticos a nosotros, entonces todos somos sospechosos, cualquiera puede ser un enemigo y se impone desconfiar de amigos y vecinos. La piel nos resguarda y nos protege, nos sirve de frontera —una frontera claramente porosa— y nos alerta

231

AMBROISE PARÉ, *De monstres et prodiges* (1573)
Figura de un monstruo mitad hombre y mitad puerco

sobre lo que ocurre en nuestro entorno. Es el órgano más extenso del organismo y a la vez de los más frágiles: una película sutil y evanescente, que en total pesa unos tres kilos y medio y posee una extensión de unos dos metros cuadrados, con un espesor de entre dos y tres milímetros. Es fácil rasgarla, herirla, quemarla, desgajarla. Nada tan atroz como arrancarla: una tortura aplicada por asirios, chinos y aztecas y que ha llegado hasta nosotros en medio de la violencia extrema que nos azota, como demuestra el caso de Julio César Mondragón, uno de los estudiantes de la Escuela Normal de Ayotzinapa, cuyo rostro fue desollado sin que a la fecha podamos entender las razones de un castigo semejante. Otra muerte atroz es la que se produce cuando la piel se quema o se incinera, como en las piras medievales. O, más cerca de nosotros, en los incendios. El 5 de junio de 2009, en la ciudad de Hermosillo, un fallo en el sistema de aire acondicionado en una bodega alquilada por la Secretaría de Hacienda del estado de Sonora provocó un fuego que no tardó en extenderse al predio contiguo, donde se hallaba la Guardería ABC. Poco después de las tres de la tarde, el fuego había devorado el techo del recinto, que terminó

MIGUEL ÁNGEL, detalle de
la Capilla Sixtina con San
Bartolomé desollado

por caer encima de los niños y cuidadores que se encontraban en el lugar. Cuando los bomberos municipales al fin contuvieron el incendio, al menos treinta niños habían muerto a causa de las quemaduras o la asfixia y otros dieciocho más fallecerían en los días sucesivos. Cuarenta más fueron hospitalizados en distintos grados de gravedad. Estos son los nombres de los cuarenta y nueve niños que al final perdieron la vida: Ana Paula Acosta Jiménez, Andrés Alonso García Duarte, Andrea Nicole Figueroa, Aquiles Dreneth Hernández Márquez, Ariadna Aragón Valenzuela, Axel Abraham Angulo Cazares, Bryan Alexander Méndez García, Camila Fuentes Cervera, Carlos Alán Santos Martínez, Dafne Yesenia Blanco Losoya, Daher Omar Valenzuela Contreras, Daniel Alberto Goyzueta Cabanillas, Daniel Rafael Navarro Valenzuela, Daniela Guadalupe Reyes Carretas, Denisse Alejandra Figueroa Ortiz, Emilia Fraijo Navarro, Emily Guadalupe Cevallos Badilla, Fátima Sofía Moreno Escalante, Germán Paúl León Vázquez, Ian Issac Martínez Valle, Javier Ángel Merancio Valdez, Jesús Antonio

Chambert López, Jesús Julián Valdez Rivera, Jonatan De Jesús De Los Reyes Luna, Jorge Sebastián Carrillo González, Juan Israel Fernández Lara, Juan Carlos Rascón Holguín, Juan Carlos Rodríguez Othón, Julio César Márquez Báez, Lucía Guadalupe Carrillo Campos, Luis Denzel Durazo López, María Magdalena Millán García, María Fernanda Miranda Huges, Marian Ximena Hugues Mendoza, Martín Raymundo De La Cruz Armenta, Monzerrat Granados Pérez, Nayeli Estefanía González Daniel, Pauleth Daniela Coronado Padilla, Ruth Nahomi Madrid Pacheco, Santiago Corona Carranza, Santiago De Jesús Zavala Lemas, Sofía Martínez Robles, Valeria Muñoz Ramos, Ximena Álvarez Cota, Ximena Yanez Madrid, Xiunelth Emmanuel Rodríguez García, Jazmín Pamela Tapia Ruiz, Yeceli Nahomi Bacelis Meza y Yoselín Valentina Tamayo Trujillo. Uno podría pensar que lo ocurrido fue producto de un "trágico accidente" —el burdo lugar común del que se vale la prensa— o un "acto de Dios", pero conforme se desvelaron los detalles del caso salieron a la luz incontables irregularidades administrativas y políticas. La bodega usada por el gobierno del estado no contaba con extinguidores ni sistemas contra incendios. Y la guardería —que, como cientos de ellas, había sido concesionada por la administración del presidente Felipe Calderón a distintos particulares, entre ellos parientes de su esposa y del propio gobernador de Sonora—, había pasado semanas atrás una chapucera inspección de seguridad, las ventanas eran demasiado altas, solo había una salida de emergencia (la segunda permanecía bloqueada) y los sistemas antiincendios no funcionaban correctamente. Desde 2005 se había hecho la recomendación a los dueños de modificar diversas estructuras para evitar accidentes, pero éstos nunca respondieron a las peticiones. El entonces director del Instituto Mexicano del Seguro Social, de quien dependía la vigilancia y concesión de las guarderías, se limitó a despedir a los funcionarios relacionados con el caso. Reunidos en dos asociaciones, los padres de las víctimas solicitaron a la Suprema Corte de Justicia que investigara los hechos al margen de las procuradurías Federal y de Sonora. Las pesquisas revelaron la opacidad en el otorgamiento de las concesiones, repartidas entre amigos y contactos políticos del gobierno panista —al parecer las guarderías son negocios altamente rentables—, pero las autoridades se negaron a reconocer cualquier culpa en el asunto. Varios padres iniciaron manifestaciones y protestas, pidieron la asesoría de organismos de derechos humanos —y en algún caso se dejaron guiar por algún abogado sin escrúpulos— e incluso celebraron un par de "juicios ciudadanos", en los cuales un grupo de activistas y académicos halló responsables de los sucesos a distintos funcionarios federales y locales. La simbólica condena no provocó más que un vago estertor mediático. La conclusión del ministro de la Suprema Corte Arturo Zaldívar, quien juzgó políticamente responsables de la tragedia a dos directores del IMSS, Juan Molinar Horcasitas y Daniel Karam, también terminó en el olvido. El 12 de agosto de 2015, seis años después del incendio, la Procuraduría General de la República solicitó a un juez federal consignar a veintidós empleados de la guardería, acusados de no haber auxiliado a los menores, lo cual contradecía la mayor parte de los testimonios de ese día (el hijo de una de las inculpadas murió en el incendio), pero éste desestimó la denuncia. Finalmente, el 14 de mayo de 2016, un juez federal de Sonora sentenció a diez personas, funcionarios, medios del IMSS, la alcaldía de Hermosillo y el gobierno estatal, pero no a sus jefes ni a los dueños de la guardería. Más que polémica o injusta, la decisión de la PGR exhibe la tendencia del estado mexicano a culpar a los más débiles: las empleadas que trataron de salvar sus propias vidas y las del mayor número posible de niños. Como en otros tantos casos en donde se ha querido eludir la responsabilidad del estado, en un espectro que va de Tlatelolco a Ayotzinapa y de la matanza del Jueves de Corpus a Aguas Blancas, no nos hallamos ante un sistema ineficiente,

235

Memento de los niños muertos de la Guardería ABC

sino ante uno que ha sido construido para proteger a los poderosos. Los supuestos yerros y fallos de la justicia son modos de operación perfectamente aceitados, planeados y mantenidos por las distintas fuerzas políticas a fin de garantizar su impunidad. Al día de hoy no existe en México un solo caso en el que un político haya sido sentenciado por un crimen si no es porque otro grupo de poder ha decidido cobrarse una venganza en su contra. Se engañan quienes piensan que la incapacidad de llegar a la verdad y de hacer pagar a los culpables se deba a la existencia de un marco normativo endeble o de una procuración de justicia corrupta o ineficiente. Al contrario: esa supuesta ineficiencia y esa supuesta corrupción son los síntomas de una anomalía más grave: la de un sistema decidido a blindar las vidas, las decisiones, el dinero y las propiedades de unos cuantos para impedir que sus privilegios les sean arrebatados. Habría que esperar que las pieles quemadas de los niños de la Guardería ABC sirvan al menos para poner en evidencia que la democracia mexicana no es más que una piel delgadísima y frágil, asimismo susceptible de achicharrarse y de romperse no tanto a causa de ataques o peligros externos, sino de ese ensamblaje diseñado para proteger a unos cuantos mientras se desentiende de la mayoría. Se dice de alguien que está conforme con su vida que se siente a gusto en su propia piel. No creo que mi padre pudiese pronunciar jamás esta frase. Algo siempre lo incomodaba. Y ello se debía a que tenía la piel muy delgada: no toleraba la corrupción, la fealdad, la injusticia y la pobreza a su alrededor. Cada vez que me acomodo o me resigno, me recuerdo que su inconformidad —su inconformismo— es la única actitud digna frente a las miserias del mundo.

Lección 9

Las piernas, o De los caminantes

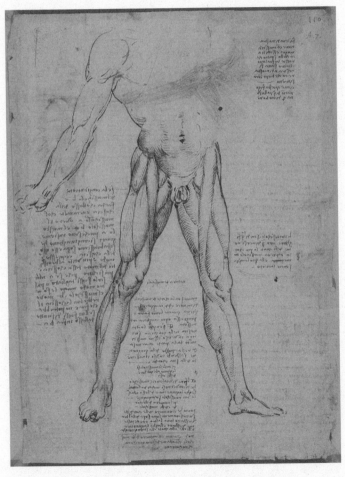

LEONARDO DA VINCI, *Músculos de las piernas*

El mundo no es el mismo
desde que no he podido conversar
(en paz) contigo,
desde que no consigo dibujarte
en mi memoria estéril, prolongar
tu voz, los ademanes, tu sonrisa
mientras me cobijabas
y me decías algo, lo que fuera,
que me aliviaba, padre.

ELOY URROZ, *Espectro*

"Mis piernas. Mis piernas." Cada vez que yo llegaba a su casa, tocaba el timbre, esperaba a que abriese mi madre, atravesaba el zaguán —la sombría jardinera, los bártulos de mi hermano abandonados al desgaire, el cuadro de madera con el escudo familiar del zorro y el águila colgado en la pared—, abría el portón de madera y me introducía en la sala, donde él permanecía en su sillón, me inclinaba para darle un beso en la frente y le preguntaba por su salud, mi padre invariablemente pronunciaba estas palabras que se deslizaban de su boca como un quejido suave y solitario: "Mis piernas. Mis piernas". Antes de que un cúmulo de padecimientos menores se sumase a la depresión que lo sacudió durante las últimas décadas de su vida, la artrosis que fue haciendo presa de sus rodillas y sus piernas se convirtió en su mayor tormento. El dolor era, al parecer, insoportable, y ninguna medicina lograba moderarlo o al menos eso afirmaba frente a nosotros. "Es regla de vida", murmuraba con el orgullo que le permitía despreciar cualquier innovación clínica, reacio a someterse a un tratamiento alternativo. Nunca dejó de sorprenderme que un médico tan elocuente, informado e imaginativo se encerrase a cal y canto en la caverna mental que se había construido, como si pensase que el dolor o la suma de dolores que lo devoraban fuese producto de un destino inescapable, una prueba que debía soportar con resignación y casi con heroísmo, un *fatum* que le correspondía por una falta o un pecado que jamás le conocimos. O quizás fuese que, en el desorden mental que trastocaba su ánimo, la menor novedad o cambio de rutina resultaba más difícil de tolerar que el sufrimiento físico al que había acabado por acostumbrarse. De joven mi padre había destacado como atleta: le gustaba presumirnos que su invicto equipo de basquetbol solo había abandonado las competencias tras su primera derrota —promesa que sus integrantes, de seguro aguijoneados por su líder, cumplieron luego de años en activo— y que en la preparatoria había ganado un sinfín de medallas, exhibidas en otra de las vitrinas de la sala, por sus triunfos en los cuatrocientos metros planos, así como en la prueba que lo había vuelto célebre entre sus compañeros: los 4×400 con obstáculos. (Me gusta imaginarlo así, joven y esbelto, con pantaloncillos cortos y camiseta, el pelo largo y rizado que nunca le conocí, volando al viento sobre alguna de las vallas con la estafeta en la mano, veloz y libre, inalcanzable.) Su abandono del deporte, tan tajante como el de las demás aficiones que fue dejando al margen, coincidió con el de otra disciplina que, a decir de sus amigos de la época, también lo vio destacar con creces: el baile. ¿Corredor de velocidad preolímpico y bailarín consumado? A mi hermano y a mí siempre nos costó aceptar que mi padre, sedentario irredento, hubiese sido tan propenso a moverse, a surcar el tartán o a desempolvar las pistas con sus zapatos de charol en un vaivén dictado por el vals, el foxtrot o el chachachá, pero mi madre, que llegó a seguirle el paso, nos lo confirmaba con asombro equivalente. ¿Qué provoca que alguien bendecido con la agilidad y el ritmo —dos virtudes que siempre se me negaron— decida volverse estático? A diferencia de los padres de mis compañeros, que no dudaban en echarse una *cascarita* o los retaban a duelos de frontón o basquetbol a costa del ridículo, no recuerdo que el mío llegase a ensuciarse jamás en un campo deportivo:

verlo con tenis me resulta inimaginable. Creo que en fotos muy antiguas, de cuando yo tendría tres o cuatro años, llegué a descubrirlo en traje de baño. Tampoco tuve ocasión de apreciar sus habilidades dancísticas. Si bien llegamos a pasar unos cuantos fines de año en Rafaello's, donde se improvisaba una pista de baile, nunca dio más de dos o tres pasos con mi madre y eso por compromiso. Era como si asociase el movimiento —y el sudor que éste produce— a una etapa juvenil que debía superarse con la madurez. Perder su elegancia en una partida de futbol o basquetbol o despeinarse en un danzón o un pasodoble debía figurársele una calamidad impropia de un profesional y un padre de familia. Disfrutaba el *soccer* o el americano por televisión —era fiel seguidor de los Acereros y, ay, del América—, pero le hubiese parecido un despropósito atreverse, a sus treinta o cuarenta años, a practicar cualquiera de ellos. Quizás por eso le irritaba tanto que mi madre fuese una deportista nata: de niña y adolescente había destacado en el voleibol y al llegar a la treintena descubrió la pasión de su vida, el tenis que siempre jugó dos veces por semana hasta que un infarto adocenó sus fuerzas. Esta afición materna fue una de las grandes causas de conflicto entre ellos: mi padre aborrecía que ella prefiriese el tenis sobre cualquier otra actividad —fuese la cocina, que como he dicho detestaba, o ir al banco a pagar una factura— y no podía entender que su esposa se trasladase a las canchas incluso cuando estaba resfriada o, peor, cuando éramos nosotros los convalecientes. El tenis se convirtió para mi padre en una bestia negra a la que achacaba los errores y desatenciones de mi madre, como si se tratase de un amante del que debiese sentir celos. Mi madre decidió que la única batalla que libraría —y a la postre ganaría— contra él sería ésta: pese a las órdenes claras o implícitas de dejarlo, las indirectas y reproches, nunca le dio gusto. El tenis era la medida de su libertad: las canchas del Club Asturiano eran su refugio, el único espacio que él no le controlaba, donde ella podía

243

escaparse de sus juicios y el único respiro que tenía frente a la reclusión a la que él quería confinarla. De haber sido por mi padre, su mujer habría tenido que permanecer a su lado, pendiente de sus caprichos y peticiones, sus dolores y sus medicamentos, tal como él habría hecho de encontrarse en el caso contrario. Y en buena medida lo consiguió, con la excepción de esas dos mañanas que ella atesoraba, de ese remedio que la salvaba de la desesperación o la locura. Es cierto que mi padre siempre se entregó por completo a ella —y a nosotros—, pero a cambio exigía una devoción equivalente: cualquier actividad que no se inscribiese en el ámbito familiar o de pareja era juzgada como traición. Tras una infancia y una larga adolescencia pegado a él, a los veintiséis años tomé la decisión de abandonarlos para siempre, o al menos ese modelo de familia-muégano que nos presentaba como ideal. Creo que los síntomas de su desafección a moverse se hallaban presentes en él desde joven y mi madre tendría que haberlos detectado a tiempo. En cambio ella siempre adoró moverse: ahorraba lo suficiente para pagarse un viaje anual a Estados Unidos con sus amigas y no fue sino hasta el año previo a su matrimonio, cuando estaba a punto de emprender un anhelado *tour* por Europa, que mi padre la convenció de quedarse en la ciudad de México prometiéndole que, una vez casados, los dos pasearían por las calles de París o Roma. Luego se las arregló para hallar todo tipo de excusas para demorar la excursión trasatlántica como antes había hecho con la luna de miel, que terminaron por pasar en Acapulco, el sitio más lejano al que consistió en desplazarse. Si intento rememorar todos los viajes que hice con él sumo apenas dos veces en Acapulco —que hubiera olvidado de no ser por las polaroids que las documentan—, algunos fines de semana en Ixtapan de la Sal o en Cocoyoc, una parada en Taxco, un par de visitas a mis tíos en Querétaro y los dos viajes que hicimos a Estados Unidos aprovechando sendos congresos médicos en Tijuana: el primero, a San Diego —me vienen a la mente chispazos de Sea World— y el segundo a Los Ángeles, incluidas las excursiones a los Estudios Universal, que yo me perdí a causa de un ataque de asma, y a Disneylandia. Entonces yo tenía trece años y después de eso no volvimos a viajar juntos hasta que lo obligué a asistir a la presentación de uno de mis libros en Puebla. Más significativa —y decepcionante— fue su renuncia a acompañarme a Barcelona a recibir el premio Biblioteca Breve: con el dinero que gané le envié su boleto de avión, igual que a mi hermano y a mi madre; en el último momento pretextó un catarro o no sé qué y se rehusó a emprender el vuelo. Con este acto dejó clara su voluntad de no cruzar el Atlántico, de no moverse de México ni de su casa, o de moverse lo mínimo indispensable. Si durante sus años como cirujano no tenía más remedio que desplazarse a su hospital, en San Pedro de los Pinos, así como a las numerosas escuelas que debía visitar en sus misiones como supervisor de la Dirección General de Higiene Escolar, en cuanto se jubiló redujo el perímetro de sus excursiones: primero dejó de ir a Satélite, adonde acudíamos cada Navidad para visitar a mis tíos; luego, trazó una frontera en torno a las colonias Narvarte, Del Valle, Doctores y Álamos; más adelante, hacía un esfuerzo para acudir a una cada vez más reducida lista de cines —la última afición que compartió con mi madre—, como Las Américas y el Continental, hasta que ambos cerraron cuando se inició la explosión de multisalas en los noventa; y por fin, durante su larga depresión, apenas acudía al Sanborns de Xola y Doctor Barragán, su "segundo hogar", donde se distraía discutiendo con un grupo de parroquianos con los que terminó por amistarse y enemistarse en su postrer intento por ser sociable. Con la pléyade de amigos que llegó a tener de joven, e incluso con mi tío César, sucedió lo mismo: una vez que marcó los impenetrables linderos de su mundo, se rehusó a trasladarse a las remotas colonias que habitaban y poco a poco fue perdiendo contacto con ellos. Ni siquiera cuando sus hermanos agonizaban salió de su encierro para visitarlos o acudir a sus velorios o entierros (con la excepción de mi Tía Güera, a quien no dejó de visitar semanalmente en el asilo de Tlalpan que le sirvió de última morada). Su casa, y después solo la sala, el comedor, el baño y su recámara, las habitaciones que ocupaba siguiendo un horario incuestionable, se convirtieron en su universo particular, una prisión o búnker frente a una indefinible amenaza externa que le provocaba escalofríos. El resto de la capital e incluso de su colonia se le volvieron ajenas y peligrosas y muy pronto la mera idea de salir a la calle podía enervarlo. Me gustaría imaginar que en esta inmovilidad había cierta vocación mística, una variante del quietismo o el misticismo zen, una renuncia consentida a un planeta —y una modernidad— frenética y enloquecida, y acaso así lo fuera durante sus años de madurez, cuando prefería concentrarse en pintar sus muñequitas, leer una novela en Sanborns o ver un partido de futbol en su sala antes que someterse a la tortura de explorar nuevos lugares, pero al final aquella voluntaria reclusión se convirtió en el grado cero de la vida, una hibernación que apenas le permitía concentrarse en la rigidez de sus piernas. ¿Quién diría que mi amor por el viaje, por no estar nunca en un solo lugar, por ser cualquier cosa menos "casero", por visitar el mayor número posible de continentes, países y ciudades, así como mi voluntad de no poseer un lugar o un domicilio fijos también se los debería a mi padre? Sintiéndose italiano, jamás quiso conocer la tierra de sus ancestros, no tanto porque temiese volar como porque detestaba las incomodidades del trayecto. En cambio fue siempre un "viajero inmóvil", alguien que, al menos hasta los inicios de su depresión, se trasladó de un extremo a otro del planeta a través de la imaginación y la lectura. Conocía de memoria la topografía de ciudades enteras, como París o Roma, y cuando yo las visité por primera vez me recomendó trayectos, plazas y calles, dueño de un mapa mental que jamás habría de utilizar para sí mismo. Sus rela-

El antiguo cine Continental

tos sobre la Roma imperial o la Francia revolucionaria, la India o Sudáfrica me impulsaban a admirar por mí mismo esos escenarios: me gustaría pensar que mi padre viajó a través de mí. Si a los doce yo ya fantaseaba con trayectos interplanetarios, a los quince me decidí a explorar con mis amigos cada rincón de la ciudad de México, expandiendo los límites que él me tenía permitidos, y desde que empecé a trabajar y a ahorrar, a los veinte o veintiún años, no he dejado de vagar, viviendo varios años en España, Estados Unidos, Francia e Italia y ansiando no anclarme en ningún sitio: ahora no puedo imaginarme de otra forma que viajando. Nada me gusta tanto como moverme y, cada vez que regreso a mi casa —al lugar que por un tiempo considero mi casa—, sueño con marcharme de nuevo. Imaginarme como mi padre, condenado a un encierro en unos escasos metros cuadrados o incluso en una sola ciudad me provoca náuseas: afectado por una obsesión o una enfermedad inversa a la suya quisiera disponer de los recursos y las fuerzas para no quedarme nunca quieto. El movimiento me parece sinónimo de curiosidad mental, esa gran herencia que mi padre me dejó y que no me cansaré de agradecerle.

Puede ser que, a partir de cierto momento —me encantaría descubrir cuál, y cuáles fueron las razones para ello, el sentido del deber, la angustia o el miedo—, mi padre decidiese reducir sus desplazamientos, y puede incluso que la depresión exacerbase esta tendencia, pero no deja de asombrarme que un joven mexicano de clase media, nacido en los años treinta del siglo pasado y proveniente de una familia que nada tenía de intelectual, dispusiese de una curiosidad tan asombrosa como la suya. Usando una grosera metáfora, su itinerario vital se me figura un universo que se expandió a partir del Big Bang de la infancia —y la inflación de la adolescencia— para empezar a contraerse en la madurez y llegar, anciano, a la nada de la que surgió. No se resignó a la pequeñez de su barrio y de su profesión y se aventuró a explorar otros ámbitos y otros mundos a los que sus amigos, conocidos y familiares apenas tenían acceso. No sé, quizás después de ese esfuerzo heroico —heroico para alguien tan hermético— simplemente se fatigó, o se dio cuenta de que ese camino no era para él o constató que el destino del viajero consiste en no llegar nunca a la meta. Me gustaría imaginarlo como un Ulises que, *nel mezzo del camin della sua vita,* renuncia a más pruebas y odiseas y busca regresar a casa, a la compañía de su esposa y de sus hijos, ese reposo del guerrero que mi padre no consiguió encontrar en mi madre —la inquietud en persona—, en mi hermano o en mí mismo. ¡Qué desgaste innecesario, qué agonía, que pérdida de tiempo!, debió decirse al aproximarse a la cuarentena y observar el ritmo enloquecido que adquiría su entorno, su ciudad y su tiempo. ¡Imposible juzgarlo! Si el México de su niñez y adolescencia debió ser un sitio apacible y provinciano, con sus tranvías y sus escasos coches, donde era posible dar largas caminatas por sus bulevares y avenidas —durante años vivió en la colonia Roma, con sus veredas arboladas y su decadente esplendor porfiriano—, el México que comenzó a surgir en los setenta y los ochenta del siglo pasado, con su ansia de modernidad, sus aglomeraciones y multitudes, su prisa y su rabia, debió parecerle invivible. La ciudad creció como una célula cancerígena, se llenó de automóviles y autobuses, de suciedad y de ruido, y perdió su antigua fisionomía a punta de nuevas avenidas, periféricos y vías rápidas que partían por la mitad los antiguos barrios. La transformación de la ciudad de México debió parecerle la mejor prueba de que "todo tiempo pasado fue mejor" —una de sus frases favoritas— pues, en el acelerado proceso de expansión a que fue sometida, se perdió en el camino, destruida tanto por las decisiones de sus políticos, regentes y jefes de gobierno como por la desidia e indiferencia de sus incultos, enfebrecidos e irresponsables habitantes. ¿Cómo no detestar esa prisa cuando la propia calle en que vivía, Correspondencia, otrora una vía de doble sentido apenas transitada, enclavada en una colonia recoleta de clase media, pasó a ser una vertiginosa ruta del oriente al poniente de la ciudad? ¿Y cómo no advertir un signo de decadencia cuando la Avenida Xola, distinguida por su camellón de escuetas y hermosas palmeras —esto es, de *xolas*—, fue destrozada para hacer sitio al Eje Vial Número 4, una vía rápida de cuatro carriles, por órdenes del regente Carlos Hank González? Y lo que ocurría en el microcosmos de su colonia no era nada comparado con lo que sucedía con el resto de la capital, un hormiguero diseñado para la circulación de motocicletas, coches y camiones. Mi padre no se equivocaba: fuese a causa de la creciente inseguridad o de este grotesco reordenamiento urbano, la Ciudad de México, como tantas del planeta, dejó de ser un espacio apto para los peatones, considerados a partir de entonces una especie en extinción, y se rindió a la industria automovilística que se adueñó de sus calles. ¿Quién hubiese tenido la osadía, en los ochenta o noventa, de pasear por este territorio hostil, de jugarse la vida para cruzar Revolución, Cuauhtémoc, Popocatépetl u otro eje vial, de perderse en los rumbos cada vez más amenazantes de Iztapalapa, la Colonia de los Doctores —donde

Antiguo tranvía en la Ciudad de México

se localiza el Centro Médico, y en una de cuyas callejuelas mi padre estuvo a punto de perder la vida al enfrentarse a un asaltante que le arrancó el reloj cuando estaba detenido en un semáforo—, Tepito, Irrigación o Lindavista? Si alguien andaba a pie por esas zonas era porque de seguro no tenía más remedio, se había extraviado o estaba en busca de un *pesero*, un taxi o una estación del metro que lo sacase de allí y lo llevase al trabajo o la escuela. (Cuando llegué a vivir a Salamanca, mis compañeros de la universidad se reían del extraño tic que exhibía al caminar junto a ellos: cada dos o tres minutos volvía la vista atrás, poniendo en evidencia el típico temor de cualquier chilango a ser perseguido y asaltado al menor descuido.) El *flâneur*, ese paseante distraído que se pierde a propósito en un laberinto de calles y barrios desconocidos, abierto a descubrir el mundo en su improvisada ruta, se volvió imposible en mi ciudad. Una frase define las políticas emprendidas desde los años setenta en la capital: una ciudad para las máquinas. Pese a los intentos por devolverle a los caminantes unas cuantas reservas —el centro de la ciudad o el Paseo de la Refor-

Un embotellamiento en la Ciudad de México

ma—, nuestros gobernantes no pueden pensar en una urbe que no esté al servicio del transporte motorizado y, cuando prometen obras públicas, no planean sino nuevas y cada vez más amplias y sofisticadas vías rápidas: un eufemismo en una ciudad cuya velocidad promedio no rebasa los diez kilómetros por hora. Esta enloquecida sucesión de obras demuestra que hemos llegado a un punto de quiebre: ningún puente, segundo, tercero o cuarto piso, túnel, periférico, paso soterrado o a desnivel será capaz de contener el caudal de coches en circulación cuyo número no ha hecho sino multiplicarse, haciendo realidad la profecía de Julio Cortázar en *La autopista del sur* (parodiada en *Mecánica nacional*, con Héctor Suárez), según la cual día tras día la ciudad de México se transforma en un gigantesco estacionamiento donde cientos de vendedores aprovechan la lenta marcha de los coches para comerciar con toda clase de productos, una amplia oferta de menús para el desayuno o el almuerzo, juguetes y *gadgets*, golosinas, chucherías y fritangas, y donde los conductores aprovechan el tiempo para responder mensajes de texto o correos electrónicos, leer las noticias en sus celulares, maquillarse o pintarse las uñas, lo que sea para no perder la paciencia y no volverse loco en desplazamientos que se prolongan —no exagero— por varias horas. A todo se acostumbra uno, y los chilangos sabemos que para ir de una colonia a la siguiente hay que calcular al menos cuarenta y cinco minutos de trayecto, y el doble los jueves o viernes por la tarde, lo cual provoca que, en promedio, pasemos unas cuatro horas —¡la sexta parte del día, 28 horas semanales, 120 horas al mes!— en el interior de nuestros escarabajos de metal o los hornos del transporte público. Extrañas criaturas, los capitalinos, alegremente sometidas a esta inhumana reclusión por voluntad propia. Viví en la ciudad de México hasta los veintiséis años y después he vuelto en distintas temporadas y nada detesto tanto como sus embotellamientos —más que la inseguridad o la contaminación—, concomitante con la pobreza e ineficiencia de su transporte público, así como la idea de malgastar media vida en avanzar unos kilómetros siempre con la sensación de que llegaré tarde a una cita. Como el Tribilín de la caricatura de Disney, al conducir en la ciudad de México me transformo en un monstruo furioso y estresado, un ogro que no tolera someterse a la jungla de bocinazos e insultos, una víctima y un verdugo adicional en ese paralítico hades en que se convierte mi ciudad cada mañana. Si en el siglo xx el automóvil fungió como símbolo de la modernidad, ahora ha sido sustituido por las computadoras y los teléfonos "inteligentes" que nos garantizan viajes inmediatos siempre y cuando nos resignemos a vivir adheridos a sus pantallas. El flujo de información es abrumadoramente más veloz que en el pasado: billones y billones de *bits* circulan en segundos de un confín a otro del planeta y nos permiten enterarnos en un instante de lo que ocurre en Monterrey, Lagos o Jakarta, comunicarnos de manera instantánea con amigos, parientes y desconocidos, descargar música y libros y videos y películas, tener acceso a todo el conocimiento humano a un clic de distancia. Un mundo en el que mercancías y datos viajan a toda velocidad, pero esta imagen utópica, de un mundo abierto y translúcido que replica el mundo virtual de las computadoras, es apenas una ilusión —un ardid ideológico—, pues si existe es solo para una pequeñísima parte de los habitantes del planeta. Si millones tienen acceso a informaciones o entretenimiento inmediatos, muchos más carecen de acceso a internet o de la educación necesaria para aprovecharlo. Y, por supuesto, los frenos no han desaparecido, como demuestran las restricciones decretadas por distintos gobiernos o las propias compañías que otorgan estos servicios. Como ocurría a principios del siglo xx, la velocidad es nuestra mayor aspiración y nuestra mayor droga: batallamos por conexiones más y más rápidas y, cuando no las hallamos y no podemos descargar en un santiamén una página o una película, una foto o un mensaje, nos dominan la ansiedad y la desesperación. ¿Y todo esto para qué? ¿Por qué exigimos computadoras y procesadores más raudos, mayor anchura de banda, conexiones más eficientes? ¿Cuál es nuestra prisa? Nos parecemos a esas ratas de laboratorio que corren y corren en una rueda hasta quedar exhaustas. Esta pasión por la velocidad también es la causa de que los hechos —las noticias— duren tan poco, de que cualquier asunto apenas importe unos segundos antes de ser sustituido por otro, de que la realidad pierda peso y sustancia. Nunca he sido nostálgico como mi padre, y no creo que todo pasado fuese mejor, pero sí echo de menos cierta lentitud —esta hermosa palabra usada por Milan Kundera para titular una de sus novelas—, el tiempo y la calma para reflexionar, meditar o divagar, el tiempo para aburrirme: la rapidez y la profundidad son incompatibles. Viajar en un santiamén de un lugar a otro nos impide apreciar detalles y sutilezas, descubrir conexiones, descifrar contextos. El ansia de velocidad nos convierte, paradójicamente, en seres lentos y achacosos que creen ir a miles de kilómetros por hora (en sus teléfonos) cuando apenas avanzan unos pasos. Quizás por ello los monstruos que definen nuestra época sean los zombis. En *The Walking Dead*, la serie de televisión más exitosa de la historia, cualquiera puede convertirse en uno de esos Caminantes Muertos o Muertos Andantes que no saben hacer otra cosa que avanzar sin tregua, siempre hacia adelante, en perpetua búsqueda de seres humanos de los cuales alimentarse (y contagiar en el proceso). Tal vez los ciudadanos del mundo digital seamos como nos describe uno de esos chistes gráficos —memes— que circulan en las redes sociales: el "apocalipsis zombi" ya ha ocurrido y para atestiguarlo basta con observar la marcha encorvada de cientos de paseantes que, sin siquiera levantar la vista, se tambalean por las calles enchufados a sus teléfonos celulares, perdidos en un mundo que poco tiene que ver con la realidad por la que se desplazan. Además del habla y un mayor grado de conciencia, el rasgo que nos distingue de los demás primates y del resto de los mamíferos —el simpático canguro sería la excepción— es nuestro carácter bípedo. Hace seis o siete millones de años nuestros ancestros empezaron a desarrollar los huesos y músculos que, sin arrebatarles todavía la agilidad para trepar por los árboles, les permitirían recorrer distancias cada vez más largas. Los expertos no se ponen de acuerdo sobre las razones de este salto evolutivo: tal vez su origen esté en un repentino cambio climático que habría desecado los bosques y extendido la dimensión de llanuras y planicies, o en la necesidad de mirar por encima a sus congéneres o en la posibilidad de tener las manos libres para acarrear herramientas, armas o a sus crías. El *Sahelanthropus*, que poseía tanto rasgos simiescos como humanos, combinaba sus habilidades arborícolas con la capacidad de caminar en dos piernas con el tronco levemente erguido. Un poco más adelante, el *Orrorin tuguensis* contaba con un fémur más angulado que el de sus predecesores que le permitía soportar mejor el peso de su cuerpo. Un par de millones de años después, el *Australopi-*

Zombis en la Ciudad de México

thecus anamensis disponía de unas rodillas anchas para sostenerse en una sola pierna, así como una columna vertebral más curvada que sus antecesores, dos ventajas ingenieriles que le permitían desplazarse casi erguido, proeza que consiguió dominar, al cabo de otros dos millones de años, el *Australopithecus africanus.* El *Homo erectus,* nuestro antecesor inmediato, dotado de caderas anchas y una pelvis aerodinámica, convirtió la facultad de caminar erguido en su mayor ventaja evolutiva: nuestras piernas al fin fueron nuestras y nos condujeron desde la pequeña región de África que nos vio nacer hasta las más apartadas regiones del planeta. Los humanos somos caminantes por excelencia, seres que no han dejado ni un solo segundo de ir hacia adelante, que han atravesado desiertos y tundras, ríos y océanos, cordilleras y valles, bosques y selvas, en una marcha que acaso nos lleve a otras galaxias. Parafraseando a Juan Goytisolo, somos lo contrario de los árboles: la evolución nos dotó con este par de piernas largas y ágiles, torneadas y resistentes, para viajar a más lugares que cualquier otro

Cráneo de un
Australopithecus
africanus

mamífero terrestre en busca de mejores condiciones de vida. Si salimos de África y conquistamos todos los continentes (incluida, de manera reciente, la Antártida) fue porque, al tiempo que nuestra corteza cerebral se tornaba más grande y nuestra autoconciencia más profunda, aprendimos a ir en pos de nuestras fantasías, de esos mundos mejores, más cálidos o más prósperos o más amigables, que imaginamos siempre en lontananza. Somos, si acaso, vagamente sedentarios: nos instalamos por un tiempo en regiones que nos parecen seguras o confortables, pero si las condiciones cambian, si advertimos una inundación o una sequía, los caprichos de un líder sanguinario o los destrozos y calamidades de la guerra, no dudamos en movernos, siempre dispuestos a explorar —y, malamente, a destruir o conquistar— nuevos territorios. De las grandes migraciones de la Edad de Piedra narradas en las tragedias clásicas a los desplazamientos de Asia a América a través del estrecho de Bering; de las invasiones bárbaras que destruyeron el Imperio Romano y modelaron la Edad Media al flujo de misioneros, soldados y trabajadores que durante cuatro siglos dejaron Europa para "hacer las Américas"; del tránsito

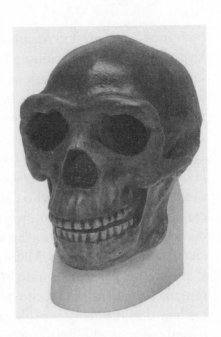

Cráneo de un Homo erectus

de mexicanos, centro y sudamericanos rumbo a Estados Unidos al cúmulo de refugiados que hoy escapan del caos de África u Oriente Medio, los humanos siempre hemos estado dispuestos a abandonar nuestros lugares, nuestras casas, nuestras ciudades e incluso a nuestros padres y abuelos en pos de la ilusión —o del delirio— que nos lleva a imaginar que en otra parte nos aguarda una vida mejor. ¿Cómo habrían de detenernos las fronteras? Si las murallas de China o de Roma no frenaron a mongoles y bárbaros, ¿cómo los muros o las empalizadas que alzamos entre los países ricos y los depauperados, entre los pacíficos y los desgarrados por la guerra, entre México y Estados Unidos, entre Palestina e Israel, entre Grecia y Turquía, habrían de detener a caminantes que harán lo que sea con tal de llegar al *otro lado*? ¿Y cómo miles y miles de policías o guardias fronterizos habrían de impedir la entrada de todos esos caminantes dispuestos a internarse en el desierto, a cruzar cordilleras y hondonadas, a nadar ríos caudalosos, a surcar los mares en barcazas, a atravesar ese límite artificial impuesto por unos cuantos? En *Mentiras contagiosas* recordaba la leyenda sobre la fundación de Roma: una vez que Rómulo ganó la apuesta para darle su nombre a la ciudad que él y su hermano habían creado, lo primero que se le ocurrió fue trazar sus fronteras (un surco en la tierra dibujado con una varita) y decretar que quien osase traspasarlas sería ejecutado al instante. Resentido tras perder el reto, a Remo se le hizo fácil burlar la advertencia de su gemelo, el cual no dudó en atravesarle el pecho con una espada. El infeliz se convirtió así en víctima emblemática de las fronteras, condenado por romper esa línea tan sagrada como arbitraria decretada por los poderosos. Millones han seguido su ejemplo y, si muchos han conseguido eludir vallas, alambradas o murallas, escapando al acecho de sus guardianes, otros tantos han sido devueltos a sus lugares de origen, encerrados o asesinados en el intento. ¿No nos damos cuenta de que nacer de un lado u otro no es sino un hecho fortuito, producto del azar y no de un derecho adquirido por el trabajo o el esfuerzo? Pero quienes se hallan del lado "correcto" de una frontera están convencidos de que merecen estar allí, de que un pasaporte o una identificación los distinguen de los miserables que sufren y padecen al otro lado. ¿Por qué esos otros, esos extranjeros, esos extraños —esos *aliens*, en la denominación inglesa— habrían de beneficiarse de lo que nosotros hemos construido?, vociferan los adeptos a los muros. Dos de las grandes plagas de nuestro tiempo, la discriminación y la xenofobia, derivan de este malentendido utilizado por líderes sin escrúpulos: esa voluntad de separar el "nosotros" del "ellos", los "de aquí" de los "de allá", los "civilizados" de los "bárbaros", los "buenos" de los "malos". Ninguna excusa más efectiva para apelmazar a un grupo humano en torno a una causa —o una identidad— que la exaltación del idioma, el color de la piel, la religión, esos rasgos mínimos que nos separan de nuestros vecinos. La tara se prolonga hasta nuestros días: basta escuchar a los politicastros que triunfan en Europa y en América, en Áfri-

Adriaan van der Spiegel
y Giulio Cesare Casseri,
"De Corporis Humani
Fabrica", Lib. IV, Tab. XXXVI

ca y en Asia —en un espectro que va de Marine Le Pen a
Donald Trump—, empeñados en convencer a sus compatriotas de que los inmigrantes son la mayor amenaza a su
seguridad y a su tranquilidad de espíritu. No es gracias a la
solidez de los ladrillos o a la eficacia de los agentes migra-
torios que las fronteras se sostienen, sino a la instrumenta-
lización de este pánico ancestral que dibuja a los otros
como enemigos que buscan destruir nuestros valores, robar
nuestras riquezas, violar a nuestras mujeres, apoderarse de
nuestras ciudades, destruir nuestras instituciones y de plano esclavizarnos a sus costumbres salvajes y exóticas. Por
eso hay que mirar a los extranjeros con sospecha, revisar
una y mil veces sus papeles, asegurarse de sus intenciones,
pues en el fondo son engañosos, taimados, oscuros. Mil
quinientos años después de la caída de Roma y quinientos
de la caída de Constantinopla, los bárbaros de Cavafis y de
Coetzee siguen aterrorizándonos. El paradigma se mantiene no solo en el discurso de los políticos xenófobos, sino
en las instituciones y los discursos de nuestras democracias
liberales cada día más receptivas a las ideas de la ultraderecha.

El *jus soli* y el *jus sanguini* dividen el mundo entre afortunados y desprotegidos. Incapaces de crear sociedades multiculturales o de lograr adecuadas reparticiones del poder, preferimos encerrarnos solo con quienes más se nos parecen: la solución más simple y la mayor prueba del fracaso del humanismo. En pleno siglo XXI continuamos viendo las imágenes y escuchando las palabras que tornaron aborrecible el siglo XX: campos de refugiados palestinos, sirios o africanos que solo en el nombre se distinguen de los campos de concentración de antaño; centros de detención en Estados Unidos, México, Hungría, Croacia, España, Italia o China que no son sino cárceles; discursos de odio contra los inmigrantes ilegales en Estados Unidos, Francia, Suecia, Dinamarca o Finlandia calcados de los discursos de odio del nazismo y del fascismo. ¿No hemos aprendido nada? ¿Cómo es posible que un candidato a la presidencia de Estados Unidos, la más antigua democracia del planeta, pueda decir en público que los mexicanos que llegan sin papeles a ese país son violadores y maleantes sin que su carrera quede destruida? ¿Cómo podemos contemplar el maltrato sufrido por los inmigrantes sirios en Hungría sin hacer nada? ¿Cómo es posible que atestigüemos los asesinatos de migrantes centro y sudamericanos en el norte de México y no clamemos contra quienes lo permiten? ¿Cómo es posible que miremos los cadáveres de mujeres, niños y ancianos ahogados en las playas de Grecia, España o Italia y nos obstinemos en no franquearles el paso? En contra de los dichos de Trump y otros de su calaña, quienes abandonan sus patrias, sus familias y sus casas no son delincuentes ni criminales, sino quienes tienen las agallas para emprender esos largos trayectos, el coraje para abandonar sus pertenencias y sus familias y la libertad de espíritu para confiar en que encontrarán una vida mejor. Pienso en los niños guatemaltecos de *La jaula de oro,* la película de Diego Quemada-Díez. Sus protagonistas son, qué duda cabe, los mejores de entre nosotros, los más valientes, los más arriesgados. Juan, Chauk y Sara: tres adolescentes, casi niños, de Guatemala. Tres de los 47 mil menores que, según el secretario de Seguridad Nacional de Estados Unidos, entre junio de 2013 y octubre de 2014 se arriesgaron a emprender el viaje hacia el norte sin la compañía de un adulto. Tres de los miles de jóvenes que han sido robados, golpeados y ultrajados —o ejecutados— en nuestro territorio sin que nosotros hagamos nada para salvarlos. Peor: sin que los veamos. Acompañada por su amigo-novio Juan, y seguida de cerca por el indígena maya Chauk, Sara se adentra en ese corazón de las tinieblas en que se ha convertido México para los centroamericanos que se descuelgan por su espina dorsal. No sabemos de dónde vienen y carecemos de cualquier información sobre sus familias cuando los descubrimos a punto de cruzar esa frontera sin frontera que se extiende entre Guatemala y Chiapas. Antes, en una de las escenas más escalofriantes de la película, hemos visto cómo Sara se corta el cabello y se venda el torso para disfrazarse de hombre. Quizás sea una soñadora, pero carece de inocencia: prevé los peligros que le aguardan a una muchacha joven y guapa como ella. Si por años nos hicimos a la idea de que la frontera entre México y Estados Unidos era una raja o una herida de dos mil kilómetros —imagen fijada en *La frontera de cristal* de Carlos Fuentes—, hoy debemos reconsiderar la metáfora: el trayecto de La Bestia, el tren al que trepan miles de guatemaltecos, salvadoreños, hondureños y nicaragüenses, ha convertido a todo el país en un territorio fronterizo. Sobre todo ahora que la reforma migratoria se halla otra vez paralizada por la derecha estadounidense. Para curarse en salud, Jeh Johnson, el secretario de Seguridad Nacional de Estados Unidos, exigió a mexicanos y centroamericanos dejar de enviar a sus hijos a través de la frontera porque no tienen ninguna probabilidad de ser legalizados. Aquí yace el meollo del asunto: la idea de que existan personas "ilegales". Como los doce millones de ilegales que viven actualmente en Estados

Unidos. O las decenas de miles de ilegales centroamericanos que se encuentran en México. Etiquetarlos así es el mejor pretexto para uno de los ejercicios de discriminación más abyectos de que se tenga memoria. Antes de volverse radicalmente inmóvil, huésped permanente de su raído sillón y de la cama de su cuarto —el "cuarto rojo", le decíamos de niños por el color de sus cortinas, aunque él prefería llamarlo "mi pieza"—, mi padre se esforzaba por ejercitar sus adoloridas piernas. Como le irritaba salir de casa, daba largos rodeos de ida y vuelta alrededor del pasillo: el corredor con las losetas, los tapices y el techo de color blanco que comunicaba la sala con el baño y las demás habitaciones. Para medir la distancia, se compró un contador electrónico, un aparatito que se enchufaba en el cinturón, al lado de la cadena de oro con la que aseguraba su juego de llaves, el cual le permitía saber cuántos pasos daba cada día. A media mañana y a media tarde se le podía ver así, vuelta tras vuelta, pendiente de llegar a la cifra que se había prometido. Me gustaría imaginar que, mientras avanzaba por esa pista improvisada, rememoraba aquella otra pista, más amplia, la de los 4×400 con vallas, que corrió a toda velocidad cuando era joven. Al recordarlo así, forzándose a emprender ese diario recorrido en su propio hogar, me doy cuenta de que quizás lo he juzgado con demasiada dureza: tal vez mi padre nunca fue un hombre sedentario o estático, dominado por el miedo o la ansiedad, sino alguien que siempre estuvo consciente de sus límites —esas fronteras mentales que, como Rómulo, él mismo trazó y por ello no podía traspasar— y aun así logró explorar el universo que cabía en ese espacio, los misterios de la vida y de la muerte que investigó en su quirófano o el sentido o sinsentido de la vida que debió barruntar mientras se aventuraba, en un alarde de fuerza y heroísmo, a dar un paso más en el circuito del pasillo.

Lección 10

El hígado, o De la melancolía

ALBRECHT DÜRER, *Melencolia I*, (1510-1511)

She dwells with Beauty—Beauty that must die;
And Joy, whose hand is ever at his lips
Bidding adieu; and aching Pleasure nigh,
Turning to poison while the bee-mouth sips:
Ay, in the very temple of Delight
Veil'd Melancholy has her sovran shrine,
Though seen of none save him whose strenuous tongue
Can burst Joy's grape against his palate fine;
His soul shalt taste the sadness of her might,
And be among her cloudy trophies hung.

JOHN KEATS, *Ode to Melancholia* (1819)

Cuando me disponía a iniciar este capítulo, el último de *Examen de mi padre*, mi madre enfermó del hígado. Ella siempre presumió una salud indomable: mientras mi padre se deslizaba de un padecimiento a otro, fuesen éstos reales o imaginarios —dolor de espalda o de rodillas, un recurrente sangrado en la nariz que lo hacía creerse cerca de una hemorragia fatal, la incomodidad de las hemorroides y la artrosis, una gastritis crónica, cefalalgias y migrañas, tos y estornudos incesantes—, yo padecía ataques de asma o de bronquitis y mi hermano transitaba de la gota a las infecciones renales que en más de una ocasión lo llevaron a urgencias, yo no la recuerdo víctima siquiera de un malestar estomacal o de un resfriado. Bajita y menuda, resistía los embates de los gérmenes como un carrizo que se dobla en el vendaval sin jamás quebrarse; deportista consumada, tampoco se torció o luxó de gravedad. Un paradigma de salud hasta que, unas semanas después del primer aniversario de la muerte de mi padre, fue víctima de un infarto. Se disponía a abordar el transporte que habría de llevarla a la sucursal del Centro Asturiano en Cuautla para participar en otro de sus torneos de tenis cuando perdió la conciencia. El desmayo duró apenas unos segundos, pero sus amigas insistieron en bajarla del autobús y la dejaron en manos de la enfermera del club, la cual se limitó a tomarle la presión y aconsejarle reposo. La doctora que la visitó horas después confirmó la hipertensión y le recomendó seguir con sus pastillas. La tarde del domingo, tres días después del incidente, seguía mal y mi hermano insistió en llamar a otro médico, un hombre mayor, de barba y bigote muy blancos —la imagen de los galenos de antaño—, quien nos urgió a llevarla a un hospital. Los primeros estudios demostraron que desde el viernes se hallaba en un proceso de infarto frenado de milagro; durante esos días, nos confesó uno de los residentes, su vida había corrido auténtico peligro. La angioplastia que le practicaron el martes siguiente resultó un éxito y, al cabo de cuatro noches en el área coronaria del Hospital 20 de Noviembre, fue dada de alta. Al despedirse, el cardiólogo le prometió que en menos de un mes estaría de vuelta en las canchas. No ocurrió así. En vez de mejorar, mi madre continuó en extremo fatigada, perdió el apetito y unos siete kilos de peso. Al geriatra que comenzó a tratarla el cuadro le pareció producto de una severa depresión, pero su cansancio rebasaba lo puramente psicológico. Un intenso amarillo entintó sus ojos, sus encías y la piel de sus manos y su vientre, mientras las náuseas y la inapetencia se incrementaron. Nuevos análisis no tardaron en confirmar una hepatitis A, de seguro contraída en el hospital. Lo más extraño —más para ella que para mí mismo— fue que durante esas semanas de incertidumbre, cuando no sabíamos cuál era su afección, mi madre empezó a exhibir los rasgos oscuros, desencantados y frágiles propios del temperamento de mi padre, como si él la hubiese contagiado o infectado *post mortem*, no tanto con la cepa de la hepatitis A como con el virus mental de la depresión. Una vez confirmado este diagnóstico, ella se tranquilizó y su temor a ser medicada con antidepresivos y ansiolíticos, en su opinión responsables de la devastación de mi padre, se desvaneció. El súbito ataque de tristeza o desolación, muy natural entre quienes han sufrido un aneurisma, pasó a ser una anomalía o un desgarro pasajero. Mientras escribo estas líneas ella convalece poco a poco; no es que de la noche a la mañana haya recuperado su espíritu jovial, pero al menos dejó la grisura habitada por mi padre. Hoy me queda la impresión de que toda mi niñez, y por tanto mi educación sentimental y moral, estuvieron marcadas por el contraste entre sus temples encontrados. Un universo binario que por momentos alcanzó un tenso equilibrio entre el optimismo de ella y el pesimismo de él, o más bien entre la relativa facilidad de mi madre y la extrema dificultad de mi padre para rozar la felicidad. A ella la recuerdo sin falta sonriente, aunque en ocasiones explotase en sonoros arranques de cólera, mientras que a mi padre lo veo sumido en su nostalgia. Mi madre se distingue, en resumen, por ser *easy-going*: alguien siempre dispuesta a ver las cosas con buenos ojos y a reponerse de cualquier sinsabor con rapidez y elegancia —todo ello atemperado, eso sí, por sus miedos y temores, igual de firmes que su bonhomía—; a mi padre, en cambio, creo haberlo descrito con claridad en estas páginas: su lucidez y mordacidad, así como su bondad y su afán de servir a los otros, se veían matizados por lo que de una buena vez llamaré *melancolía*. Un par de ejemplos: incluso tras la muerte de mi padre, mi madre tuvo los arrestos para emprender un camino nuevo, mudándose de la casa que había habitado desde los quince años —al casarse, mi padre le compró su mitad a mi tía Olga—, dejando atrás un sinfín de recuerdos y la comodidad de una vida entera. Mi padre, por su lado, podía ser una de las personas más divertidas del mundo si se lo proponía, hilvanaba anécdotas y chistes —le encantaba recordar cómo se burlaba de sus maestros de la primaria y secundaria, donde debió ser un émulo de Daniel el Travieso—, preparaba bromas a sus amigos y a los miembros de su familia —hacía caer a mi tía Chata en todas clase de trampas: nos hacía rellenarle chocolates con mayonesa y mostaza o le ofrecía un vaso con un pequeño agujero para verla ensopada—, y sin embargo pocas veces su risa derivaba en una abierta carcajada, como si aun en esos momentos de euforia debiese contener sus maldades con una pátina de cautela. Quizás por ello me obsesiona la idea del carácter, esa esencia o estructura que sostiene nuestros anhelos y esperanzas, temores y recelos; esa tendencia casi incontrolable a comportarnos de un modo y no de otro; esa armadura mental de la que dependen nuestras flaquezas y satisfacciones, así como la forma de acomodarnos a la realidad y enfrentarnos al mundo. De los antiguos griegos a Jung, la posibilidad de descubrir y entender estas predisposiciones psíquicas ha ocupado a las mejores mentes del planeta. La cuestión subyacente es si somos como somos a causa de la educación que recibimos y de las buenas o malas decisiones que tomamos a lo largo del camino o si, por el contrario, predominan en nosotros flujos subterráneos derivados a su vez de ciertos acomodos físicos y químicos que nos impulsan a comportarnos de esta manera y no de aquella, a perseverar o resignarnos, a reír o llorar frente a la misma escena de una película, a ser tímidos o extrovertidos, todo ello por encima de nuestros deseos más profundos o los dictados de la voluntad o la razón. Para explicar estas diferencias, los griegos confiaban en la teoría de los humores, según la cual de un cuadrángulo de sustancias que se producen y circulan en el interior del organismo dependen nuestros cambios de ánimo, nuestras subidas y bajadas, nuestros arreglos y desarreglos, así como un sinfín de padecimientos y, en casos extremos, nuestra predisposición hacia la genialidad o la locura. Si Hipócrates condensó la teoría de los cuatro temperamentos —el término latino se refiere, en realidad, a la mezcla o "tempera" de los cuatro humores—, agrupándolos según su relación con los cuatro elementos, Galeno fue el responsable de su difusión durante los siguientes mil años. Conforme a su clasificación, el predominio de la sangre, asociada con el aire —caliente y húmedo—, genera el carácter sanguíneo que da lugar a personas abiertas, amables, cálidas y optimistas; el de la bilis amarilla provoca el carácter colérico o bilioso, a su vez asociado con el fuego —caliente y seco— que auspicia seres iracundos, impulsivos, infatigables y violentos; el exceso de flema, vinculado con el agua —fría y húmeda—, impregna a esos individuos que solemos confundir con un arquetípico caballero británico: apacibles, distantes, reflexivos y un punto altaneros; por último, la sobreabundancia de bilis negra o *atra bilis*, producida en el hígado y vinculada con la tierra —fría y seca—, impulsa a los melancólicos hacia la apatía, la resignación y el abatimiento, aunque en ocasiones los conduzca a estados maniacos o eufóricos. Qué inquietante pensar que de unas cuantas sustancias químicas deriven nuestro modo de ser, nuestra aptitud para relacionarnos con los otros y para acomodarnos a los desafíos del entorno. Si los griegos erraron a la hora de localizar el origen de estos humores en el hígado, el páncreas o el corazón, en cambio prefiguraron la acción de los neurotransmisores, de cuya ausencia o abundancia derivan esos trastornos de personalidad que ellos buscaban explicarse. Hemos sustituido la sangre y la flema, la bilis amarilla y la bilis negra por la oxitocina, la serotonina, la noradrenalina o la dopamina, y los tratamientos seguidos por los modernos psiquiatras para inducirlas o controlarlas a base de drogas no siempre inocuas apenas se diferencian, desde un punto de vista conceptual, de las recetas seguidas por los médicos de la Antigüedad para equilibrar los humores clásicos. Aunque la teoría de los temperamentos nos parezca una reliquia, tan poco rigurosa como la astrología o la alquimia —e igual de coherente en su armonía interna—, su resonancia continúa siendo tan poderosa que resulta imposible no dejarse guiar por sus descripciones y no querer inscribirse en alguno de sus tipos (en Internet circulan diversos *tests* para que cada uno descubra su humor preponderante) y pasar a formar parte de una de esas cuatro familias con las cuales compartimos fortalezas y debilidades,

Los cuatro temperamentos, grabado anónimo (1519)

recelos y agonías, ansiedades y pánicos. El esquema ha inspirado incontables obras de arte, desde miniaturas medievales hasta figuraciones pop; en la música de concierto, me vienen a la mente el ballet *Los cuatro temperamentos* de Hindemith y Balanchin, así como su derivación para piano y orquesta de cuerdas, y la segunda sinfonía de Nielsen. Hay quien asevera que cada miembro de la familia Simpson posee un temperamento distinto: mientras Bart es sanguíneo, Homero es colérico, March flemática y Lisa por supuesto melancólica. Con el paso de los siglos, los términos asociados con la doctrina griega se han deslavado: tener "buen humor" significa ser divertido o tontorrón (es decir, sanguíneo), mientras que el adjetivo "colérico" sigue designando a los iracundos, lo mismo que "bilioso" —si bien habría que precisar que se trataría de la sobreabundancia de bilis amarilla y no negra—. En nuestra época seudocientífica no dejamos de emplear palabrejas técnicas para referirnos a las causas de nuestros desafectos y cambios de "humor". Entre las numerosas clasificaciones que existen —y que se han convertido en especialidad de Facebook—, me gusta la planteada por Michel Tournier en *El vuelo del vampiro* que divide a los seres humanos en dos categorías: los que miran preponderantemente hacia el pasado y los que se preocupan en especial por el futuro. Es decir, entre quienes pasan buena parte de su día rumiando lo que han hecho o lo que otros les han hecho —como mi amigo Eloy— y quienes apenas se detienen en esos vericuetos y se contentan con fantasear con el mañana. Ni qué decir que me coloco entre los segundos. Volviendo a la doctrina griega, me queda clara la adscripción de mi madre a los sanguíneos, pese a que su apariencia pequeña y delgada parezca colocarla del lado de los flemáticos; su disposición natural hacia la calidez y el optimismo es propia de este temperamento por más que se haya vuelto cada vez más insegura y nerviosa, acosada por una inquietud obsesiva en torno a mi hermano. Respecto a mi padre tampoco tengo dudas: era un melancólico de antología. Su físico coincide con los tipos clásicos: muy delgado, moreno, correoso, con una tendencia natural a encorvarse. Casi puedo imaginarlo con el rostro ladeado y la mano sosteniéndose el mentón, como prescribe la iconografía canónica. La apariencia de mi hermano también parecería haberlo encasillado, al menos hasta la adolescencia, entre los sanguíneos: blanco y castaño, de mejillas sonrojadas (aunque hoy sea más delgado que yo mismo). Su disposición de ánimo, en cambio, lo coloca más bien entre los coléricos. Curiosamente, desde hace años se dedica a estudiar y clasificar a los demás conforme a esa derivación moderna y un tanto New Age de la teoría de los cuatro humores que recibe el nombre de Eneagrama, un esquema desarrollado por el boliviano Óscar Ichazo y el chileno Claudio Naranjo a partir de los escritos místicos de G.I. Gurdjieff. ¿Y yo? Mi complexión remite a la de mi padre: delgado, moreno, anguloso; además, soy propenso a reflexionar y divagar y, como no dejan de señalarme o reclamarme quienes me tienen cerca, a extraviarme en mis propias elucubraciones sin tomar en cuenta a mis vecinos.

EDVARD MUNCH, *Melancolía* (1896)

Desde que descubrí esta tipología, a los trece o catorce, justo cuando ansiaba convertirme en medievalista y al lado de Luis devoraba desde opúsculos de los padres de la Iglesia —en el latín macarrónico que aprendíamos cada sábado con un profesor alemán idéntico a Carlos Marx— hasta un alud de tratados de magia y alquimia, pasando por sagas, crónicas, la *Divina commedia*, *El Decamerón* o *El laberinto de Fortuna*, me identifiqué con los melancólicos. (Mi mujer piensa que soy flemático y, en uno de los *tests* que circulan en Internet, resulté, para mi sorpresa y la de cuantos me conocen, colérico.) Durante años cultivé la propensión a sentirme más triste de lo que en realidad me sentía, a acentuar mi *spleen* o mi *blues*, a regodearme en libros y películas depresivas, a preferir un *adagio* sobre cualquier *allegro*, a aprenderme de memoria frases, versos y aforismos de Baudelaire, Pessoa o Cioran, a regodearme con la idea del suicidio y a sufrir todo lo posible por cada uno de los fallidos enamoramientos que enhebré desde los diecisiete hasta los veinticinco años. Me enorgullecía dibujarme como un poeta atormentado —aun si apenas había escrito un par de estrofas y un soneto cuyo título era casi un manifiesto: "Todo es vano"— y dedicar muchas horas al placer del dolor, a rumiar mis desventuras y a sumergirme una y otra vez en mi película favorita, *Nostalghia* de Tarkovski, o en el *Libro del desasosiego* o en los movimientos lentos de las sinfonías de Bruckner y de Mahler. ¡Qué dulce padecer los sinsabores de la vida, las traiciones y los desengaños románticos! Mucho después comprendí lo acertado del término *jouissance* elaborado por Lacan: ese gozo que se incrementa entre más daño nos hace. Entretanto, iniciaba mi vida literaria con una novela biográfica sobre el "más triste de los alquimistas", el poeta Jorge Cuesta, centrada en su demencia, su emasculación y su suicidio. Titulé mi segunda novela *El temperamento melancólico*: una prolija articulación de este tópico encarnado en la imagen de un cineasta alemán, viejo y cansado, que filma su última obra con la misma indiferencia —el mismo tedio— con que el ángel de Durero se desatiende de los sólidos pitagóricos, el paisaje que lo rodea o las herramientas que yacen a sus pies en *Melencolia I*, acaso el grabado más inquietante y hermoso de la historia. En uno de los párrafos de esa novela resumía:

> De los melancólicos, Galeno dice que son firmes y sólidos; Vindiciano que son astutos, pusilánimes, tristes y soñolientos; Isidoro que son "hombres que no solo rehúyen el trato humano, sino que desconfían hasta de sus amigos más queridos; y Beda que son estables, serios, ordenados en sus costumbres y falaces.

Mis conocimientos derivaban sobre todo de *Saturno y la melancolía*, de Raymond Klibansky, Erwin Panofsky y Fritz Saxl, uno de los libros más estimulantes que había leído y cuyo ajado ejemplar aún reposa en el desorden de mi biblioteca. Ser melancólico, como tantos escritores y artistas que admiraba, muchos de los cuales optaron por el suicidio o se derrumbaron en la locura —de Villaurrutia a Nietzsche, de Chopin a Hugo Wolf o de Dostoievski a Van Gogh—, me parecía el único camino hacia una verdadera vida de artista. No me arrepiento de haber buscado la negrura en aquellos años juveniles: a ella le debo el descubrimiento de un caudal de autores y músicos que me son imprescindibles, así como del nihilismo que todavía me acompaña. Solo que el desencanto y la apatía empezaron a volvérseme cansinos: tanto esfuerzo para sufrir y padecer empezaba a saberme inútil. Pronto me di cuenta de que, en vez de emular el destino de Nietzsche, debía concentrarme en encarnar su vitalismo, esa fuerza dionisíaca que se resiste a la inmovilidad y a la desesperación, que se afana y busca imponer su voluntad —su voluntad de poder, es cierto— frente a las desventuras y el sinsentido de una existencia sin Dios y sin consuelo. Me gusta imaginar que, a fuerza de convivir con la melancolía de mi padre, quien día con día se sumía en la desesperanza —y en los efectos secundarios de los medicamentos para combatirla—, ésta empezó a parecerme menos seductora y traté de balancearla con el temple sanguíneo de mi madre. No quiere decir que no hubiese momentos en los que llegase a sentirme al borde del abismo —la primera vez, cuando estudiaba Derecho y había vuelto a enamorarme de una mujer que jamás iba a hacerme caso; otra, en el desolado invierno de Salamanca, una vez que Nacho Padilla y mis demás compañeros habían regresado a sus países; y la última en París, en un invierno helado y nebuloso, otra vez a causa de un previsible desengaño—, pero los periodos de ahogo nunca fueron muy largos, al cabo de unas semanas siempre tuve la fortuna de descubrir un nuevo motivo de entusiasmo, una nueva esperanza o un nuevo atisbo de alegría. Pero la melancolía continúa fascinándome: algo me atrae hacia las "cimas de la desesperación", quizás un arrebato equivalente al vértigo que experimento ante los precipicios. Más allá de mi auténtico temperamento, mi deseo de ser melancólico me concedió un don invaluable: la conciencia de la muerte que me acompaña como si un pequeño demonio o acaso un ángel no cesara de susurrarme al oído la inminente cercanía del final. Gracias a este *memento mori* he conseguido restarle importancia a una infinidad de problemas y conflictos cotidianos, desarmar disputas y rencores, olvidar envidias y recelos: dado que todo ha de acabarse tan pronto, nada importa demasiado —quizás de allí esa indiferencia que me caracteriza y tanto enerva a algunos—. Justo lo que a los melancólicos les resulta una de las condiciones más dolorosas de la existencia se convierte en un alivio. Pienso en *Melancholia* de Lars von Triers: para Kirsten Dunst, su protagonista —como, asumo, para el propio director danés, quien desde hace décadas padece una depresión clínica—, la cercanía de ese planeta que irremediablemente destruirá la Tierra se presenta como una calamidad intolerable, una fuente de angustia y desesperación que todo lo empaña y todo lo agría. Para mí, en cambio, saber que de un instante a otro, quizás no hoy pero tal vez mañana o el año venidero, mi propio planeta íntimo terminará hecho cenizas casi me conforta y le otorga una dimensión distinta, radical, a cada uno de mis actos. Otro de los motivos de mi fascinación hacia la Dame Melancolye se halla en su vínculo con las artes. Como dice el célebre *Problema XXX, 1*, tradicionalmente atribuido a Aristóteles:

¿Por qué razón todos aquellos que han sido hombres de excepción, bien en lo que respecta a la filosofía, o bien a la ciencia del Estado, la poesía o las artes, resultan ser claramente melancólicos y algunos hasta el punto de hallarse atrapados por las enfermedades provocadas por la bilis negra, tal como explican, de entre los relatos de tema heroico, aquellos dedicados a Heracles?

A los ejemplos de Heracles, Lisandro, Ayax o Belerofonte estudiados en el texto griego se suma la larga lista de músicos, pintores, escultores, escritores y poetas que se han deslizado hacia la desesperación, el suicidio o la locura. Varios de mis amigos han padecido depresiones clínicas en diversos grados y los he visto luchar con sus miedos —con la cercanía del planeta destructor imaginado por Von Triers—, acomodándose a distintas combinaciones de terapias y medicamentos, a salir y en ocasiones volver a hundirse en esa *visible oscuridad*, como la llamó William Styron en una de las mejores descripciones narrativas del padecimiento. Ya en mi novelita de los noventa me preguntaba, como el falso Aristóteles, sobre esta coincidencia:

> Contemplando la vacuidad de su obra y del saber, el artista melancólico emprende una carrera fútil contra su propio destino. Crea porque no tiene otro remedio, convencido de la falsedad de su intento. El arte —lo entiende ahora, lo sufre, lo medita— corrompe a los hombres. No es más que un vil sustituto, un trabajo vano, una jaula de mentiras. Como dice Barting, es "un genio con alas que no va a despegar, con una llave que no usará para abrir, con laureles en la frente pero sin sonrisa de victoria". O como señalan Klibansky, Panofsky y Saxl en el más importante estudio sobre este tema que se haya emprendido, *Saturno y la melancolía*: la protagonista del grabado "permanece sentada delante de su edificio inacabado, rodeada de los instrumentos del trabajo creador, pero cavilando tristemente con la sensación de no llegar a nada". Por qué todos los que han sobresalido en la filosofía, la política, la poesía o las artes son manifiestamente melancólicos, se preguntaba el *Problema XXX, 1*. Porque todos ellos, filósofos y políticos, poetas y artistas, reconocen la abrumadora inutilidad de su esfuerzo.

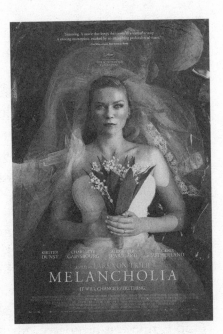

LARS VON TRIERS,
Melancholia (2012)

Y es que, dedicándose al arte o a la literatura, resulta imposible no hacerse de vez en cuando la pregunta crucial: ¿y todo esto *para qué*? Vengo regresando de la Feria del Libro de Guadalajara, esa hoguera de las vanidades y esa entronización del autor como histrión multimedia, y de pasear por tanto entre los "demasiados libros", para usar la expresión de Gabriel Zaid, y no hay manera de no salir sobrecogido. ¿Para qué un libro más (este libro, por ejemplo) entre tantos libros? ¿Para qué otra película, otra sinfonía, otra ópera, otra pieza teatral, otro poema, otra cancioncilla del verano? Si uno se formula la pregunta, la respuesta se torna evidente: para nada. No hay motivo para añadir más objetos de arte, más partituras, más novelas y más ensayos a las atestadas estanterías, archivos y museos del globo. No hay razón para devanarse los sesos en busca de otra "obra maestra": si todo acabará más temprano que tarde, la trascendencia se torna irrelevante, lo mismo que el prestigio o la tosca celebridad a que aspiran los artistas. Preocuparse por elegir a éste o a aquel editor, por el tiraje o por las ventas, las buenas o las pésimas críticas, la publicidad o el número de firmas, el éxito alcanzado por un rival o, peor aún, por un amigo —recuérdese a Gore Vidal: "cuando un amigo triunfa, algo muere en mí"—, deviene fútil. Y aun así uno insiste, a sabiendas de la inutilidad y del fracaso. ¿La razón? Yo confesaré, apretando los dientes, que escribo porque me gusta vivir las vidas vicarias que se multiplican en mis tramas y porque, aun reconociendo la vacuidad de la empresa, finjo así que el mundo importa, que importan los libros, que importan las opiniones de amigos y enemigos y sobre todo las de esos lectores potenciales e invisibles que acaso gocen o reflexionen o padezcan un poco a causa de mis libros. Otro engaño, por supuesto: la ficción que rodea a las demás ficciones. Con la vida toca firmar el mismo contrato que los lectores celebran con las novelas: hacer como si nuestras alegrías y sufrimientos valiesen la pena, como si nuestro trabajo tuviera algún sentido, como si el amor justificara la existencia y el dolor, como si fuésemos inmortales, como si existiera un orden y una justicia sobrehumanas, todo para hacer que corra el tiempo y no aburrirnos demasiado, para matizar alegrías y sufrimientos, triunfos y derrotas, ausencias y retrocesos, y llenar las horas en tanto se consumen las páginas de la vida y nos alcanza al fin la muerte. Una de las especialidades de mi padre era la cirugía de hígado. Y, con mayor precisión, la de la vesícula biliar —la *vessica fellea* de los latinos—, esa pequeña bolsa con forma de pera en la que se almacenan unos cincuenta mililitros de una sustancia negro-verduzca proveniente del hígado, en una de cuyas paredes se aloja. En contra de la creencia de los antiguos, la bilis sirve para ayudar en la digestión de las grasas y no tiene otros efectos sobre el cuerpo —ninguno, en cualquier caso, vinculado con la depresión o con la abulia—, y solemos fijarnos en ella solo cuando la vesícula se inflama debido a la formación de piedras o cálculos salinos que provocan inflamaciones e infecciones severas. Mi padre, melancólico de cepa, debió extirpar cientos de vesículas biliares a lo largo de su vida, manchándose una y otra vez las manos —o los guantes de látex— con esa sustancia oscura y pastosa de cuya abundancia dependía, según los antiguos, la adscripción a su temperamento. Sin querer sonar determinista, creo que al *carácter* de mi padre, más a que mi padre mismo, se debió su ardua estancia en el planeta, sus dificultades para asentarse entre los otros, adaptarse en un entorno hostil y encontrar rescoldos de alegría. ¡Qué extraño pensar que un carácter, que un temperamento, nos hace ser quienes somos! ¿Quiere decir esto que nuestra identidad queda atrapada en este esquema y que fuera de él apenas tenemos espacio para movernos? ¿Soy mi carácter? Y, si es así, ¿qué margen de libertad me queda para dejar de serlo, para escapar a los presupuestos de la química y la biología, para aventurarme en otros territorios y salir de mí mismo? ¿No es que solo dejando de ser yo, o al menos ese *yo* establecido por mi carácter, cuando en verdad me vuelvo *yo*? ¿No alcanzará uno la mayor de las libertades cuando, en vez de concentrarnos en descubrir quiénes somos, como recomiendan tantas terapias, religiones y manuales de autoayuda, nos esforzamos por dejar de serlo? Pocas palabras más polivalentes y peligrosas como "identidad". ¡Y cuántos crímenes se han cometido en su nombre! No importa si nos referimos a la identidad individual o, peor aún, a la nacional: en los dos casos nos enfundamos en un corsé que nos constriñe y nos ahoga. Desde principios del siglo xix nos hemos obsesionado con descubrir —o redescubrir— lo que *en verdad* somos como si fuésemos arqueólogos que desentierran los cimientos de nuestra personalidad o nuestra nación. No es una coincidencia que el nacionalismo y la psicología vayan de la mano: en uno y otro caso su objetivo es sumergirse en las profundidades para encontrar una joya enterrada que nos reintegre nuestra esencia. De Herder a Freud y de Schlegel a Jung, la estrategia se torna equivalente: sacar a la luz el pasado —los traumas de la Historia

DOMENICO FETTI,
Melancolia (1589)

o de la Familia—, exponerlo ante los otros en la academia, la tribuna o el diván, y volverlo presente. Todo ello revestido de ciencia: de allí el triunfo de la eugenesia o del psicoanálisis. Había que indagar, interrogar y desvelar, como si nuestra misión consistiese en resolver un crimen perfecto. El XIX no fue, como se ha dicho, el siglo de la razón, sino el del Romanticismo extremo: sus adeptos sin duda utilizaban el método científico pero, a diferencia de lo que ocurría con la física o la química, en las ciencias humanas éste no era sino un pretexto para asentar la idea —una ocurrencia, una fantasía— de que en el pasado se hallaban las claves para resolver el presente y el porvenir. Investidos con esta certeza, una alianza de intelectuales, escritores y políticos se dio a la tarea de restituir —de inventar— la identidad de sus países, al tiempo que, en los márgenes de esa misma sociedad, chamanes, gurús y psicoanalistas convencían a sus pacientes de que revelarían sus auténticas personalidades. El nacionalismo militante dio paso a una sucesión de guerras y carnicerías, amparado en la falacia de que unos cuantos rasgos culturales —la lengua, la religión, las costumbres, el paisaje— diferencian a unos grupos humanos de otros; entretanto, médicos y psicólogos se esforzaban por descubrir la naturaleza del *yo* a fuerza de resucitar las desventuras de la infancia. No quiero decir que los productos de las dos empresas fuesen idénticos: mientras el psicoanálisis y sus derivados apenas provocaron que miles se obsesionasen semanalmente con desempolvar sus cuitas, el nacionalismo provocó dos guerras mundiales, varios genocidios y una larga serie de conflictos todavía irresueltos en un rango que va de Palestina a Cataluña y de Irak a Ucrania. Todo por culpa de la sacrosanta identidad que nos separa a unos de otros. En México, si ya la Independencia se había consumado al calor del programa nacionalista recién importado de Europa, la revolución dio paso a una fiebre por la identidad. Mientras nuestros gobernantes se empeñaban en afianzar solo aquellos valores que fueran auténticamente mexicanos, un brillante grupo de filósofos, escritores y artistas acometía el empeño paralelo de desentrañar el alma nacional. ¡Cuán vacuo suena ahora esa filosofía de lo mexicano que entretuvo a Ramos, Zea o Uranga y que culmina con esa extravagante fantasía que aún se lee obligatoriamente en las escuelas, *El laberinto de la soledad!* ¡Qué empeño demencial —o pueril— por establecer lo que nos vuelve típicamente mexicanos, es decir, lo que nos separa de los demás habitantes del planeta! ¡Qué significa ser mexicano, francés, malayo o chipriota? Si somos sinceros, no demasiado: haber nacido y crecido en un territorio particular, tener un pasaporte, haber sido adoctrinado para asumir ciertas ideas por encima de otras y haber copiado, de modo más o menos involuntario, las conductas, costumbres y prejuicios de nuestros padres y vecinos. Todo en nuestro tiempo refuerza esta adscripción tribal y primitiva, empezando por las Olimpíadas y los mundiales de futbol con su exaltación de colores, banderas e himnos. En vez de concentrarnos en cuanto nos une con

281

los otros moradores del planeta, los mexicanos no dejamos de pensar en esas diferencias que nos hacen creernos superiores —o inferiores— a los gringos, los alemanes, los guatemaltecos o los chinos. O más trabajadores. O más flojos. O más divertidos. O más hospitalarios. O más desconfiados. O más comelones. O más tercos. No vale la pena aducir en nuestro descargo que empresas semejantes se hayan puesto en marcha en todas las naciones. La reiteración de estos prejuicios suena tan ridícula como esos esfuerzos por clasificar a los individuos de acuerdo con sus tendencias de personalidad. En *La tejedora de sombras* intenté dar cuenta de los despropósitos de Jung y luego de Henry Murray, el fundador de la "personología", por establecer divisiones psíquicas claras entre los humanos. Decidido a encontrar esas tendencias psíquicas, uno y otro exprimieron los sueños y delirios de su enamorada común, Christiana Morgan, hasta destruirla. Si de algo han servido estos estudios, exámenes y test ha sido para que empresas —y ejércitos— recluten a miembros más competitivos, aguerridos o, ay, innovadores. En el México de estos años de pólvora, la pregunta sobre la identidad ha adquirido un cariz urgente y siniestro. Al contabilizar las muertes y desapariciones que se han sucedido en estos lustros, muchos se preguntan si acaso somos más violentos o más salvajes que otros pueblos, si algo en nuestra historia o nuestra esencia nos predispone hacia la crueldad y la barbarie. ¿Por qué un país que durante décadas disfrutó de una paz relativa, o al menos de la sensación de una paz relativa, se despeña en una violencia incontenible? ¿Cómo una sociedad que había presumido de un largo periodo de calma se convierte en un caos ingobernable? ¿Qué origina que un lugar donde los delitos más comunes eran el robo o la violencia doméstica diera paso a cien mil muertos y treinta mil desaparecidos? ¿Cómo es posible que el México de antes de 2006 pareciera un oasis de tranquilidad, al menos en comparación con el resto de América Latina, y hoy sea escenario de una guerra civil enmascarada? No se falta a la verdad si se contesta que la culpa es del gobierno de Felipe Calderón, quien en diciembre de 2006 decretó la guerra contra el narco, pero inculparlo no basta para explicar el fenómeno. La intervención del ejército para combatir al crimen organizado resultó contraproducente, al agitar un sistema caótico sin prever las consecuencias: a partir de entonces los grupos criminales se atomizaron y comenzaron a despedazarse —con un altísimo saldo de víctimas colaterales— y la precaria estabilidad del sistema previo, sostenida gracias a una mezcla de tolerancia, corrupción y buena suerte, se hizo añicos. Pero, más allá de la pésima estrategia de nuestros gobernantes, estamos obligados a explorar a fondo esta súbita transformación. Todos los humanos exhibimos una alta propensión a la violencia: quizás, como creía Hobbes, ésta sea nuestra condición natural, modelada por nuestra respuesta evolutiva frente a un entorno hostil, y solo un rígido entramado de autoridad y patrones culturales modera o apacigua nuestros instintos destructivos. En Harvard, Stanley Milgram estudió nuestra propensión a seguir al pie de la letra las órdenes —así sean absurdas, inhumanas o crueles— de cualquier autoridad que consideremos mínimamente legítima: solo una muy pequeña parte de quienes participaron en su experimento tuvieron el valor o la conciencia moral para no dañar a sus semejantes. No mucho después, John Darley y Bibb Latané acuñaron el llamado "efecto del espectador" a partir del homicidio de Kitty Genovese, quien murió debido a la aparente indiferencia de sus vecinos cuando era atacada frente a sus ventanas en un conjunto habitacional en Queens. Philip Zimbardo nos hizo ver, con su experimento de la prisión de Stanford, que la sola idea de encarnar a la autoridad y acceder así a un poder ilimitado nos convierte en monstruos, como demuestran las torturas cometidas en Abu Ghraib o en cualquier separo mexicano. Los métodos y resultados de los tres experimentos han sido cuestionados, pero su resonancia solo se ha incrementado con el tiempo, como demuestra el alud de nuevos libros y películas sobre ellos. Sus resultados nos describen como seres volubles e influenciables: basta que alguien nos otorgue un poder sin paliativos —como el que disfrutan los miembros del ejército o los sicarios de los cárteles— para convertirnos en bestias sanguinarias. A diario presenciamos en México esta violencia sin cuartel. Y, si bien tendríamos que desentrañar los motivos y las causas de cada caso concreto, en general responden a la ausencia de esos marcos sociales y simbólicos para frenar nuestros impulsos destructivos. Imposible hallar una solución única al caos que nos rodea, pero habría que empezar por instaurar por doquier, en las escuelas y fuera de ellas, una educación que difunda y refuerce la idea —la suprema fantasía social— que nos lleva a creer que una vida vale lo mismo que cualquier otra. En vez de ello, la empatía ha sido paliada o adormecida por el poder y sus propagandistas: el número de crímenes que nos rodean se ha vuelto tan amplio, y su difusión tan cotidiana, que apenas hay manera de distinguir las historias personales en medio de las cifras. No, los mexicanos no somos peores que los ruandeses o los serbios o los croatas o los sudaneses o los alemanes o los japoneses, nada en nuestra precaria identidad nos conduce hacia la tortura o las desapariciones forzadas, pero las condiciones sociales y políticas que hemos creado sí son responsables de los asesinatos y las desapariciones perpetrados en estos años. A un régimen de por sí corrupto, con un endeble estado de derecho y un sistema de justicia que garantiza tanto la impunidad como la tortura, sumamos la guerra contra el narco, en la que hemos sido obligados a combatir a los grupos organizados que producen y trafican drogas para evitar que ciudadanos adultos se hagan daño a sí mismos. Escandaliza que la legalización y reglamentación de las drogas —de todas las drogas— no sea una de nuestras prioridades, que no haya miles manifestándose en las calles, que el tema apenas roce el debate público o se concentre en la marihuana. Es ridículo que esta discusión quiera centrarse en el carácter pernicioso —o no— de las drogas en vez de preservar la libertad individual. De poco han servido alegatos como éste: la guerra contra el narco ha convertido a nuestro país en un cementerio. Un camposanto con miles de cadáveres insepultos y olvidados. Un país que requiere no una, sino miles de autopsias. A nadie le atrae el ejercicio: las anatomías son siempre aborrecibles. ¿Quién querría a uno de sus seres queridos sometido a una carnicería semejante? Mejor ignorar las causas de la muerte que investigarlas mediante un procedimiento tan cruel, al menos para quien lo contempla. Gracias otra vez a Paré y Vesalio, reunidos por única ocasión, las autopsias se transformaron en instrumentos imprescindibles para buscar la verdad. El 30 de junio de 1559, Enrique II de Francia convocó una serie de justas en la Place des Vosges para celebrar el Tratado de Cateau-Cambrésis y el enlace entre su hija Isabel y Felipe II de España, su proverbial enemigo y nuevo aliado, el cual no se dignó asistir al matrimonio aduciendo que un rey no persigue damiselas. En el tercero de los lances —antes Enrique había vencido a los duques de Nemours y de Guisa—, la pica del caballero Gabriel de Montgomery, capitán de la guardia escocesa, atravesó el yelmo del rey y se incrustó en su cráneo. La tragedia confirmaba la profecía del astrólogo real, Michel de Nostradamus, quien en una de sus cuartetas había pronosticado:

> Le lyon jeune le vieux surmontera
> En champ bellique par singulier duel,
> Dans cage d'or les yeux lui crèvera
> Deux classes une, puis mourir, mort cruelle.

El león joven era el delfín, entonces de quince años, quien ascendería al trono con el nombre de Francisco II; el viejo, el propio Enrique II; y la jaula de oro, el yelmo real. La

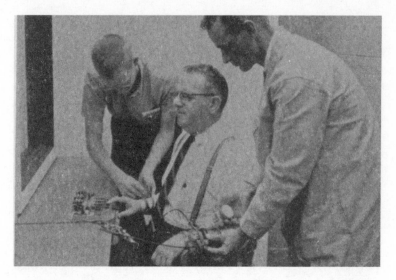

El experimento de obediencia a la autoridad de Stanley Milgram

reina Catalina de inmediato hizo comparecer a los médicos y cirujanos de la corte, Paré entre ellos. Conducido al Hôtel de Tournelles, el rey volvió en sí y se arrastró hasta una de las habitaciones superiores. Si bien los médicos consiguieron arrancarle algunas astillas, quedaron convencidos de que muchas otras debían hallarse en el cerebro. Para reconstituir el ángulo de entrada de la pica, Catalina ordenó ajusticiar a cuatro criminales, cuyas cabezas fueron entregadas a los cirujanos. Siguiendo a Galeno, unos pensaban que, ante la ausencia de una fractura en el cráneo, había posibilidades de que el rey se recuperase; curtido en una larga carrera militar, Paré sabía que el soberano no tendría salvación. Alertado del percance, Felipe II envió a París a su médico personal, que no era otro que Vesalio. El anatomista y el cirujano se encontraron por única vez. ¿De qué hablaron? ¿Tal vez de técnicas quirúrgicas o de sus distintas concepciones del cerebro? Ambos coincidieron en que no había mucho qué hacer y el rey murió el 10 de julio de 1559. Contrariando las costumbres de la época, la reina Catalina autorizó que el cadáver de su marido fuese sometido a una autopsia que, si bien no fue la primera, se convirtió en la más relevante de la historia. Imaginemos a los dos genios mientras trepanan el cráneo real, observan las magulladuras del cerebro, constatan que la lanza no lo ha perforado y concluyen que la concusión posterior, ubicada en el lóbulo occipital y el cerebelo, es la causa del fallecimiento. Un triunfo para la ciencia y un hito en la investigación forense. Como el cuerpo del rey, México requiere una autopsia semejante. Una anatomía que nos revele el modo en que destruimos el país en estos años. Pero preferimos olvidar o atrincherarnos en nuestra indiferencia antes que perseguir la verdad. A casi dos años de la tragedia, seguimos sin saber por qué alguien ordenó desaparecer o asesinar a los 43 de Ayotzinapa. Seguimos sin saber por qué alguien pretendió borrar la memoria de sus cuerpos. Seguimos sin saber dónde están los cuerpos de veinte o treinta mil desaparecidos. Y seguimos sin saber cómo o por qué otros noventa o cien mil han sido asesinados desde el inicio de la guerra contra el narco. Un feroz decreto, semejante al impuesto por Creón en Tebas, nos impide cumplir el rito que nos torna en verdad humanos: el derecho a sepultar a nuestros muertos. La noche del sábado 3 de agosto de 2014, mi madre, mi hermano, mi mejor amigo, mi mujer y yo regresamos a la funeraria para recoger las cenizas de mi padre, conservadas en una urna de alabastro que permaneció con nosotros durante el domingo. Después de cumplir con los trámites correspondientes, el lunes acudimos al Panteón Español. Incluso nosotros, tan poco afectos a los duelos públicos, estábamos conscientes de que se imponía una ceremonia. Contrariando mi ateísmo, propuse una misa: mi padre era católico y había que respetar su fe. No invitamos más que a nuestros familiares más cercanos y a unos pocos amigos. El día era cálido y luminoso, o eso recuerdo ahora. Mi madre, mi hermano, mi mujer y yo nos adentramos en la calzada principal, flanqueados por las tumbas y monumentos de las familias de origen español que fundaron el cementerio

JEAN-JACQUES PERRISSIN, *Le tournoy ou le Roy Hery fut blessé a mort,
le dernier de Iuin 1559*

y nos adentramos en la iglesia, una estructura burdamente
gótica, con un par de vitrales y esculturas anodinas. Colo-
camos la urna frente al altar y salimos a recibir a los invitados, quienes se habían acomodado en las bancas de piedra
de la calzada. Cerca del mediodía nos dirigimos de vuelta a
la iglesia. Mi madre, mi hermano, mi mujer y yo nos sentamos en la primera fila. No tengo un solo recuerdo de la
ceremonia: una misa como tantas, idéntica a las que pre-
sencié de niño en mi escuela marista. Recogí la urna y, flan-
queado por mi hermano y por mi madre, recorrimos calles
y avenidas —el Panteón Español está diseñado en cuarteles
como una ciudad virreinal— hasta el mausoleo de la familia. El sol se había vuelto picante y su reflejo sobre las lápi-
das casi nos cegaba, o eso pienso hoy. El sepulcro, donde
yacen los cadáveres, huesos y cenizas de varios miembros
de mi familia paterna, sobresale por la escultura en már-
mol que la preside: una joven vagamente identificada con
la Virgen que permanece de hinojos ante un rosal en flor.

Según la leyenda, la modelo de Ponzanelli fue mi abuela, Matilde Estrada de Volpi, por quien mi padre sentía veneración. Uno de los empleados del cementerio abrió la puerta metálica mientras los invitados se acomodaban en torno al monumento. Como conté antes, yo llevaba una pequeña bocina, la conecté a mi teléfono y escuchamos la *canzonetta* del concierto para violín de Chaikovski. Ninguno de los tres lloró. Aguardamos en silencio a que las últimas notas se perdieran en el aire. Bajé la escalerilla, mi hermano me entregó la urna y yo la deposité en el sitio reservado para mi padre. De vuelta en la superficie, di las gracias a los invitados y nos encaminamos rumbo a la salida, en medio de las tumbas, bajo la severa luz del sol. Abandonamos la ciudad de los muertos y nos internamos de nuevo entre los vivos.

Ciudad de México, enero-diciembre, 2015

Índice

Examen de mi padre de Jorge Volpi
se terminó de imprimir en agosto de 2016
en los talleres de
Litográfica Ingramex, S.A. de C.V.
Centeno 162-1, Col. Granjas Esmeralda, C.P. 09810, Ciudad de México